DIE SCHARFRICHTER VON TIROL

HEINZ MOSER

Die Scharfrichter von Tirol

*Ein Beitrag zur Geschichte
des Strafvollzuges in Tirol
von 1497–1787*

STEIGER VERLAG INNSBRUCK

Die Abbildung am Schutzumschlag zeigt: Enthauptung der hl. Katharina, Gemälde aus der Katharina-Kapelle, Aufenstein/Navis, von Ludwig Konraiter um 1480. Original im Tiroler Landesmuseum Ferdinandeum, Innsbruck.

Dank und Anerkennung für die hilfreiche Unterstützung am Zustandekommen des Werkes gelten im besonderen Herrn Dr. Elias Prieth, Meran; Herrn Duschek, Kustos des Meraner Museums; Herrn Senatsrat Dr. Franz-Heinz Hye, Stadtarchivdirektor von Innsbruck; Herrn Dr. Meinrad Pizzinini, Leiter des Landeskundlichen Museums im Zeughaus Innsbruck; Herrn Dr. Helmut Rizzolli, Bozen, sowie der Gattin des Autors für ihre wertvolle Mitarbeit.

Auflage 1982
© by Steiger Verlags Gesellschaft mbH
A-6021 Innsbruck, Postfach 425 · Alle Rechte vorbehalten
Bildreproduktion: Wagner'sche Univ.-Buchdruckerei, Innsbruck
Druck: M. Theiss, Wolfsberg · Printed in Austria

ISBN 3-85423-011-7

Inhaltsverzeichnis

Seite

Vorwort 7
Abkürzungsverzeichnis 9
Begriffserklärung 10
Die rechtlichen Grundlagen
   Überblick über das Tiroler Strafrecht von 1499 bis 1787 11

Die Häufigkeit von Hinrichtungen 22
Die Person des Scharfrichters 27
   Die Ausbildung zum Scharfrichter 27
   Die Entlohnung des Scharfrichters 29
   Die soziale Stellung des Scharfrichters 37
   Die Nebenbeschäftigungen der Scharfrichter 42
   Die Beziehungen der Haller Scharfrichter zur Medizinischen Fakultät
      der Universität Innsbruck 46
   Die Richtstätten und Hingerichteten im Aberglauben 48
   Das Richtschwert 54

Die Tätigkeit des Scharfrichters 59
   Die peinliche Befragung (Tortur) 59
   Der Pranger 68
   Strohkranz, Geige, Rute, Ruder, Narrenhäusel und hölzerner Esel ... 73
   Das Brandmarken 76
   Die Verstümmelungsstrafen 79
   Das Enthaupten 83
   Das Hängen 92
   Das Ertränken 96
   Das Rädern 98
   Das Pfählen 102
   Das Verbrennen 105
   Das Vierteilen 110
   Das Fehlrichten 112
   Die Bestattung von Selbstmördern 116

Die Amtsbezirke des Haller und des Meraner Scharfrichters 120
Die Hochgerichte 125
   Die Richtstätten im Amtsbezirk des Haller Scharfrichters 125
   Die Richtstätten im Amtsbezirk des Meraner Scharfrichters 134

Alphabetisches Verzeichnis der Haller Scharfrichter 145
Chronologisches Verzeichnis der Haller Scharfrichter 145

Biographische Angaben über die Scharfrichter von Hall in Tirol 146
Alphabetisches Verzeichnis der Meraner Scharfrichter 169
Chronologisches Verzeichnis der Meraner Scharfrichter 169
Biographische Angaben über die Scharfrichter von Meran 171
Schlußbemerkungen 193

Anhang 204
   Dienstrevers des Henkers Hans von Landsberg 204
   Ernennung des Haller Scharfrichters 1497 204
   Ernennung des Meraner Scharfrichters 1509 205

Quellenverzeichnis 206
Verzeichnis der Fotografen und Bildstellen 206
Literaturverzeichnis 207
Register 212
Zeittafel 216

Vorwort

Die Beschäftigung mit der Geschichte der Tiroler Scharfrichter kam eher zufällig zustande. Als ich vor einigen Jahren bei einer Forschungsarbeit zur Geschichte der Münzstätte Hall in Tirol mit dem Prozeß gegen einen ungetreuen und zum Tode verurteilten Münzwardein[1] konfrontiert wurde, begann ich mich für den Strafvollzug in Tirol in früheren Jahrhunderten zu interessieren. Ein Überblick über die bisher zu diesem Thema erschienene Literatur zeigte, daß im Gegensatz zu anderen Ländern dieser Bereich der Tiroler Geschichtsforschung vernachlässigt worden ist.

Die wenigen Arbeiten zu diesem Thema betonen immer wieder, daß der Strafvollzug in Tirol wesentlich humaner gewesen sei als in anderen Territorien. Daß diese Meinung gründlich widerlegt werden kann, daß Tirol also keine Sonderstellung einnahm, soll in der vorliegenden Arbeit deutlich gemacht werden. Das Schlagwort vom unterbeschäftigten und deshalb „notleidenden" Tiroler Henker muß dem Bereich der Spekulation zugewiesen werden.[2]

Die Veröffentlichung einer Arbeit über die Tätigkeit des Scharfrichters entbehrt nicht einer gewissen Problematik. Zu leicht könnte der Vorwurf erhoben werden, bei der Wahl dieses Themas mit der Sensationslust der Leser spekuliert zu haben. Nach wie vor liegt nämlich in der Tätigkeit des Henkers eine gewisse Faszination, der sich auch unsere heutige, aufgeklärte Zeit nicht entziehen kann. Nur so ist es erklärbar, daß in den Massenmedien mit ziemlicher Regelmäßigkeit Bilder von Hinrichtungen bzw. Hingerichteten veröffentlicht werden. Zur Gewinnung eines wirklichkeitsnahen Geschichtsbildes ist es jedoch notwendig, auch diesen Bereich des damaligen öffentlichen Lebens kennenzulernen. Es erscheint beispielsweise die „gütige Landesmutter" Kaiserin Maria Theresia in einem anderen Licht, wenn man erfährt, daß noch im Jahre 1764 aufrührerische Tiroler Bauern auf ihren Befehl hingerichtet (einer sogar geviertelt) wurden. Es ändert sich auch das bisher wiedergegebene Bild von der „humanen Tiroler Rechtssprechung", wenn man bedenkt, daß im Jahre 1680 ein zwölfjähriges Mädchen und sein vierzehnjähriger Bruder wegen Mittäterschaft bei der Zauberei ihrer Mutter geköpft wurden, dem Knaben sogar vorher eine Hand abgehackt werden sollte, und man schließlich noch die jüngeren Geschwister dazu verurteilt hatte, der Exekution beizuwohnen. Und es spricht keineswegs für einen fortschrittlichen, also humanen Strafvollzug, wenn man weiß, daß noch 1778 in Tirol einer der letzten Scheiterhaufen brannte.

Eine weitere Problematik liegt in der Art, wie ein solches Thema dargestellt werden soll. Es fällt nämlich auch dem Historiker, dessen Pflicht es sein muß, Vorgänge aus der Zeit heraus und nicht nach heutigen Vorstellungen zu beurteilen, sehr schwer, eine objektive Darstellungsweise zu finden. Manches in den Amtsbüchern, Urkunden und Akten vergangener Tage erscheint, als ob es einer perversen Phantasie entsprungen wäre. Für die Betroffenen aber war es bittere Wahrheit. Um den unmittelbaren Eindruck, den ich beim Studieren dieser Quellen hatte, dem Leser zu vermitteln, habe ich mich entschlossen, wichtige Textpassagen wörtlich aus den Quellen wiederzugeben. Zur Erleichterung wurden diese kursiv gesetzt und wortgetreu in zeitgemäßes Deutsch übertragen.

Das vorliegende Buch umfaßt den Zeitraum von 1497 bis 1787. Im Jahre 1497 wurde erstmals ein Haller Scharfrichter bestellt und ab diesem Zeitpunkt gab es in Tirol je einen Scharfrichter mit Wohnsitz in Hall in Tirol bzw. Meran. 1787 hatte Kaiser Josef II. die Todesstrafe in Österreich abgeschafft, womit in diesem Jahr auch die Tätigkeit der Tiroler Scharfrichter endete. Als 1795 die Todesstrafe wieder eingeführt wurde, bestellte man keinen eigenen Tiroler Henker mehr; zu jeder Exekution mußte der Wiener oder Prager Scharfrichter anreisen.

Das Buch umfaßt also insgesamt 290 Jahre Strafvollzug in Tirol. Es konnte allerdings nicht Ziel dieser Arbeit sein, alle Urteile und Hinrichtungen zu erfassen. Lediglich an Beispielen sollen die verschiedenen, für heutige Begriffe ungemein grausamen Strafarten, die es im damaligen Strafvollzug gab und für die der Scharfrichter zuständig war, vorgestellt werden. Im genannten Zeitraum wurden in Tirol schätzungsweise über 1.500 Menschen durch den Henker getötet.

Es steht jedem Leser frei, die hier geschilderten damaligen Verhältnisse mit den heutigen Gegebenheiten zu vergleichen, und er wird unschwer die Entwicklung erkennen, die seit der „guten alten Zeit" eingetreten ist. Es wird auch deutlich, daß der Strafvollzug sich dahin entwickelt hat bzw. noch durch weitere Reformen dahin geführt werden muß, nicht mehr das Prinzip der Vergeltung, sondern das der Besserung des Verurteilten in den Vordergrund zu stellen. *„Eine Strafe aber, die nicht die Absicht hat, den Menschen zu bessern, ist nichts anderes als Rache, rohe Wiedervergeltung!"* — schrieb schon im Jahre 1849 ein Tiroler.[3]

Heinz Moser

Anmerkungen:
[1] Heinz Moser/Heinz Tursky, Die Münzstätte Hall in Tirol 1665-1809, Rum bei Innsbruck 1981
[2] Besonders bei H. Hochenegg, Der notleidende Henker, in: Kulturbilder aus Solbad Hall und Umgebung, S. 69—73
[3] Innsbrucker Zeitung Nr. 37 von 1849/2/14

Abkürzungsverzeichnis

a. a. O.	am angegebenen Ort
Abb.	Abbildung
Anm.	Anmerkung
Bd.	Band
BGBL	Bundesgesetzblatt
Bibl.	Bibliothek
CD	Causa Domini
Diss.	Dissertation
Fasz.	Faszikel
Ferd.	Ferdinandeum
fol.	folio
fürstl.	fürstlich
Ibk.	Innsbruck
Jh.(s)	Jahrhundert(s)
lib. frag.	liber fragmentorum
Nr.	Nummer
oö.	oberösterreichisch
PfA	Pfarrarchiv
phil.	philosophisch
Pos.	Position
pr. p.	prima pars
publ.	publicum
RGBL.	Reichsgesetzblatt
S.	Seite
sec. p.	secunda pars
sog.	sogenannt
StAI	Stadtarchiv Innsbruck
TH	Tiroler Heimat
TLA	Tiroler Landesarchiv
TLMF	Tiroler Landesmuseum Ferdinandeum
ungedr.	ungedruckt
Urk.	Urkunde
V. d. k. Mt. i. J.	Von der kaiserlichen Majestät in Justizsachen
Veröff.	Veröffentlichung
vgl.	vergleiche
Ztschr.	Zeitschrift

Begriffserklärung

Jede Sprache unterliegt im Laufe von Jahrhunderten Wandlungen, so daß Begriffe und Bezeichnungen außer Gebrauch kommen und von späteren Generationen oft nicht mehr verstanden werden. Eine Reihe heute ungebräuchlicher Ausdrücke aus dem Bereich der Scharfrichtertätigkeit bedarf deshalb einer näheren Erklärung.

Das Gefängnis, in dem der Angeklagte während des Prozesses festgehalten wurde, bezeichnete man als *„Keiche"* (auch Keuche). Das Gefängnis von Innsbruck trug den Namen *„Kräuterturm"* und befand sich an der Nordostecke der Stadtbefestigung. Der Prozeß gegen Verbrecher hieß *„Malefiz- oder Kriminalprozeß"* und wurde vom *„Bann- und Achtrichter"* geführt. Die Gerichtsdiener wurden *„Schergen"* oder *„Fronboten"* genannt.

Der Pranger wurde auch *„Schandsäule"*, *„Schandbühne"* oder *„Schandgerüst"* genannt. Daneben gab es in manchen Städten ein *„Narrenhäusl"*, wie der aus Rundeisen gefertigte Käfig, der fast ausschließlich zur Bestrafung von Frauen vorgesehen war, bezeichnet wurde. Diesen Käfig nannte man auch *„Trändl"*.

Wurde ein Verbrecher des Landes verwiesen, mußte er die *„Urfehde"* leisten, worunter der Eid, nie mehr zurückzukehren, verstanden wurde. Die Urfehde hatte einen vorgeschriebenen Wortlaut und wurde als Urkunde ausgefertigt und bei Gericht hinterlegt.

Der Scharfrichter wurde als *„Freimann, Henker, Nachrichter"* oder *„Züchtiger"* bezeichnet. Jemand *„mit dem Schwert züchtigen"* hieß, ihn zu enthaupten. Die Exekution fand beim *„Hochgericht"* statt, worunter die Richtstätte, manchmal auch nur der Galgen verstanden wurde. Der Leichnam wurde als *„Cörpl"* bezeichnet. Bei Vierteilungen wurden die vier Körperteile an sogenannten *„Schnellgalgen"*, meist einfache Holzpflöcke, aufgehängt und zur Schau gestellt.

Geld- und Wertangaben wurden in Gulden und Kreuzern gemacht. Ein Gulden bestand aus 60 Kreuzern. Seine Kaufkraft unterlag natürlich Veränderungen. Um eine Vorstellung von der Kaufkraft zu erhalten, soll folgende Tabelle der Weizenpreise dienen:[1]

Ein Star (31,7 Liter = 23,248 kg) Weizen kostete im Jahre

1500	18 Kreuzer
1550	53 Kreuzer
1600	90 Kreuzer
1650	84 Kreuzer
1700	145 Kreuzer
1750	98 Kreuzer
1800	216 Kreuzer

Mit dem Jahresgehalt von 100 Gulden hätte sich somit ein Scharfrichter im Jahre 1500 rund 7.750 kg Weizen, im Jahre 1600 rund 1.550 kg, im Jahre 1700 rund 960 kg und 1750 rund 1.420 kg kaufen können.

Anmerkung:
[1] *Mathias Schmelzer, Geschichte der Preise und Löhne in Rattenberg, vom Ende des 15. Jahrhunderts bis in die 2. Hälfte des 19. Jahrhunderts, ungedr. phil. Diss., Innsbruck 1972, S. 35, 61–65.*

Die rechtlichen Grundlagen
Überblick über das Tiroler Strafrecht von 1499 bis 1787

Für das heutige Rechtsempfinden ist es ein völlig unverständlicher und unzumutbarer Zustand, daß die Rechtssprechung ohne schriftlich festgelegte Gesetze lediglich nach freiem Ermessen des Gerichtes erfolgen sollte. Abgesehen von einigen Bestimmungen in den Stadtrechtsprivilegien[1] gab es in Tirol während des gesamten Mittelalters kein kodifiziertes Strafrecht. Die Rechtssprechung folgte ausschließlich der mündlich überlieferten Tradition, also dem Gewohnheitsrecht. Das freie Ermessen des Gerichtes bei der Urteilssprechung war dadurch aber nur in ganz groben Zügen eingeschränkt.[2]

Es würde im Rahmen dieser Arbeit zu weit führen, die Entwicklung des Strafrechtes im Mittelalter darstellen zu wollen. Da sich im deutschsprachigen Raum im Gegensatz zu Oberitalien keine Rechtswissenschaft entwickelt hatte, waren im ausgehenden Mittelalter die Mißstände derart groß geworden, daß eine Reform und Kodifizierung des Strafrechtes unumgänglich wurde.[3] Bestrebungen einer Strafrechtsreform finden sich sowohl auf der Ebene der einzelnen Territorien als auch auf Reichsebene. 1489 beispielsweise erließ Erzherzog Sigmund eine Landesordnung für Tirol, in der unter anderem folgender Passus die Situation des Strafrechtes in Tirol treffend beschreibt:[4] *„Da die Malefizgerichte schlecht besetzt und eine Zeit her viele unförmliche Urteile ausgegangen sind, wodurch viel großes Übel ungestraft geblieben ist, sollt Ihr* (Anm.: die Richter) *künftig besseren Fleiß und Achtung haben, damit gestracks nach dem Recht und der Gestalt einer jeden Übeltat gerichtet, böse Leute gestraft und nicht so liederlich gefördert werden."* Abgesehen von dieser allgemein gehaltenen Ermahnung der Richter brachte diese Ordnung keine echte Kodifizierung des Strafrechtes.

Auf Reichsebene sind Bestrebungen erst ab dem Jahre 1495 bemerkbar. In diesem Jahr nahm das neu organisierte Reichskammergericht seine Tätigkeit auf und leitete die ungemein zahlreichen Klagen, daß die Gerichte die *„Leute unverschuldet ohne Recht und redliche Ursache zum Tode verurteilen und richten lassen"*, an die Reichsversammlung weiter. Der Freiburger Reichstag von 1498 faßte hierauf den Beschluß, *„eine allgemeine Reform und Ordnung im Reich vorzunehmen, wie man in Kriminalfällen vorgehen solle."*[5]

Auf der Ebene der Territorien schritten die Reformen wesentlich rascher voran. Als erstes Land im deutschsprachigen Raum erhielt die Grafschaft Tirol im Jahre 1499 im Rahmen einer neuen Landesordnung auch ein kodifiziertes Strafrecht.[6] Sofort nach der Abdankung Erzherzog Sigmunds im Jahre 1490 hatte der neue Tiroler Landesfürst, der spätere Kaiser Maximilian I., mit der Reform des Strafrechtes in Tirol begonnen, indem er unter anderem 1491 einheitliche Gerichtsgebühren festlegte.[7] Bereits 1493 berief Maximilian, der sich selbst im Schreiben als *„Liebhaber der Gerechtigkeit, die doch, wo das Übel nicht gestraft wird, nicht in Ehren gehalten werden kann"*, bezeichnete, den Adel, die Städte und Gerichte Tirols zu einer Tagung nach Bozen, um über die Reform der Kriminalgerichtsbarkeit zu beraten.[8] Diese führte jedoch zu keinem Ergebnis, und 1497 berief Maximilian eine weitere Versammlung ein. Im Jahre 1499 lag schließlich das Ergebnis dieser Beratungen in Form einer Landesordnung vor.[9] Im Grunde war diese

Gesatz vnd ordnungen der ynzichten Malefitz Rechten vnd annderer notdurftigen henndeln des lannds der Graueschaft Tyroll.

Abb. oben: Titelblatt der Maximilianischen Halsgerichtsordnung für Tirol 1499. (Original im TLA, Codex 5097 = Inknabel 16)

gedruckte Landesordnung, deren genauer Titel *„gesatz und ordnungen der ynzichten, malefitzrechten und annderer notdurftigen henndeln des lannds der graveschaft Tyrol"* war, nichts anderes als ein Konglomerat von bereits bestehenden und neu erarbeiteten Gesetzen und Verordnungen.[10] Vom ersten Druck aus dem Jahre 1500 ist nur ein einziges vollständiges Exemplar im Tiroler Landesarchiv erhalten.[11] Vor allem die ältere Literatur kannte lediglich den Neudruck aus dem Jahre 1506, der bei Hans Pirlin in Augsburg erschien.[12] Die Landesordnung von 1499 läßt sich grob in 8 Abschnitte einteilen, wobei für das Strafrecht nur der erste Abschnitt von Bedeutung ist.[13] Trotzdem bürgerte sich die Bezeichnung „Malefiz- oder Halsgerichtsordnung" für diese Landesordnung ein, wohl, weil sich die Literatur

Abb. rechte Seite: Blatt 3 der Tiroler Halsgerichtsordnung von 1499 mit Angabe der verschiedenen Todesstrafen. (Original im TLA, Codex 5097 = Inkunabel 16)

Wa ainer oder aine an die frag vnd marter erkant wirdet. sol der Richter drey aus dem Rat oder von den Gsworn zů jm nemé. die selben person also in jrer vnd des Gerichtschreibers gegenwürtigkait fragen wie dann das vor erkant vnd beschlossen ist. vnd was der übelträtig mensch also bekennt vnnd bestät. sol Gerichtschreiber die vrgicht lauter auffschreiben. vnd Richter die mitsambt denen so er also zů jm nymbt nachmals überlesen. vnd so man dann darüber vrtailen will. die den anndern Räté oder Gesworn auch verlesen. vnd wän die drey so dabey gewesen sein gezeugknus gebé vnd die vrgicht also zusein ainhelligklich bey jré Ayden vor Richtere vnnd anndern Geschworn bekennen. Als dann ist desselben bekennen genůg. vnnd vnnder den dreyen sol alsdann des ersten ainer der vrtail angeforscht werden.

Ob auff ain oder mer personen pöse anzaigen oder ynnzicht gienngen. vnnd die obrigkait die nicht jn jrn sonder jn andern Gerichten wisten. sol alweg durch Phleger oder Richter jn das annder Gericht geschriben. damit dieselben personen angenomenn. vnnd mit jr verrer wieuor gemelt ist gehanndelt werden.

Ein yeder Mörder sol mit dem Rad gericht werden.

Ein verräter geschlaipft vnd geuiertailt.

Rawber mit dem Schwert.

Kirchenprüchl. préner. ketzer. velscher der Müns Silber oder Gold mit dem prannd.

Ob ain man zway weiber nämb. oder ain weib zwen mann. denselbenn mann oder frawen zuertrenncken.

Ob ain person vertrawts gůet weg füeret. oder ain gůt zwayen dreyen. oder mer wissenntlich vnd geuärlichen verkauffet. oder versetzt. vnnd nicht von der vordern verfatzung meldung thůt. diesöllen auch ertenckt werden.

Ob ainer ain frawen oder junkfrawen notzwung. dadurch sy beraubt wurd jrer eeren. vnd dieselben anzaigen genügsam wern. dadurch sölhs von der frawen oder jungkfrawen nicht aus neid oder hass. früntschaft oder veintschaft. müet oder gab beschehe. derselb sol ertrenckt werden

Welher ain vrfehd so er über sich geben hett pricht. denselben mit dem Swert zurichten. vnd ain weibspild zůertrenncken.

Welhe fraw ain kind verthůt. die sol lebendig in das erdtrich begraben vnd ain phal durch sy geschlagen werden.

a iij

vornehmlich mit den strafrechtlichen Bestimmungen beschäftigt hat. Die neue Landesordnung wurde nicht ohne Widerspruch akzeptiert.[14] Im Jahre 1500 mußte sie den Ständen am Bozner Landtag neuerlich vorgelegt werden, weil gegen sie „*viele Einsprüche, die doch wenig Grund gehabt*" hätten, vorgebracht wurden.[15] Auch der Landtag von 1515 befaßte sich mit einer Reform bzw. Abänderung dieser Landesordnung, kam aber zu keinem Abschluß. Der Landtag von 1518 griff dieses Problem neuerlich auf, es wurde eine Kommission aus Vertretern der Stände und der Regierung gebildet, „*damit solches alles nach Willen und Gefallen Seiner Kaiserlichen Majestät in ein Libell komme und gezogen würde*".[16] Einen Abschluß zu Lebzeiten Kaiser Maximilians I. fanden diese Arbeiten nicht. Bei der Beurteilung des ersten Teiles, der eigentlichen Malefizordnung von 1499, ist als wichtigstes Kriterium zu beachten, daß Strafgesetz und Strafprozeßordnung miteinander vermengt waren. Bei der Beurteilung und Gliederung wurde auf die Edition bei E. Schmidt aus dem Jahre 1949 zurückgegriffen und die dortige Einteilung nach Rubriken übernommen.[17] Die Rubriken I bis VIII, XXVIII und XXXVII bis XXXIX sind ausschließlich dem Prozeßverlauf gewidmet. Die Gerichtsordnung war grundsätzlich auf der Basis der Volksgerichtsbarkeit (Geschworene) aufgebaut.[18] Dabei wurde 1499 schon die Grundlage für die späteren Landesordnungen geschaffen, indem man die wichtigsten Abschnitte des Strafprozesses wie Gerichtspersonen (Richter, Geschworene), Einleitung und Durchführung der Untersuchung, Urteilsfällung, Verfahren gegen Abwesende und Flüchtige, und schließlich die Gerichtskosten einheitlich regelte.

Alle übrigen Bestimmungen betrafen das Strafrecht. Die Malefizordnung kannte die Todesstrafe durch Köpfen, Erhängen, Ertränken, Vierteilen, Pfählen, Rädern und Verbrennen. An sonstigen Strafen waren der Pranger, das Abschneiden der Zunge, das Abschlagen der Schwurfinger, das Schleifen und die Prügelstrafe genannt. Trotz aller Reglementierungen blieb noch eine ziemlich große Freiheit des Gerichtes bei der Urteilsfällung erhalten, zumal bei einer Reihe von Delikten bestimmt wurde, den Delinquenten „*nach Erkenntnis des Richters, der Räte oder Geschworenen nach Gelegenheit seiner Missetat zu strafen*". Die Strafverhängung nach freiem Ermessen des Gerichtes war also in manchen Fällen weiterhin möglich.

Die Tiroler Malefizordnung stellt zwar die erste Kodifikation des Strafrechtes im deutschsprachigen Raum dar, ihr Bestreben war es aber, das bisherige (!) Strafrecht einheitlich zu erfassen und allgemein verbindlich für ein größeres Staatsgebilde zu machen, jedoch nicht, eine wirkliche Reform im Sinne einer Erneuerung unter Berücksichtigung der Erkenntnisse der damaligen, vornehmlich italienischen Rechtslehre zu bewirken.[19]

Nicht durch Zufall laufen parallel zu den Bestrebungen der Kodifikation des Strafrechtes auch Bemühungen, das Amt des Scharfrichters in Tirol zu regeln und zu institutionalisieren. Im Mittelalter gab es immer nur einen Scharfrichter in der Grafschaft Tirol, der für das gesamte Territorium zuständig war.[20] Erstmals bei der Scharfrichterbestellung des Jahres 1488 wurde in Erwägung gezogen, einen zweiten Henker zu beschäftigen.[21] 1497 wurde dieses Vorhaben schließlich verwirklicht und mit Lienhart von Grätz ein zweiter Scharfrichter bestellt. Der eine hatte nun künftig seinen Wohnsitz in Hall in Tirol, wurde vom Salzmairamt bezahlt und war für die

Gerichte in Nordtirol zuständig, der andere war in Meran ansässig, erhielt den Lohn vom Zollamt an der Töll bei Meran und war für die Gerichte Südtirols (außer Brixen und Trient) zuständig. Diese Regelung blieb von 1497 bis 1787 aufrecht.[22]

Die Tiroler Malefizordnung von 1499 fand rasch Nachfolger in anderen Ländern. 1503 erschien beispielsweise die steirische Landrechtsordnung und 1514 die niederösterreichische Landgerichtsordnung.[23] In Tirol blieb die Diskussion um eine Reform der Ordnung von 1499 weiter aufrecht, eine Überarbeitung konnte aber — wie oben schon kurz angerissen — zu Lebzeiten Kaiser Maximilians I. nicht abgeschlossen werden. Unmittelbar nach seinem Tod drängten die Landstände im Jahre 1520 auf eine Fortsetzung der Arbeiten, welche im März 1525 abgeschlossen werden konnten.[24] Ohne auf die Unruhen des Jahres 1525 näher eingehen zu können, muß festgestellt werden, daß diese das Zustandekommen der Tiroler Landesordnung von 1526 wesentlich beschleunigt haben. Vielleicht hatte man unter dem unmittelbaren Eindruck der Ereignisse die Arbeit überhastet abgeschlossen, denn bereits 1532 erschien eine überarbeitete Neufassung, für deren Erscheinen folgende Begründung angegeben wurde,[25] nämlich *„daß in vielen Artikeln der Bauernlandesordnung große Irrtümer und Mißverständnisse täglich vorfallen und erwachsen, die unlauteren Artikel also notwendig zu erläutern und die beschwerlichen aufzuheben waren"*.

Die Landesordnung von 1526[26] war in zwei Bücher geteilt, wobei das zweite ausschließlich der Strafgerichtsbarkeit gewidmet und in zwei Teile, nämlich Prozeßordnung (60 Rubriken) und Strafgesetze (20 Rubriken), gegliedert war.[27] Die Bestimmungen deckten sich — abgesehen von Ergänzungen — völlig mit denen der Malefizordnung von 1499.

Die Landesordnung von 1532 war insgesamt in neun Bücher und diese wiederum in bestimmte Titel bzw. Rubriken geteilt. Dem Strafrecht war das 8. Buch mit insgesamt 81 Titeln gewidmet. Als Prozeßordnung sind davon die Titel 1 bis 15, 54 bis 60 und 67 bis 81, als Strafgesetze die Titel 16 bis 53 und 61 bis 66 anzusehen.[28] Diese Landesordnung ist in unveränderter Form — abgesehen von der Orthographie — in mehreren Auflagen, zuletzt 1570 erschienen. So wie in der Landesordnung von 1526 wurde auch bei der von 1532 der strafrechtliche Teil fast unverändert aus der Malefizordnung von 1499 übernommen, erfuhr jedoch in manchen Punkten eine Erweiterung, vor allem bei der ausgesprochenen Berücksichtigung von Mitschuld und Teilnahme (§ 69) und aller subjektiven und objektiven Momente des Einzelfalles (§ 81).[29]

Bei der Schilderung der Tiroler Verhältnisse muß kurz auf die Entwicklung im Reich verwiesen werden, wo auf dem Reichstag zu Regensburg 1532 die Schaffung eines Reichsstrafgesetzbuches mit der Publizierung der „Constitutio Criminalis Carolina", besser bekannt unter dem Titel „Peinliche Halsgerichtsordnung Karls V.", gelungen war. Allerdings war ihre Wirksamkeit infolge der durch Sachsen veranlaßten „salvatorischen Klausel" stark behindert, da das Landesgesetz gegenüber dem Reichsgesetz Vorrang hatte.[30]

Die kaiserliche Halsgerichtsordnung wurde selbstverständlich auch in Tirol angewandt. So findet man beispielsweise in einem Gerichtsprotokoll von Villanders aus dem Jahre 1612 den Passus, daß ein verdächtiger Beklagter *„nach Aussage* *kaiserlicher Halsgerichts- und Tirolischer Landesordnung zur peinlichen Befragung"* geführt werden sollte.[31] In erster Linie hielt man sich aber an die Bestimmungen der Tiroler Landesordnung, und nur in jenen Bereichen, wo laut Tiroler Landesordnung die Strafe im freien Ermessen des Gerichtes lag, zog man auch die Halsgerichtsordnung Karls V. als Rechtsgrundlage bei.

1573 erschien die *„Neu reformierte Landesordnung der fürstlichen Grafschaft Tirol"*, die auf Bitte der Landstände von Erzherzog Ferdinand II. erlassen worden war. Bezüglich des Strafrechtes (Buch 8) wurden dabei kaum Änderungen vorgenommen. Geringfügig abgeändert wurden lediglich die Artikel 11, 15, 32, 33, 40, 45, 46, 65, 68 und 69. Nur bei zwei Artikeln wurden Bestimmungen der Halsgerichtsordnung Karls V. übernommen.[32] Die Ergänzung des Artikels 43 bezüglich des Vermögens von Selbstmördern, die die Tat aus Geistesstörung begangen hatten, entsprach dem Titel 135, die des Artikels 49 bezüglich der Notwehr den Titeln 139—141 der Halsgerichtsordnung Karls V. Abgesehen von diesen wenigen Ergänzungen beruhten die Bestimmungen der Prozeßordnung und die Strafgesetze auf den früheren Landesordnungen und — extrem formuliert — kann man sagen, daß die Tiroler Strafgesetzgebung nach wie vor auf den mittelalterlichen Gepflogenheiten, wie sie die Malefizordnung von 1499 erstmals kodifiziert hatte, beruhte.

Größte Probleme ergaben sich in der Rechtssprechung durch den nach wie vor vorhandenen Freiraum in den Urteilsentscheidungen der Gerichte. Der Grundsatz „sine lege nulla poena" (= ohne Gesetz keine Strafe) war in das damalige Rechtsempfinden noch nicht vorgedrungen. Erste Reformversuche gab es im Jahre 1649 unter Erzherzog Ferdinand Karl. *„Weil bei den Malefizsachen schwere Fälle vorfallen, die den gemeinen Richtern gar zu hoch sind, woraus mancherlei Unförmlichkeit und Konfusion erfolgen, ist in Erwägung zu ziehen und darüber Rat zu geben, ob es nicht tunlich sei, hiezu wissende und eigene Bannrichter zu verordnen, welche Rechtsgelehrte oder doch wohlstudierte und erfahrene Leute wären"* — schrieb der Erzherzog an die Regierung.[33] Aus zwei Gründen lehnte jedoch diese das Reformbestreben ab: Zum einen sei dies wegen der erhöhten Kosten nicht möglich und zum anderen fehle es an qualifizierten Juristen, die den Beruf eines Bannrichters ergreifen wollten.[34] Um Fehlurteile möglichst zu vermeiden, schaltete sich aber die Regierung als Kontrollinstanz ein. Kein Strafrechtsurteil durfte vollzogen werden, bevor es nicht der Regierung zur Begutachtung vorgelegt worden war. In den diesbezüglichen Schreiben an die Strafgerichte wurde deshalb immer der Schlußsatz angefügt, daß sie *„den Prozeß gebührend formieren und dann selbigen uns vor der Veröffentlichung des Urteils zur Einsichtnahme überschicken"* sollten.[35] Richtern, die sich nicht an diese Anweisung hielten, erteilte die Regierung meist eine scharfe Rüge, wie beispielsweise 1665 dem Rattenberger Richter, der zwei Mörder, ohne die Regierung in Kenntnis zu setzen, hinrichten hatte lassen.[36]

Eine wesentliche Erleichterung und gewisse Sicherheit in der Rechtssprechung trat mit dem Jahre 1696 ein. Im Jahre 1671/1672 war an der Universität

Abb. rechte Seite: Titelblatt der Tiroler Landesordnung von 1532.
(Original im Tiroler Landesarchiv)

Landtßordnung der Fürstlichen Grafschafft Tirol.

Innsbruck die Rechtsfakultät eröffnet worden, allerdings lag die Pflege der Strafrechtswissenschaften im Argen. Erst mit der Ernennung von Johann Christoph Fröhlich (auch Froelich) von Fröhlichsburg zum Professor für bürgerliches und Lehenrecht[37] trat eine Besserung ein. Bereits 1696 veröffentlichte er, der seine Laufbahn als Stadt- und Landrichter von Rattenberg begonnen hatte, im Auftrag von Adrian von Deuring, oö. Regimentsvizekanzler in Tirol,[38] die „Nemesis Romano-Austriaco-Tyrolensis", die noch heute als *„das bedeutendste, im Süden Deutschlands erschienene strafrechtliche Werk"* bezeichnet wird.[39] Es bestand aus zwei Traktaten, die sich in je vier Bücher unterteilten. Der erste kann als Beschreibung einer Prozeßordnung, der zweite als Sammlung einschlägiger Strafgesetze bezeichnet werden. Fröhlich war stark von der italienischen Rechtslehre beeinflußt, und die dortigen Standardwerke waren ihm bestens geläufig, zum Teil hatte er sie sogar ins Deutsche übersetzt.[40]

Mit diesem Grundwissen und aufbauend auf die Tiroler und Niederösterreichische Landesordnung sowie auf die Halsgerichtsordnung Karls V. entwarf Fröhlich einen Leitfaden des Strafrechtes und der Rechtssprechung, der es den Richtern künftig erleichtern sollte, daß nicht mehr *„die Gefangenen, ja Unschuldigen mit der Keiche (= Gefängnis) gepeinigt und während langwieriger Prozesse mehr Marter und Pein ausstehen müssen, als oft das Endurteil in sich begreift"* — wie Fröhlich selbst im Vorwort zu seinem Werk schrieb. Diese grundlegende Arbeit hat sicher die Rechtssprechung in Strafsachen wesentlich beeinflußt und zu mehr Sicherheit geführt, zumal die Richter auch für jene Delikte, bei denen sie nach freiem Ermessen urteilen konnten, erstmals eindeutige Richtlinien erhielten. Eine Reform des Strafrechts ging von diesem Werk nicht aus; die in den Grundzügen auf das Jahr 1499 zurückreichende Konzipierung des Tiroler Strafrechtes blieb weiter bestehen.[41]

Das alte Tiroler Strafrecht blieb bis zum 1. Jänner 1770 in Geltung. Nach 271 Jahren wurde es schließlich von der „Constitutio Criminalis Theresiana", kurz auch „Theresiana" genannt, die für alle österreichischen Erbländer verbindlich war, abgelöst.[42] Bereits seit 1752 bzw. 1753 hatte je eine Kommission an der Reform des Straf- und Zivilrechtes gearbeitet. Während die Arbeiten am Zivilrecht zu Zeiten Maria Theresias nicht beendet werden konnten, waren jene am Strafgesetzbuch 1768 abgeschlossen. Das Ergebnis entsprach aber keineswegs den Vorstellungen der fortschrittlichen Staatsmänner, und besonders Fürst Kaunitz verhinderte, allerdings nur vorübergehend, die Publikation des bereits am 31. Dezember 1768 sanktionierten Strafgesetzbuches. Mit ihm war nämlich nur eines der gesteckten Ziele erreicht worden. Abgesehen von Ungarn galt es in allen Ländern der Monarchie und stellte somit zwar erstmals ein einheitliches Rechtsgebiet in einem so wichtigen Bereich, wie es das Strafrecht ist, her. Inhaltlich hingegen ist keinerlei Fortschritt festzustellen. Nach wie vor wurde das Strafrecht vom mittelalterlichen Strafrechtsdenken beherrscht, Gedankengut der Aufklärung war darin nicht zu spüren.[43]

Abb. rechte Seite: Titelblatt der Tiroler Landesordnung von 1573, Ausgabe 1603. →
(Original im Tiroler Landesarchiv)

New Reformierte Landts-Ordnung der Fürstlichen Grafschafft Tyrol/ wie die auß Landts-Fürstlichem Befelch/ im 1603. Jahr/ vmbgedruckt worden.

Mit Röm: Kay: May: vnd Fürstlicher Durchleuchtigkeiten zu Oesterreich/rc. Gnad vnd Freyheit.

Gedruckt zu Jnßprugg / durch Daniel Paur.

Die „Morgenröte einer humaneren Strafgesetzgebung im österreichischen Staatsgebiete" — wie es ein Autor 1829 formulierte[44] — begann erst mit der Aufhebung der Folter 1776, wobei die Initiative mehr von Kaiser Josef II. denn von Maria Theresia ausging.[45] Den endgültigen Wendepunkt brachte das Strafgesetz Kaiser Josefs II. vom 2. April 1787, kurz „Josefina" genannt, das erstmals auch fortschrittliches Gedankengut berücksichtigte.

Allerdings darf man das Josefinische Strafgesetzbuch nicht überbewerten. Bei vielen Strafen stand noch das Motiv der Vergeltung mehr im Vordergrund als das Motiv der Besserung eines Verbrechers. Reste mittelalterlicher Strafformen wie Pranger, Prügelstrafe, Brandmarken u. ä. blieben weiter bestehen und wurden erst im 19. Jahrhundert abgeschafft.[46] Nicht genug gewürdigt kann aber die Entscheidung des Kaisers werden, die Todesstrafe — außer im standrechtlichen Verfahren — in Österreich abzuschaffen. Mit einer Ausnahme hatte Kaiser Josef II. ohnehin seit dem Zeitpunkt seiner Alleinregierung kein Todesurteil vollstrecken lassen, so daß die Abschaffung der Todesstrafe nur eine konsequente Folge seiner Einstellung war. Humanitäre Gründe dürften den Kaiser aber nicht bewegt haben, denn es sollten anstelle der Todesstrafe *„solche Züchtigungen substituiert werden, welche weit schrecklicher und empfindlicher als der Tod selbst sind."*[47]

Mit der Abschaffung der Todesstrafe waren die Scharfrichter überflüssig geworden und so endet die Tätigkeit der Tiroler Henker mit dem Jahre 1787.

Anmerkungen:
[1] vgl. Franz Huter, Herzog Rudolf der Stifter und die Städte Tirols (= Tiroler Wirtschaftsstudien 25), Innsbruck 1971
[2] Josef Rapp, Über das vaterländische Statutenwesen II, in: Zeitschrift des Ferdinandeums für Tirol und Vorarlberg 5, Innsbruck 1829, S. 9/10
[3] Eberhard Schmidt, Die Maximilianischen Halsgerichtsordnungen, Bleckede an der Elbe 1949, S. 58—59
[4] Hermann Wopfner, Die Lage Tirols zu Ausgang des Mittelalters, Abhandlungen zur Mittleren und Neueren Geschichte 4, Berlin—Leipzig 1908, S. 206 § 5
[5] E. Schmidt, a. a. O., S. 62—63
[6] Ernst Hellbling, Österreichische Verfassungs- und Verwaltungsgeschichte, Wien 1956, S. 280
[7] H. Wopfner, a. a. O., S. 179
[8] H. Wopfner, a. a. O., S. 207—208
[9] H. Wopfner, a. a. O., S. 180
J. Oberweis, Die Tiroler Landesordnung vom Jahre 1526, Wien 1866, Abschnitt III, S. 3/4
[10] Tullius Sartori-Montecroce, Über die Reception der fremden Rechte in Tirol und die Tiroler Landesordnungen, Beiträge zur österr. Reichs- und Rechtsgeschichte, Innsbruck 1895, S. 2
[11] TLA: Codex 5097 (= Inkunabel 16)
[12] T. Sartori, a. a. O., S. 2 Anm. 2
E. Schmidt, a. a. O., S. 92—93
[13] T. Sartori, a. a. O., S. 2—3
[14] H. Wopfner, a. a. O., S. 209 Beilage IV

[15] H. Wopfner, a. a. O., S. 183 Anm. 1
[16] T. Sartori, a. a. O., S. 4—5
[17] wie Anm. 3
[18] Mario Laich, Entwicklung der Strafrechtspflege in Tirol und Vorarlberg, in: 100 Jahre österreichische Strafprozeßordnung, Innsbruck 1973, S. 75
[19] E. Schmidt, a. a. O., S. 71—72
[20] Otto Stolz, Geschichte der Gerichte Deutschtirols, in: Archiv für österreichische Geschichte 102, Wien 1913, S. 228
[21] TLA: Kopialbuch K, ältere Reihe, fol. 25
[22] vgl. das Kapitel über die Amtsbezirke!
[23] E. Hellbling, a. a. O., S. 280
[24] H. Wopfner, a. a. O., S. 190—191
[25] J. Oberweis, a. a. O., I. Abschnitt, S. 11
[26] TLA: Codex 5456
[27] Sartori, a. a. O., S. 16
J. Oberweis, a. a. O., I. Abschnitt, S. 12
[28] TLA: Bibl.-Nr. 6563
[29] T. Sartori, a. a. O., S. 24—25 Anm. 4 und S. 28—29
[30] E. Schmidt, a. a. O., S. 82/83
G. Radbruch, Die peinliche Gerichtsordnung Kaiser Karls V. von 1532, Neudruck 1962 der Ausgabe von 1926
Karl Kroeschell, Deutsche Rechtsgeschichte, Band 2 (1250—1650), Hamburg 1976 (2. Auflage), S. 269—271
Heinrich Mitteis/Heinz Lieberich, Deutsche Rechtsgeschichte (= Juristische Kurz-Lehrbücher), München 1978 (15. Auflage), S. 302—307
[31] TLA: Codex 2073, fol. 11; vgl. Ernst Kwiatkowski, Die Constitutio Criminalis Theresiana (Ein Beitrag zur Theresianischen Reichs- und Rechtsgeschichte), Innsbruck 1903, S. 18
[32] T. Sartori, a. a. O., S. 61
[33] O. Stolz, a. a. O., S. 244 Anm. 4
[34] TLA: Leopoldinum C 101
[35] vgl. beispielsweise TLA: CD 1664—1665, fol. 461
[36] TLA: CD 1664—1665, fol. 534
[37] Hans Hochenegg, Johann Christoph Froelich von Froelichsburg, in: Veröff. d. Univ. Innsbruck 90, Innsbruck 1974, S. 61—65; derselbe, Johann Christoph Froelich von Froelichsburg, in: TH XXXIV, Innsbruck 1970, S. 102 ff
[38] Helga Staudinger, Beamtenschematismus der drei oö. Wesen in den Jahren 1679—1710, ungedr. phil. Diss., Ibk. 1968, S. 472/473
[39] Gerhard Oberkofler, Zur Geschichte des Strafrechtes an der Innsbrucker Rechtsfakultät, in: TH XXXVIII, Innsbruck 1974, S. 82
[40] G. Oberkofler, a. a. O., S. 82
[41] T. Sartori, a. a. O., S. 88—89
[42] J. Rapp, a. a. O., S. 64
[43] Werner Ogris, Staats- und Rechtsreformen, in: Maria Theresia und ihre Zeit, Salzburg 1980 (2. Auflage), S. 63—64
Otto Stolz, Grundriß der österreichischen Verfassungs- und Verwaltungsgeschichte, Innsbruck—Wien 1951, S. 211—213
Heinrich Kaspers, Vom Sachsenspiegel zum Code Napoleon (= Zeugnisse der Buchkunst II), Köln 1978 (4. Auflage), S. 134/135
[44] J. Rapp, a. a. O., S. 111, Anm. 93
[45] W. Ogris, a. a. O., S. 64
E. Hellbling, a. a. O., S. 302
E. Kwiatkowski, a. a. O., S. 33—35
[46] Hans Wagner, Josef II., Persönlichkeit und Werk, in: Katalog „Österreich zur Zeit Kaiser Josef II.", Melk 1980, S. 16—17
[47] E. Hellbling, a. a. O., S. 316
Werner Ogris, Josef II.: Staats- und Rechtsreformen, in: Im Zeichen der Toleranz (Studien und Texte zur Kirchengeschichte und Geschichte II, Band VIII, ed. Peter F. Barton), Wien 1981, S. 144

Die Häufigkeit von Hinrichtungen

Es ist heute unmöglich, alle in Tirol vollstreckten Todesurteile des Zeitraumes, den diese Arbeit umfaßt, statistisch zu erheben. Da die Häufigkeit, mit der die Scharfrichter ihres Amtes walteten, aber von besonderer Bedeutung für die Beurteilung des Strafvollzuges früherer Jahrhunderte ist, soll im Folgenden der Versuch unternommen werden, eine möglichst realistische Zahl der vom Henker getöteten Personen zu erarbeiten.

Grundsätzlich lassen sich drei Hauptgruppen von Hingerichteten feststellen. Die erste waren die Wiedertäufer, eine religiöse Sekte, die in Tirol ab 1527/1528 stark in Erscheinung trat und die gerade im ersten Jahrzehnt ihres Bestehens mit größter Härte verfolgt wurde. Entscheidend für den Kampf gegen diese Sekte wurde das Wiedertäuferpatent vom 23. April 1529, worin für alle Anhänger dieser Sekte die Todesstrafe eingeführt wurde. Darin stand, *„daß alle Wiedertäufer und Wiedergetauften, Manns- und Weibspersonen in verständigem Alter, vom natürlichen Leben zum Tode mit dem Feuer, Schwert und dergleichen nach Gelegenheit der Person ohne vorhergehende Inquisition der geistlichen Richter gerichtet und gebracht werden."*[1] Auf Grund dieses Mandates setzte eine unglaublich harte Verfolgung der Sektenmitglieder ein und in den folgenden Jahren mußten einige hundert Personen ihr Leben unter der Hand des Henkers lassen. Eine von der Wiedertäuferforschung erarbeitete Statistik nennt folgende Zahlen:[2]

1) Vinschgau, Etschland ... 30 Personen (Bozen 11, Kaltern 4, Meran 2, Neumarkt 9, Schlanders 1, Terlan 3)
2) Eisacktal .... 80 Personen (Brixen 16, Gufidaun 19, Klausen 7, Kuntersweg 8, Sterzing 30)
3) Pustertal .... 56 Personen (Michaelsburg 24, Schöneck 13, Sonnenburg 4, Taufers 3, Altrasen 3, Welsberg 4, Niedervintl 2, Heinfels 3)
4) Wipptal .... 6 Personen (Steinach 4, Innsbruck/Land 2)
5) Oberinntal .... 0 Personen
6) Unterinntal .... 193 Personen (Rattenberg 71, Kitzbühel 68, Kufstein 22, Schwaz 20, Innsbruck/Stadt 8, Hall 2, Rotholz 2)

Auf Grund dieser Statistik, die nur die quellenmäßig eindeutig nachgewiesenen Exekutionen anführt, entfielen auf den Meraner Henker 140, auf den Haller 225 Hinrichtungen. Das bedeutet, daß der Meraner Scharfrichter von 1529 bis 1539 jährlich durchschnittlich 14 Wiedertäufer, der Haller über 22 Wiedertäufer richten mußte. Würde man die gelegentlich in der Literatur wiedergegebene Zahl von 600 Todesurteilen, die sich allerdings nur auf reine Spekulationen stützt und sicher zu hoch gegriffen ist, zugrundelegen, so würde sich eine jährliche Hinrichtungsanzahl von 60 ergeben.[3] Allein die Zahl von 365 sicher nachgewiesenen Exekutionen von Wiedertäufern in nur 10 Jahren gibt ein äußerst eindrucksvolles Bild von der Härte des Kampfes gegen diese Sekte.

Massenhinrichtungen waren dabei durchaus an der Tagesordnung. Im Ratsprotokoll der Stadt Rattenberg vom 9. Mai 1529 findet sich folgender Eintrag:[4] *„Auf des Landrichters Begehren, ihm sechs Inwohner und Bürger im Harnisch nächsten Mittwoch* (= 12. Mai 1529), *an dem die 18 (!) Personen gerichtet werden sollen, zu stellen"*, damit diese ihr *„Aufsehen auf ihn haben, damit kein Aufruhr entstehe"*, erklärte sich die Stadt dazu mit der Begründung bereit, daß *„soviele Personen auf einmal nie gerichtet"* worden sind. 18 Menschen fanden also am 12. Mai 1529 den Tod durch den Henker. Dies war die größte Massenhinrichtung, die in Tirol jemals stattfand. Nur wenige Wochen später mußte bei einer weiteren Massenexekution in Kitzbühel der Henker zehn Wiedertäufer töten.[5]

Der Höhepunkt der Hinrichtungswelle war im Jahre 1539 überschritten. Ab diesem Jahr wurden kaum mehr Todesurteile, sondern meistens Galeerenstrafen verhängt. Nur noch vereinzelt fanden Exekutionen statt, die aber in der Regel die Anführer der Sekte betrafen.[6]

Die zweite Gruppe von Todesurteilen wurde in den Hexen- und Zaubereiprozessen verhängt. Der Innsbrucker Hexenprozeß des Jahres 1485 wurde vom päpstlichen Inquisitor Heinrich Institoris geführt. Nur dem beherzten Brixner Bischof Georg Golser, der den Prozeß als „kindisch" bezeichnete und den päpstlichen Inquisitor kurzerhand aus dem Lande wies, war es zu verdanken, daß es zu keinen Todesurteilen kam.[7] Kurz nach 1500 setzte aber auch in Tirol die Verfolgung von angeblichen Hexen und Zauberern ein und dauerte fast zwei Jahrhunderte an,[8] wobei man gewisse Höhepunkte feststellen kann. Der erste begann mit dem Verbrennen bzw. Ertränken zahlreicher Hexen im Fleimstal 1501—1505, fand seine Fortsetzung mit der Verbrennung von sechs Frauen in Völs am Schlern und endete 1540 mit dem Todesurteil gegen die berühmte „Sarntaler Hexe" Barbara Pachler. Eine zweite Welle von Hexenverfolgungen ist zwischen 1590 und 1640 zu spüren. 1594 verbrannte man eine Hexe in Kitzbühel, 1605 und 1615 wurde jeweils ein Zauberer in Heinfels bzw. Lienz gerädert und verbrannt, und 1623 fand diese Welle mit der Verbrennung zweier Frauen bei lebendigem Leib in Landeck ihre Fortsetzung und erlebte 1627 mit der Hinrichtung etlicher Frauen in Brixen ihren Höhepunkt. Auch zur Zeit der Regierung von Claudia von Medici wurden noch zahlreiche Todesurteile verhängt, wie beispielsweise 1637 (ein Ehepaar in Heinfels verbrannt; 2 Frauen in Landeck enthauptet und verbrannt), 1638 (ein Mann in Karneid, ein Mann in Kastelruth hingerichtet) oder 1639 (zwei Frauen in Karneid hingerichtet)[9].

Eine dritte Welle der Hexenverfolgung ist in den Jahren 1679 bis 1685 nachweisbar, bei der unter anderem nicht weniger als 13 Personen in Meran den Tod fanden.[10] Den besonders grausamen Schlußpunkt setzte die Hinrichtung einer Frau und ihrer beiden Kinder in Lienz wegen Hexerei im Jahre 1680.[11]

Dieser Überblick, der keineswegs Anspruch auf Vollständigkeit erheben kann, beweist jedoch, daß die Hexenverfolgung auch in Tirol sehr viele Todesopfer erforderte, wobei kaum ein Unterschied zwischen Frauen (Hexen) und Männern

(Zauberern) gemacht wurde, ja nicht einmal Kinder vor Todesurteilen wegen Hexerei verschont blieben.

Die dritte Gruppe von Hinrichtungen betraf die eigentlichen Verbrecher. Die Anzahl der Exekutionen richtete sich nach der Zahl der vorgefallenen Verbrechen. So hatte etwa der Meraner Scharfrichter im Jahre 1604 vier und 1728 fünf Exekutionen, während 1735 und 1745 keine einzige stattfand. Der Haller Henker mußte im Jahre 1665 mit fünf und 1728 mit sechs überdurchschnittlich viele Exekutionen ausführen, während er beispielsweise 1675 und 1745 niemanden zu töten hatte.

Nachdem seit der Mitte des 17. Jh.s die Todesurteile der Regierung in Innsbruck zur Bestätigung vorgelegt werden mußten und deshalb in deren Kopialbüchern „Causa Domini" zu finden sind, läßt sich auf Grund einer stichprobenartigen Durchsicht im Zehnjahresrythmus folgende Statistik für den Zeitraum 1655 bis 1755 angeben:[12]

Jahr	Hinrichtungen des Meraner Henkers		Haller Henkers	
	durchgeführt	begnadigt	durchgeführt	begnadigt
1655	1	1	1	—
1665	4	4	5	—
1675	1	1	—	—
1685	3	—	2	—
1695	—	1	1	—
1705	3	—	2	—
1715	1	—	4	—
1725	1	—	3	1
1735	—	—	2	1
1745	—	—	—	—
1755	1	—	3	—

Nach dieser Statistik wurden in Tirol durchschnittlich vier Todesurteile (genau: 3,8) pro Jahr vollstreckt, wobei auf den Amtsbezirk des Haller Scharfrichters deutlich mehr Hinrichtungen entfielen. Rechnerisch ausgedrückt heißt das, daß der Meraner Henker jährlich 1,5 Verbrecher, der Haller aber 2,3 Verbrecher töten mußte. Der Haller hatte also durchschnittlich um die Hälfte mehr Menschen zu richten als der Meraner. Dieser Umstand drückte sich unter anderem auch darin aus, daß der Meraner Henker nur 80 Gulden, der Haller aber 100 Gulden jährliches Grundgehalt bezog.[13]

Bei der zusammenfassenden Beurteilung der Häufigkeit von Hinrichtungen muß man allerdings bedenken, daß jede Statistik nur rechnerische Durchschnittswerte angibt und Extremsituationen wie etwa die Wiedertäuferverfolgung nicht zum Ausdruck bringt. Andererseits kommt auch jene Entwicklung nicht zum Tragen, die nur während der ersten Regierungsjahre Maria Theresias spürbar ist und die

Abb. oben: Kupferstich aus dem vom Innsbrucker Regimentsrat Joh. Chr. Fröhlich verfaßten Kommentar der Halsgerichtsordnung Kaiser Karls V., gedruckt 1759. Im Hintergrund sind Galgen, Rad und Pranger dargestellt.

durch die Umwandlung der meisten Todesstrafen in Schanzarbeit oder Militärdienst gekennzeichnet war. Allerdings waren dafür keineswegs humanitäre Gründe ausschlaggebend, sondern rein politisch-militärische, da Österreich zu dieser Zeit in zahlreiche Kriege verwickelt war und dringend Soldaten brauchte, auch wenn diese zum Tode verurteilte Verbrecher waren. Unter Berücksichtigung dieser Faktoren darf man bei aller gebotenen Vorsicht annehmen, daß in Tirol während des 16., 17. und 18. Jh.s insgesamt rund 1.500 bis 1.700 Menschen dem Scharfrichter zum Opfer fielen.

Anmerkungen:
[1] zitiert nach Grete Mecenseffy, Quellen zur Geschichte der Täufer XI, Österreich I, Gütersloh 1964, S. 188, Anmerkung
[2] Eduard Widmoser, Die Wiedertäufer in Tirol, in: TH XV, Innsbruck 1952, S. 45—90
[3] Eduard Widmoser, a. a. O., S. 85
Grete Mecenseffy, Geschichte des Protestantismus in Österreich, Graz-Köln 1956, S. 42
[4] zitiert nach Grete Mecenseffy, Quellen zur Geschichte der Täufer XIII, Österreich II, Gütersloh 1972, S. 228
[5] Quellen zur Geschichte der Täufer XIII, Österreich II, Gütersloh 1972, S. 231/232
[6] Eduard Widmoser, a. a. O., S. 78/79
[7] Hartmann Ammann, Der Innsbrucker Hexenprozeß von 1485, in: Ztschr. d. Ferd. f. Tirol und Vorarlberg 34, Innsbruck 1890, S. 1—87
[8] Ludwig Rapp, Die Hexenprozesse und ihre Gegner in Tirol, Brixen 1891 (2. verm. Auflage)
[9] Hartmann Ammann, Die Hexenprozesse im Fürstbistum Brixen, in: Forschungen und Mitteilungen zur Geschichte Tirols und Vorarlbergs XI, Innsbruck 1914
Ludwig Rapp, a. a. O.
Ignaz Zingerle, Barbara Pachlerin (Sarntaler Hexe) und Mathias Perger, der Lauterfresser, Innsbruck 1858
Ignaz Pfaundler, Über die Hexenprozeße des Mittelalters, mit spezieller Beziehung auf Tirol, in: Zeitschrift des Ferdinandeums für Tirol und Vorarlberg 9, Innsbruck 1843, S. 81—143
Oswald Plawenn, Von den Sarntaler Hexen, in: Der Schlern 22, Bozen 1948, S. 94—99
Bruno Mahlknecht, Barbara Pächlerin, die Sarntaler Hexe auf dem Scheiterhaufen, hingerichtet am 28. August 1540, in: Der Schlern 50, Bozen 1976, S. 511—530
TLA: Sammelakten B/XVI/4/1; CD 1628—1629, fol. 181, 182', 194, 281, 474, 499, 543; CD 1637—1641, fol. 108, 109, 111', 126, 151, 162', 168', 181', 243, 254',368, 374, 376, 392, 397'
[10] Ignaz Zingerle, a. a. O., S. VII/VIII
Ludwig Rapp, a. a. O., S. 60
Karl M. Mayr, Aus dunkelster Zeit (Der Karneider Hexenprozeß vom Jahre 1680), in: Der Schlern 29, Bozen 1955, S. 387—391
Hartmann Ammann, Die Hexenprozeße in Evas-Fassa 1573—1644, in: Kultur des Etschlandes XIII, Bozen 1959, S. 70—80
[11] Meinrad Pizzinini, Osttirol, Innsbruck-Wien-München 1971, S. 29/30
Ignaz Pfaundler, a. a. O., S. 112—143
[12] Diese Statistik basiert auf den Regierungskopialbüchern „Causa Domini" der entsprechenden Jahrgänge
[13] vgl. Kapitel über die Entlohnung des Scharfrichters!

Die Person des Scharfrichters

Die Ausbildung zum Scharfrichter

Um das Amt eines Scharfrichters ausüben zu können, war selbstverständlich eine solide Ausbildung nötig. Es mußte gelernt sein, mit einem Schwerthieb den Kopf vom Rumpf zu trennen, die Gliedmaßen mit dem Rad „sachgemäß" zu brechen oder einen Verbrecher so zu hängen, daß der Tod durch Genickbruch möglichst rasch eintrat. Außerdem gehörte neben der Geschicklichkeit auch eine gute körperliche Konstitution zu den Voraussetzungen. Nur so konnten die oft sehr unmenschlichen Todesurteile, die für den Scharfrichter Schwerstarbeit bedeuteten, ausgeführt werden. Als Beispiel sei das Urteil des Meraner Gerichtes gegen Georg Graf, vulgo „Zigeuner", aus dem Jahre 1644 angeführt, das bestimmte, *„daß ihm anfänglich drei Zwicke mit glühender Zange gegeben, die zwei Unterarme und Schienbeine mit dem Rad abgestoßen, darauf die rechte Hand abgehaut und alsdann er auf dem Scheiterhaufen mit angehängten Pulversäcklein zu Asche verbrannt werden solle."*[1]

Hinrichtungsmaschinen wie beispielsweise die Guillotine, die im Prinzip eigentlich schon seit dem 16. Jh. bekannt war, aber erst während der französischen Revolution verbessert und auf Antrag des Arztes Josef Ignace Guillotin, dem sie später ihren Namen verdankte, als einzige Hinrichtungsmethode in Frankreich gestattet wurde, oder der elektrische Stuhl, der in den USA 1889 eingeführt wurde und den Delinquenten durch einen Stromstoß von 1500 Volt tötete, wurden in Österreich nicht eingeführt. Der gute und rasche Verlauf einer Hinrichtung hing ausschließlich von der Geschicklichkeit des Henkers ab. Erwähnenswert ist in diesem Zusammenhang ein Schreiben der Obersten Justizstelle in Wien aus dem Jahre 1756, worin der Brixner Bischof gebeten wurde, ein Modell jenes mechanischen Fallbeiles, welches der bischöflich-brixnerische Scharfrichter seit geraumer Zeit verwendete, anfertigen und nach Wien senden zu lassen. Das Schreiben blieb aber ohne weitere Folgen, in Tirol und Österreich wurde weiterhin keine Hinrichtungsmaschine verwendet.[2]

Obwohl sich in den Quellen keinerlei Hinweise auf Vorschriften über die Ausbildung finden, darf man als gesichert annehmen, daß man diesem Umstand besondere Aufmerksamkeit widmete. Eine Reihe indirekter Hinweise ermöglichen die einigermaßen genaue Rekonstruktion der Scharfrichterausbildung. Grundsätzlich wurden in Tirol nur voll ausgebildete Scharfrichter beschäftigt, die ihre Befähigung durch schriftliche Zeugnisse nachweisen konnten oder die ihre Geschicklichkeit bei einer Hinrichtung unter Beweis stellen konnten. Als sich 1562 Hans Schwingsmesser für die vakante Meraner Scharfrichterstelle bewarb, mußte er zuerst nachweisen, bei wem er gelernt hatte und daß er darüber auch Zeugnisse besaß.[3]

1578 mußte Christof Tollinger von Regensburg, der als Haller Scharfrichter in Aussicht genommen war, zuerst bei einer Hinrichtung in Kufstein beweisen, daß er für dieses Amt qualifiziert war, bevor er endgültig eingestellt wurde.[4]

Da das Scharfrichterhandwerk sehr oft in einer Familie blieb, lag es natürlich nahe, daß der Vater die Ausbildung seines Sohnes übernahm. Auch dafür lassen sich eine Reihe von Beispielen aus Tirol bringen. Melchior Frey, der ab 1563 Meraner Scharfrichter war, hatte bei seinem Vater, dem Haller Henker Johann Frey, gelernt und diesem längere Zeit als Henkersknecht gedient. Obwohl sein Vater bestätigte, daß Melchior sein Handwerk gut beherrsche und selbständig Hinrichtungen vornehmen könne, erhielt der Meraner Landrichter von der Regierung den Auftrag, ihn anläßlich einer Hinrichtung in Meran zu beobachten:[5] *„Ihr sollt uns auch mit Eurem Rat und Gutachten berichten, ob Meister Hans' Sohn geschickt, tauglich und qualifiziert sei, ihn zu einem Züchtiger von Meran aufzunehmen, oder nicht."*

Eher zu den Kuriosa ist die Bestellung des minderjährigen Hans Fürst 1592 zum Meraner Scharfrichter zu zählen, obwohl dieser bei seinem Vater, dem Haller Henker Michael Fürst, ausgebildet worden war. Wegen seiner Minderjährigkeit wurde allerdings einschränkend bestimmt, daß er nur *„zu den schlechten und geringen Exekutionen"* gebraucht werden durfte.[6]

Konrad Leonhard Krieger hatte bei seinem Vater das Henkergewerbe erlernt und war ihm bei zahlreichen Exekutionen als Henkersknecht behilflich, bevor er 1675 selbst Henker werden konnte.[7] Ein anderer Scharfrichtersohn konnte allerdings sein Ziel nicht erreichen. Hans Pöltl bewarb sich 1698 als Nachfolger seines Vaters Kaspar, wurde aber trotz väterlicher Ausbildung abgewiesen, da nach Meinung der Regierung *„ein sehr unruhiger und nicht genugsam tauglicher Mann"* nicht Scharfrichter werden konnte.[8]

Über die Tauglichkeit eines Bewerbers entschied aber nicht nur dessen Ausbildung, sondern auch ein sogenanntes Meisterstück, bei dem jeder angehende Scharfrichter beweisen mußte, daß er sein Handwerk auch wirklich beherrschte. Eine Reihe von Quellen berichten von solchen Meisterstücken in Tirol. Johann Jakob Abrell, Sohn des Haller Scharfrichters Marx Philipp Abrell, hatte zwar seine Ausbildung beim Vater absolviert, aber noch nicht Gelegenheit gehabt, den Meisterbrief zu erwerben. Als er sich um die freie Meraner Henkerstelle bewarb, erlaubte ihm die Regierung, bei drei Hinrichtungen in Innsbruck bzw. Bozen sein Meisterstück abzulegen. In einem Schreiben vom 14. August 1724 bestätigte dann die Regierung, daß Abrell *„unlängst auf von uns erhaltener Lizenz allda (= Innsbruck) und zu Bozen an dreien vom Leben zum Tode mit dem Schwert hingerichteten Delinquenten in Anwesenheit vieler hundert Personen seine Probestreich ganz glücklich vollbracht"* hat.[9]

1747 gestattete die Regierung dem Bartholomeus Putzer, der sich als Haller Scharfrichter beworben hatte, die *„Machung seines Probestückes"* bei einer Hinrichtung mit dem Strang in Kufstein.[10] Sein Bruder Martin Putzer wurde 1752 auf Grund seiner *„attestierten Proben seiner sowohl mit dem Strang als Schwert richtig und klaglos verrichteten Exekutionen"* zum Meraner Henker bestellt.[11] Beide Brüder hatten bei ihrem Stiefvater, dem Meraner Henker Johann Georg Kober gelernt.

Nicht jeder Scharfrichtersohn konnte oder wollte bei seinem Vater lernen. 1768 gewährte die Regierung dem Scharfrichtersohn Johann Georg Putzer 80 Gulden, damit er in Schwabmünchen/Hochstift Augsburg seine zwei *„Meisterstückbriefe"*, die er als künftiger Haller Scharfrichter benötigte, erwerben konnte.[12] Tatsächlich hat er während seiner dreijährigen Wanderschaft je einen Meisterbrief in Schwabmünchen und Szegedin (Ungarn) erworben.[13]

Nach dem Abschluß der Ausbildung und nach erfolgreicher Erwerbung des Meisterbriefes konnte der Betreffende den Titel Meister führen. Besonders im 16. Jh., als die Familiennamen noch keine allzu große Rolle spielten, führte der Scharfrichter oft nur den Vornamen und den Meistertitel. So findet man beispielsweise die Bezeichnung „*Meister Konrad*"[14] oder „*Meister Matthias*" in den Quellen.[15]

Zusammenfassend läßt sich festhalten, daß das Scharfrichtergewerbe wie jedes andere Handwerk erlernt werden mußte, und daß am Ende einer Ausbildung mehrere sogenannte „Probehinrichtungen" standen, die dem Erwerb des Meisterbriefes dienten. Dabei mußte der angehende Scharfrichter seine Geschicklichkeit in den verschiedenen Hinrichtungsarten unter Beweis stellen. Erst der Meisterbrief ermöglichte ihm die Annahme einer Scharfrichterstelle in Tirol.

Anmerkungen:
[1] TLA: CD 1642—1645, fol. 583'/584
[2] TLA: CD 1756/1757, fol. 326
[3] TLA: Embieten und Befehl 1562, fol. 686
[4] TLA: CD 1578—1583, fol. 42/43
[5] TLA: Gemeine Missiven 1563, pr. p., fol. 254/255
[6] TLA: CD 1591—1595, fol. 99/100
[7] TLA: Bekennen 1674—1676, fol. 75—77
[8] TLA: CD 1697—1698, fol. 691
[9] TLA: CD 1724, fol. 324/324'
[10] TLA: CD 1747, fol. 48/48'
[11] TLA: CD 1752, fol. 290'—293
[12] TLA: V. d. k. Mt. i. J. 1767—1768, fol. 551'/552
[13] TLA: V. d. k. Mt. i. J. 1771—1772, fol. 155
[14] TLA: Urkunde 4237
[15] Bruno Mahlknecht, Heiratsantrag am Hinrichtungstag, in: Der Schlern 52, Bozen 1978, S. 590

Die Entlohnung des Scharfrichters

Die älteste Gebührenfestsetzung für die Tätigkeit des Scharfrichters stammt in Tirol aus dem Jahre 1488. Damals wurde Gilg von Rodem zum Henker von ganz Tirol bestellt. Er erhielt 100 Gulden rheinisch pro Jahr, 10 Pfund Berner (= 2 Gulden) pro Hinrichtung, 2 Pfund Berner (= 24 Kreuzer) Taggeld und 6 Kreuzer pro Meile, die er bei der Anreise zu einer Hinrichtung zurücklegen mußte.[1] Da man damals schon an die Einstellung eines zweiten Scharfrichters dachte, wurde Gilg von Rodem mitgeteilt, daß in diesem Fall das Gehalt auf 50 Gulden reduziert würde.

Als man 1497 tatsächlich den ersten Haller Scharfrichter ernannte, erhielt der Meraner Henker nur mehr 50 Gulden rheinisch, der Haller aber 80 Gulden.[2] Erst 1509 erhöhte man für Gilg von Rodem das Jahresgehalt auf 60 Gulden rheinisch.[3] Als wenig später ein neuer Scharfrichter in Meran eingestellt wurde, bekam er 80

Gulden.⁴ Bereits 1503 war das Gehalt des Haller Scharfrichters auf 100 Gulden erhöht worden, so daß sich zu Beginn des 16. Jh.s folgendes Entlohnungsschema bot:

	Hall (ab 1503)	Meran (ab 1509)
Grundgehalt	100 Gulden	80 Gulden
Hinrichtungsgebühr	2 Gulden	2 Gulden
Taggeld	24 Kreuzer	24 Kreuzer
Weggeld (pro Meile)	6 Kreuzer	6 Kreuzer

Im Jahre 1513 wurde das Grundgehalt des Haller Henkers erneut erhöht, weil dieser die Gerichte Kufstein, Kitzbühel und Rattenberg dazubekommen hatte, und betrug nun 115 Gulden rheinisch.⁵ Diese Regelung galt jedoch nur vorübergehend. Ab 1525 erhielt der Haller Henker wiederum 100 Gulden.⁶ Ab 1521 wurde die Hinrichtungsgebühr allgemein auf 3 Gulden angehoben⁷ und ab 1534 führte man das sogenannte „Handschuhgeld" ein. Bei jeder Hinrichtung hatte der Richter dem Scharfrichter ein Paar Handschuhe und einen Strick geben müssen, jetzt konnte er sich von dieser Pflicht durch die Zahlung von 30 Kreuzern loskaufen.⁸

Während die Exekutionsgebühren jeweils vom zuständigen Richter aus der Gerichtskassa beglichen werden mußten, erhielten die Henker das Grundgehalt entweder vom Salzmairamt in Hall oder vom Zoll an der Töll bei Meran. Es wurde ihnen im Jänner, April, Juli und Oktober zu vier gleichen Raten ausbezahlt. Ab 1542 ging man beim Salzmairamt von dieser Regelung ab und bezahlte den Henker in Wochenraten.⁹

Im 16. Jh. gab es nur geringfügige Korrekturen der Gebührensätze, so daß sich zu Beginn des 17. Jh.s folgendes Bild des Entlohnungsschemas bot:[10]

	Hall	Meran
Grundgehalt	104 Gulden	80 Gulden
Hinrichtungsgebühr	3 Gulden	3 Gulden
Handschuhgebühr	48 Kreuzer	48 Kreuzer
Taggeld	36 Kreuzer	36 Kreuzer
Weggeld (pro Meile)	8 Kreuzer	8 Kreuzer

In den Amtsinstruktionen, die jeder Scharfrichter bei seinem Amtsantritt ausgefolgt bekam und die auch bei jedem Gericht auflagen, waren nur obige Gebühren eindeutig geregelt. Die Entlohnung für andere Tätigkeiten wie die Vornahme der Tortur, Prangerstellen, Brandmarken u. ä. war offensichtlich nicht festgelegt. Unzählige Beispiele, die alle aufzuzählen zu weit gehen würde, geben ein gutes Bild von den Unstimmigkeiten, die sich daraus entwickelt haben. Allerdings ist dabei immer nur von zu hohen, nie aber von zu niedrigen Forderungen die Rede. Ergänzend muß hier noch eingefügt werden, daß ab 1568 der Meraner Henker pro Hinrichtung im Unterengadin 8 Gulden und im Oberengadin 10 Gulden erhielt.[11] Diese hohen Gebühren galten aber nur dort.

Abb. oben: Bekanntgabe der Eröffnung des Innsbrucker Zuchthauses am 29. Jänner 1725. (Original im TLA: CD 1725, fol. 54)

Erst zu Beginn des 18. Jahrhunderts finden sich umfangreichere und präzisere Gebührenordnungen. 1708 erschienen diese im Druck. Sie stellten den Meraner und Haller Scharfrichter erstmals entlohnungsmäßig auf eine Stufe:[12]

Grundgehalt	104 Gulden
Hinrichtungsgebühr	6 Gulden
Handschuhgebühr	48 Kreuzer
Hinausführen der Verbrecher zur Richtstätte	2 Gulden
Bestattung der Hingerichteten	3 Gulden
Radflechten, Pfählen, Vierteilen der Hingerichteten	3 Gulden
— wenn dies nicht beim Hochgericht erfolgt	5 Gulden
Kettengebühr bei Erhängen	5 Gulden
Verbrennen des Hingerichteten	4 Gulden
Rutenstrafe	4 Gulden

Prangerstellen	2 Gulden
Nasen-/Ohrenabschneiden, Brandmarken	1 Gulden
Bestatten eines Selbstmörders	45 Gulden
(wird aus dem Vermögen des Selbstmörders bezahlt)	
Bestatten eines mittellosen Selbstmörders	20 Gulden
(wird von der Gemeinde bezahlt)	
Lohn für den Henkersknecht	3 Gulden
Weggeld (pro Meile)	18 Kreuzer
Weggeld (pro Meile) für den Henkersknecht	12 Kreuzer
Taggeld	1 Gulden
Taggeld für den Henkersknecht	30 Kreuzer

Die Gleichstellung des Haller und Meraner Henkers dauerte aber nur einige Jahrzehnte. 1750 wurden für den Haller Scharfrichter neue, etwas höhere Gebühren genehmigt,[13] während die 1752 für Meran genehmigten Gebühren in vielen Punkten auf dem Stand von 1708 blieben.[14] Beide Amtsinstruktionen sind sehr ausführlich und geben einen guten Querschnitt der Tätigkeit eines Henkers. Vergleicht man die Entlohnung der Tiroler Henker mit der auswärtiger, beispielsweise des Augsburger Henkers, so zeigt sich, daß in Tirol die Tätigkeit des Scharfrichters gut bezahlt war.[15]

	Hall (1750)	Meran (1752)	Augsburg (1748)
Grundgehalt	104 fl	104 fl	?
Hinrichtungsgebühr	6 fl	6 fl	1 fl
Handschuhgebühr	48 kr	48 kr	—
Ausführen der Verbrecher	2 fl	2 fl	1 fl
Bestatten des Gerichteten	3 fl	3 fl	2 fl
Radflechten, Pfählen, Vierteilen	5 fl	3 fl	7 fl
Radflechten, Pfählen, Vierteilen außerhalb des Hochgerichtes	8 fl	5 fl	—
Anfertigung des Rades	3 fl	3 fl	?
Anfertigung des Pfahles	1 fl	1 fl	?
Schnellgalgen für Körperviertel	3 fl	3 fl	?
Aufhängen eines Körperviertels (pro Stück)	5 fl	5 fl	?
Aufhängen der Körperviertel am Hochgericht (pro Stück)	3 fl	3 fl	?
Transport der Leiter zum Hochgericht Sonnenburg	9 fl 30 kr	—	—
Gebühr für eine neue Leiter	15 fl	—	—
Verbrennen eines Hingerichteten	6 fl	4 fl	10 fl
Ausführen mit Schinderkarren	15 fl	15 fl	—

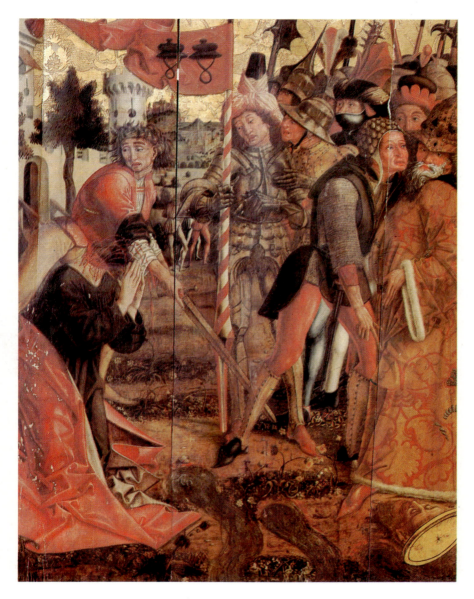

Abb. oben: Enthauptung des hl. Paulus, Altar Jöchelsthurn/Sterzing, Friedrich Pacher um 1475/1480. (Original im Franziskanerkloster von Jerusalem/Israel)

Abb. oben: Das Martyrium des hl. Erasmus. Im Hintergrund die Stadt Hall in Tirol. Fresko vermutlich von Lorenz Weismann um 1500 in der Kirche von Heiligenkreuz.

	Hall (1750)	Meran (1752)	Augsburg (1748)
Rutenstrafe	4 fl	4 fl	47 kr
Prangerstellen	1 fl 30 kr	1 fl	?
Nasen-/Ohrenabschneiden, Brandmarken	1 fl 30 kr	1 fl	1 fl
Abhauen einer Hand/Schwurfinger	3 fl	3 fl	1 fl
Annageln von Hand/Kopf am Hochgericht	1 fl	1 fl	?
Nagel zum Annageln von Körperteilen	1 fl	1 fl	?
Tortur	5 fl	5 fl	?
Territion mit Vorzeigen der Torturgeräte	2 fl 30 kr	2 fl 30 kr	?
Territion mit Anwesenheit des Henkers	2 fl 30 kr	2 fl 30 kr	?
Begraben eines Selbstmörders	45 fl	45 fl	9 fl
Begraben eines mittellosen Selbstmörders	20 fl	20 fl	?
Anhängen von Zettel, Ruder, Rute, Tafel bei Prangerstrafe	1 fl	1 fl	—
Leihgebühr für Daumenschraube	1 fl	1 fl	—
Verbrennen eines Buches/Portraits	4 fl	4 fl	—
Annageln eines Buches/Portraits am Hochgericht	6 fl	6 fl	—
Abnahme des Leichnams vom Hochgericht und Bestattung	3 fl	3 fl	3 fl 17 kr
Riemenschneiden/Brustzwicken	3 fl	3 fl	1 fl
Zungenabschneiden	3 fl	3 fl	?
Zungenausreißen	5 fl	5 fl	?
Lohn für Henkersknecht	3 fl	3 fl	?
Weggeld (pro Meile)	24 kr	18 kr	—
Weggeld (pro Meile) für Henkersknecht	15 kr	12 kr	—
Taggeld	1 fl	1 fl	—
Taggeld für Henkersknecht	30 kr	30 kr	—

An dieser Aufstellung und dem Vergleich mit den Gebühren des Augsburger Henkers ist deutlich die im Durchschnitt bessere Bezahlung der Tiroler Henker erkennbar. Zu erwähnen ist noch, daß ab 1750 nicht mehr das Salzmairamt in Hall bzw. der Zoll an der Töll bei Meran das Grundgehalt auszahlen mußten, sondern das oö. Repräsentations- und Hofkammerzahlmeisteramt.

Den Abschluß dieses Kapitels bilden zwei Abrechnungen für Hinrichtungen aus den Jahren 1715 und 1778. Für die Hinrichtung eines Deserteurs in Kufstein 1715 verrechnete der Haller Scharfrichter folgende Gebühren:[16]

1) Weggeld für 8 Meilen für den Henker (18 kr/Meile) und seinen Knecht (12 kr/Meile) .... 4 fl
2) Taggeld für acht Tage, die der Henker auf die Hinrichtung warten mußte .... 12 fl
3) Hinrichtungsgebühr .... 6 fl
4) Gebühr für den Strick .... 5 fl
5) Ausführen des Verbrechers an die Richtstätte bei Eichelwang/Gemeinde Ebbs .... 2 fl
6) Lohn für den Knecht .... 3 fl
7) Bestatten des Leichnams .... 3 fl
8) Handschuhgebühr .... 48 kr

Zusammengerechnet ergab die Erhängung des Deserteurs eine Gesamtgebühr von 35 Gulden 48 Kreuzer.

Eine ähnlich hohe Entlohnung kam 1778 anläßlich einer Exekution eines Brandstifters in Kastelruth zustande:[17]

1) Hinrichtungsgebühr .... 6 fl
2) Handschuhgebühr .... 48 kr
3) Ausführen des Verbrechers zur Richtstatt .... 2 fl
4) Errichten des Scheiterhaufens .... 9 fl
5) Verbrennen des Hingerichteten .... 4 fl
6) Taggeld für 3 Tage .... 3 fl
7) Lohn für 2 Knechte .... 6 fl
8) Taggeld der Knechte .... 3 fl

Die Gesamtkosten der Hinrichtung beliefen sich auf 33 Gulden und 48 Kreuzer.

Anmerkungen:
[1] TLA: Kopialbuch K, ältere Reihe, fol. 25'
[2] TLA: Bekennen 1496—1497, fol. 64'
[3] TLA: Embieten und Befehl 1509, fol. 95'
[4] TLA: Bekennen 1509, fol. 46'/47
[5] TLA: Embieten und Befehl 1513, fol. 270/270'
[6] TLA: Bekennen 1525, fol. 77
[7] TLA: Bekennen 1521, fol. 43'/44
[8] TLA: Embieten und Befehl 1534, fol. 198/198'
[9] TLA: Embieten und Befehl 1542, fol. 49/49'
[10] TLA: Bekennen 1605, fol. 91 f
    Bekennen 1606, fol. 1o5'
[11] TLA: Embieten und Befehl 1568, fol. 418/418'
Elias Prieth, Beiträge zur Geschichte der Stadt Meran im 16. Jahrhundert, Meran 1957, S. 130

[12] TLA: CD 1708, fol. 103—106
David Schönherr, Taxe für den Freimann in Meran, in: Volks- und Schützenzeitung 1862, Nr. 30
David Schönherr, Gesammelte Schriften, Band II, Innsbruck 1902, S. 678
[13] TLA: CD 1750, fol. 244 1/2
[14] TLA: CD 1752, fol. 422—431
[15] Schuhmann, Der Scharfrichter, S. 137/138
[16] Hans Hochenegg, Kulturbilder aus Solbad Hall und Umgebung, S. 71
[17] Karl Außerer, Castelrotto-Siusi, in: Der Schlern 8, Bozen 1927, S. 246/247
Leo Santifaller, Zur Geschichte von Kastelruth I, Der letzte Scheiterhaufen zu Kastelruth 1778, in: Der Sammler, Blätter für Tiroler Heimatkunde und Heimatschutz II, Innsbruck 1908, S. 215/216

Die soziale Stellung des Scharfrichters

Bei der Beurteilung der sozialen Stellung müssen eine Reihe entscheidender Faktoren berücksichtigt werden. Das wichtigste Kriterium war, daß der Beruf eines Scharfrichters als unehrlich galt. Der Begriff der Ehrlichkeit hatte in vergangenen Jahrhunderten einen etwas anderen Inhalt als heute. So galt etwa auch ein unehelich geborenes Kind für unehrlich, und es war ihm der Zugang zu einer Handwerksausbildung oder gar zu einem politischen oder kirchlichen Amt unmöglich. Schon Zeitgenossen hatten sich aber gegen Auswüchse bei der Beurteilung der Ehrlichkeit eines Menschen gewehrt und in den Tiroler Landesordnungen des 16. Jh.s wurde als Beispiel für die mißbräuchliche Anwendung des Begriffes angeführt, daß ein Mörder nicht als unehrlich galt, während eine Person, die ein Aas berührt hatte, bereits als unehrlich galt.[1] Über die Unehrlichkeit des Scharfrichters, wobei ausdrücklich betont werden muß, daß damit nicht Unredlichkeit gemeint war, gab es allerdings damals keinen Zweifel: Der Scharfrichter stand außerhalb der Gesellschaft! Ihm war der Zugang zu politischen Ämtern versperrt, er konnte nur mit seinesgleichen, also ebenfalls unehrlichen Leuten, gesellschaftlichen Umgang pflegen, er wurde von der Bevölkerung respektiert, jedoch nicht in sie aufgenommen.

Das konnten auch Gesetze Maria Theresias aus den Jahren 1753 und 1772 nicht ändern, wonach Scharfrichter nur während der Ausübung ihrer Tätigkeit, nicht aber nach ihrer Pensionierung oder Kündigung unehrlich waren. Genausowenig Erfolg hatten diese Gesetze im Falle der Familie des Henkers, die dadurch zwar generell für „ehrlich" und damit für die Ausübung jedes Gewerbes geeignet erklärt, aber trotzdem nicht von der Bevölkerung als ihresgleichen betrachtet wurde[h].

Obwohl der Scharfrichter außerhalb der Gesellschaft stand, versuchte er im privaten Bereich deren äußere Formen nachzuahmen. Soweit sich dies feststellen läßt, waren alle Tiroler Scharfrichter verheiratet. Auf der Suche nach einer Partnerin stellten sich dem Scharfrichter schon die ersten Schwierigkeiten in den Weg. Er fand in der Regel eine Frau, die ihn zu heiraten gewillt war, nur unter seinesgleichen, d. h. die meisten Gattinnen von Scharfrichtern waren Töchter von Scharfrichtern, Abdeckern, Kaltschlächtern, Wasenmeistern und ähnlichen, unehrlichen Vätern. Als Beispiel sei der Haller Scharfrichter Othmar Krieger genannt, der von 1645 bis 1671

Abb. oben: Figürchen eines Gefangenen, Votivgabe aus der Gegend von Bozen. (Original im Volkskunstmuseum Innsbruck)

sein Handwerk in Tirol ausübte. In erster Ehe war er mit der Tochter eines Wasenmeisters verheiratet. Nach deren Tod ehelichte er die Witwe eines Wasenmeisters, nach deren Tod dann seine Stieftochter und nach deren Tod verheiratete er sich zum viertenmal, und zwar mit der Witwe eines Füssener Scharfrichters.[2] Dieses Beispiel, welches durch eine Reihe weiterer ergänzt werden könnte, zeigt, daß jedem Scharfrichter bei der Wahl seiner Ehefrau nur ein sehr beschränkter Personenkreis zur Verfügung stand. Das führte aber auch dazu, daß zwischen den verschiedenen Scharfrichtern oft verwandtschaftliche Beziehungen bestanden und daß durch die Weitergabe des Berufes an den Sohn oder Schwiegersohn richtige Henkerdynastien entstanden. Beispiele dafür sind in Tirol die Familien Abrell, Vollmar, Fürst oder Putzer.[3]

Die sogenannte „Unehrlichkeit" des Scharfrichters machte es oft auch seinen Kindern unmöglich, ein ordentliches Leben innerhalb der städtischen Bevölkerung zu führen bzw. sich durch „ehrliche" Arbeit den Lebensunterhalt zu verdienen. Wie lange das Vorurteil der Bevölkerung gegen Angehörige einer Scharfrichterfamilie bestehen blieb, beweist ein Schreiben aus dem Jahre 1793. Darin ersucht der Vormund der Kinder des 1786 verstorbenen letzten Haller Scharfrichters um eine staatliche Unterstützung an, weil nun auch die Mutter verstorben sei und die Vollwaisen in Hall keine Arbeit finden könnten. Als Begründung führte er an: *„Sie sind Scharfrichterkinder und haben deswegen Verachtung zu befürchten, weil das zwar unvernünftige, aber doch bei gemeinen Leuten allgemeine Vorurteil, daß die Unehrlichkeit den Stand dieser Leute brandmarke und sie immer infam seien, unüberwindliche Wurzeln geschlagen hat."* Deshalb hätten sie *„das traurigste Schicksal, in Armut, Verachtung und äußerstem Elend in der Welt herumlaufen zu müssen."*[3a]

Hatte ein Scharfrichter die Ehe geschlossen, so entsprach es den damaligen gesellschaftlichen Gepflogenheiten, möglichst viele Kinder zu haben. Auch dafür läßt sich eine Reihe von Beispielen bringen. Dem Haller Henker Hans Frey wurde ab 1542 der Lohn in Wochenraten ausbezahlt, und zwar in Anbetracht *„seiner vielen kleinen Kinder".*[4] Von Johann Jakob Abrell, der von 1723 bis 1728 Meraner und von 1728 bis 1746 Haller Henker war, ist nachgewiesen, daß er aus zwei Ehen — übrigens mit Töchtern von Abdeckern — insgesamt sechs Söhne und sechs Töchter hatte.[5] Eine große Kinderschar von acht Kindern hatte auch Bartholomeus Putzer, der von 1747 bis 1772 Haller und von 1772 bis 1777 Meraner Henker war.[6]

Als Unterkunft diente den Scharfrichtern ein eigenes Haus in Hall bzw. Meran, das ihnen während ihrer Tätigkeit kostenlos zur Verfügung stand. In Hall befand sich dieses Haus im sogenannten Gritschenwinkel an der Stelle des heutigen Postgebäudes und war 1503 vom Salzmairamt zu diesem Zweck angekauft worden.[7] 1505 hatte das Salzmairamt die letzten Grundzinse, die auf dem Hause lasteten, abgelöst, so daß dieses der Scharfrichterfamilie völlig abgabenfrei zur Verfügung stand.[8] Ähnlich verhielt es sich auch mit dem Haus des Meraner Henkers, welches in der Nähe des Passertores stand und im Besitz des Meraner Kelleramtes war und der Henkerfamilie für die Dauer der Amtsperiode kostenlos zur Verfügung gestellt wurde.[9] Auch die Renovierungen erfolgten auf Kosten des Kelleramtes, wie beispielsweise 1528,[10] 1537 [11] oder 1674.[12] Beide Häuser befanden sich innerhalb der

Stadtmauern. Bestrebungen, den unehrlichen Scharfrichter außerhalb der Stadt anzusiedeln, gab es nur in Hall im Jahre 1698, doch konnte der Haller Henker weiter in seinem Haus innerhalb der Stadtmauern logieren.[13]

Der Verdienst des Scharfrichters bestand aus dem jährlichen Grundgehalt, das beim Haller Henker etwas höher war als beim Meraner, und den anfallenden Hinrichtungs- bzw. Exekutionsgebühren. Die Verdienstmöglichkeiten wurden bereits in einem eigenen Kapitel dargestellt. An dieser Stelle muß lediglich betont werden, daß die Tiroler Scharfrichter vergleichsweise gut bezahlt waren.[14] Trotzdem versuchte mancher Scharfrichter sein Einkommen durch Nebenbeschäftigungen wie Betreiben eines Bordells, Kurpfuscherei, Wahrsagerei, Verkauf von Galgenstricken und Armesünderfett aufzubessern. Diesen Nebenbeschäftigungen wird ebenfalls ein eigenes Kapitel gewidmet.

Alle Tiroler Scharfrichter waren katholisch, ließen sich kirchlich trauen und brachten ihre Kinder zur Taufe; trotzdem läßt sich auf Grund dieses Befundes keine konkrete Aussage über ihr Verhältnis zur Kirche und Religion treffen. Mancher Scharfrichter mag wegen seiner Tätigkeit sicher Trost in der Religion gesucht haben; Aussagen historischer Quellen lassen sich dazu keine finden. Andererseits sind zwei Scharfrichter bekannt, die offensichtlich keine enge Beziehung zur Kirche hatten. Der Haller Henker Sebastian Oberstetter wurde 1608 wegen eines Streites mit dem Haller Pfarrer des Landes verwiesen,[15] und der Haller Henker Michael Fürst war 1605 erst nach Aufforderung durch die Regierung bereit, zu beichten und zu kommunizieren.[16]

Die meisten Scharfrichter wurden vorzeitig gekündigt oder kündigten selbst ihr Dienstverhältnis und verließen das Land. Sehr wenige übten das Amt bis zu ihrem Tode aus und nur in einem einzigen Fall wurde ein Scharfrichter pensioniert und erhielt bis zu seinem Lebensende eine Gnadenpension.[17] Die Altersversorgung stellte das größte Problem dar. Bezeichnend für die schwierige Situation eines alternden und diensttuntauglichen Scharfrichters ist eine Passage aus dem Gesuch des Haller Henkers Sebastian Waldl um höheren Lohn von 1715, worin er als Begründung angibt, daß *„ich mit Weib und vier Kindern mich ehrlich (!) verhalte und nicht im Alter wie meine Vorfahren von Almosen leben möchte."*[18]

Starb ein Scharfrichter, so bildete seine „Unehrlichkeit" auch bei der Wahl der Begräbnisstätte eine Rolle. Die Bürgerschaft weigerte sich nämlich, ihn „mitten unter ehrlichen Leuten" bestatten zu lassen. Deshalb hatten die Scharfrichter — zumindest in Hall — eine eigene Begräbnisstätte.[19]

Der Scharfrichter hatte „*sich in den Städten und auf dem Lande, auch in den Wirtshäusern allenthalben gegen jedermann bescheiden, schicklich und tadelfrei zu zeigen und niemand in keiner Weise zu behindern, damit niemand über ihn zu klagen habe*" — so zumindest verlangte es die Bestellungsurkunde der Meraner Scharfrichter.[20] Daß sehr viele Henker diesem Gebote nicht immer nachkamen, davon zeugen die zahlreichen Entlassungen Tiroler Scharfrichter wegen schlechten Verhaltens. Bei manchen ging es sogar soweit, daß sie selbst straffällig wurden. Der Meraner Henker Martin Vogl hatte 1561 einen Todschlag begangen und war als Mönch verkleidet geflohen, wobei er pikanterweise sogar den Abt des Klosters

Stams täuschen konnte, der den vermeintlichen Mönch an seine Tafel lud.[21] Das Vermögen des Henkers wurde zwar beschlagnahmt, aber seiner selbst konnte man nicht habhaft werden.[22] Einen Mordversuch am eigenen Sohn beging der Meraner Scharfrichter Mattheus Leonhard im Jahre 1591, doch konnte er nach der Aussöhnung mit seinem Sohn das Amt weiterhin ausüben.[23] Der letzte Fall dieser Art ereignete sich 1747, als der Haller Scharfrichter Josef Langmayr wegen Mordes von seinem Meraner Amtskollegen enthauptet werden mußte.[24] Erwähnt muß auch noch der Meraner Henker Leonhard Krieger werden, der 1679 von einem Soldaten im Streit erschlagen wurde.[25]

Zahlreich sind die Klagen über schlechtes Benehmen von Scharfrichtern. Als besonders krasses Beispiel darf der Haller Henker Jakob Vollmar gelten, der 1613 nach einer Hinrichtung in Innsbruck gezecht hatte, dann mit gezücktem Richtschwert über die Innbrücke gestürmt war und Passanten erschreckt hatte. Auf die Spitze trieb er sein schlechtes Verhalten dadurch, daß er auf dem Heimritt in der Haller Au ein Mädchen zu vergewaltigen versuchte, allerdings von zufällig des Weges kommenden Wanderern davon abgehalten werden konnte.[26] Daß derselbe Scharfrichter wenig später auch wegen Wilddieberei verhaftet und eingesperrt wurde, rundet das Bild seiner rohen, gewalttätigen Natur ab.

Die Natur des Handwerkes brachte es mit sich, daß viele Scharfrichter ausgesprochen rohe und gegenüber ihren Opfern gefühllose Menschen waren. 1593 beispielsweise sperrte man den Haller Henker Michael Fürst dafür sogar kurze Zeit ein.[27] 1604 wurden sowohl Haller wie Meraner Scharfrichter verwarnt und ihnen aufgetragen, sich künftig den Verurteilten gegenüber weniger grob als bisher zu verhalten.[28] 1623 wurden der Haller Henker und seine Tochter zehn Tage bei Wasser und Brot eingesperrt, weil sie sich gegen Verurteilte in Kufstein gewalttätig verhalten hatten.[29] 1675 berichtete der Dekan von Matrei am Brenner, daß sich der Haller Scharfrichter an der Leiche einer Selbstmörderin vergangen hatte.[30] 1681 schließlich wurden der Haller Henker und sein Knecht aufs strengste verwarnt, weil sie in Kufstein in betrunkenem Zustand Zigeuner exekutiert hatten.[31] Diese Beispiele entwerfen das Bild von rohen gefühllosen Menschen, denen letztlich das Schicksal ihrer Opfer nicht naheging.

Zusammenfassend darf man die soziale Stellung so beurteilen, daß der Henker — abgesehen von wenigen Ausnahmen — im privaten Bereich der Familie ein völlig „normales" also „ehrliches" Leben zu führen versuchte, das sich an die damaligen bürgerlichen Normen hielt. Obwohl sich der Scharfrichter „ehrlich verhielt" — wie dies 1715 Sebastian Waldl betonte — konnte dies nicht darüber hinwegtäuschen, daß der Henker außerhalb der Gesellschaft stand. Bei der Ausübung seines Dienstes tritt allerdings ein roher, gefühlloser Mensch zutage, der offensichtlich nur hinter dem Schutzschild dieser Gefühllosigkeit die Schrecken seines Berufes ertragen konnte.

Anmerkungen:
[1] Tiroler Landesordnung 1532, fol. 78
[1a] TLA: V.d.k. Mt. i. J, 1771/1772, fol. 297
[2] vgl. die Biographie Othmar Kriegers!
[3] vgl. die Biographie der Scharfrichter!
[3a] TLA: Gubernium, Kassa 1794, Nr. 2029

[4] TLA: Embieten und Befehl 1542, fol. 49/49'
[5] vgl. die Biographie Johann Jakob Abrells!
[6] vgl. die Biographie Bartholomeus Putzers!
[7] TLA: Embieten und Befehl 1503, fol. 68'
[8] TLA: Embieten und Befehl 1505, fol. 343'; Codex 3182, fol. 274'/275
[9] J. L., Der Scharfrichter von Meran, in: Linzer Zeitung 1860, Nr. 191—193
[10] TLA: Embieten und Befehl 1528, fol. 134'
[11] TLA: Embieten und Befehl 1537, fol. 89/89'
[12] TLA: CD 1674—1675, fol. 133
[13] TLA: CD 1697—1698, fol. 691
[14] vgl. das Kapitel über die Entlohnung!
[15] TLA: CD 1605—1608, fol. 738'/739, 759/759'
[16] TLA: CD 1605—1608, fol. 149
[17] vgl. die Biographie Marx Philipp Abrells!
[18] Hans Hochenegg, Kulturbilder aus Solbad Hall und Umgebung, S. 71
[19] vgl. die Biographien von Michael Fürst und Othmar Krieger!
[20] vgl. die Biographie Wolfgang Puechamers!
[21] TLA: CD 1556—1568, fol. 555/555'
[22] Elias Prieth, Beiträge zur Geschichte der Stadt Meran im 16. Jahrhundert, Meran 1957, S. 131
[23] vgl. die Biographie Mattheus Leonhards!
[24] TLA: CD 1747, fol. 35/35'
[25] TLA: CD 1679, fol. 99'
[26] vgl. die Biographie Jakob Vollmars!
[27] TLA: CD 1591—1595, fol. 138/138'
[28] TLA: CD 1602—1604, fol. 528/528'
[29] TLA: CD 1620—1623, fol. 481'/482
[30] TLA: CD 1674—1675, fol. 463/463'
[31] TLA: CD 1681, fol. 115'

Die Nebenbeschäftigungen der Scharfrichter

Auf Grund seiner Tätigkeit, die bei vielen Leuten Furcht und Schrecken hervorrief, und dem stetigen Umgang mit Toten umgab den Scharfrichter die Aura, über den menschlichen Körper mehr zu wissen als so mancher Bader oder gar Arzt. Besonders bei einfachen, ungebildeten Leuten hatte der Aberglaube, auf den die „Heilkraft" des Scharfrichters meist baute, große Bedeutung. Natürlich ist nicht zu leugnen, daß der Scharfrichter durch seine Tätigkeit für die damalige Zeit relativ gute Kenntnisse vom Körperbau des Menschen hatte, mußte er doch bei der Folter dem Delinquenten Gliedmaßen ausrenken bzw. überhaupt beurteilen, ob dieser für eine peinliche Befragung körperlich geeignet war. Vor jeder Tortur mußte der Richter ein Protokoll aufsetzen lassen, das dem *„Freimann auferlegt und ernstlich anbefohlen worden sei, daß er zuerst den Constituten an dem Leib besichtigen und beobachten sollte, ob er ein tadelhaftes Glied, Leibschaden habe, ob er zu der zuerkennten Tortur Leibsbeschaffenheit halber tüchtig sei"* — so schrieb 1696 der oö. Regimentsadvokat Johann Christof Fröhlich von Fröhlichsburg.[1] Allerdings sollte in Zweifelsfällen auf alle Fälle der Rat eines Baders oder Arztes eingeholt werden, *„da eine Obrigkeit nicht leicht den Freileuten oder Gerichtsdienern glauben sollte, zumal die öfters vor Begierde, den Inquisiten zu plagen, schier vergehen."*

Gerade im Aberglauben des einfachen Volkes spielte die Heilkraft des Scharfrichters eine bedeutende Rolle, konnte er sich doch Heilmittel beschaffen, die jedem anderen verwehrt waren, denen man aber große Heilkraft zuschrieb. So sollte das Blut von Hingerichteten gegen Epilepsie helfen oder der abgehackte Finger eines Verbrechers, wenn man ihn in den Futtertrog legte, besonderes Wachstum der Tiere hervorrufen. Auch das sogenannte „Armesünderfett", also das aus den Leichen Hingerichteter gewonnene Fett, spielte in der Volksmedizin noch bis ins 19. Jahrhundert eine große Rolle.[2] Einige Scharfrichter konnten aber tatsächlich auf Erfolge als Heilpraktiker hinweisen und mancher, wie etwa der Kaufbeurer Scharfrichter Johann Seitz im Jahre 1715, verfaßte sogar ein Buch über Medizin.[3] Besonders bekannt wurden manche durch die „Franzosenkur", womit die Heilung der Syphilis gemeint war.

Auch in Tirol sind manche Scharfrichter oder deren Frauen als Kurpfuscher in Erscheinung getreten. Der Witwe des Meraner Scharfrichters Wolfgang Puechamer wurde 1605 durch den Richter von Eppan jegliche Kurpfuscherei untersagt. Sie hatte nämlich etliche Frauen aus dem Gericht Altenburg wegen ihres *„Aussatzes"* (Geschlechtskrankheit?) behandelt und wegen ihres Erfolges fürchtete man weiteren Zulauf.[4]

Der Haller Scharfrichter Jakob Vollmar und seine Frau machten sich ebenfalls die Leichtgläubigkeit der einfachen Leute zunutze und hatten einen großen Zustrom von Heilungsuchenden. Als die Kurpfuscherei allerdings zu große Ausmaße annahm, untersagte 1623 die Regierung in Innsbruck dem Haller Scharfrichter jegliche Kurpfuscherei, da *„dabei ganz schwere Vermutungen eines zauberischen Unwesens"* entstanden waren.[5]

Der Meraner Scharfrichter Johann Georg Kober durfte mehr oder weniger ungestraft der Kurpfuscherei nachgehen und führte sogar kleinere Operationen durch. Als er allerdings im Jahre 1736 eine Abtreibung vornahm, an deren Folgen die Patientin drei Tage später verstarb, ordnete man eine Untersuchung des Falles durch den Meraner Stadt- und Landrichter an, doch hatte dieses Ereignis keine schwerwiegenden Folgen für den Scharfrichter.[6]

Vom Haller Scharfrichter Sebastian Waldl läßt sich nachweisen, daß er die Regierung um eine Lizenz gebeten hatte, bei Hingerichteten das Armesünderfett nehmen zu dürfen. In einem Schreiben vom 10. Oktober 1705 teilte die Regierung als zweite Justizinstanz dem Rattenberger Acht- und Bannrichter mit, daß *„Sebastian Waldl, Freimann zu Hall, um Lizenz, daß er von dem nächstens alldort durch das Schwert vom Leben zum Tod hinzurichtenden Maleficanten die Fette nehmen dürfe, in Untertänigkeit gebeten hat."* Weiters ließen die Regierungsräte den Rattenberger Richter wissen, daß *„wir hieran kein Bedenken tragen."*[7]

Ein Gebiet allerdings gab es, wo der Scharfrichter sogar nach dem Gesetz seine medizinischen Kenntnisse anwenden mußte. Wurde nämlich einem Delinquenten eine Verstümmelungsstrafe erteilt, also Abschneiden von Ohren, Nase, Abhacken von Händen, Fingern u. ä., war es dem Scharfrichter — zumindest im 18. Jh. — ausdrücklich vorgeschrieben, sowohl eine Heilsalbe mitzubringen als auch unmittelbar nach dem Strafvollzug den Verstümmelten zu verbinden.[8]

Den Ruf, magische Kräfte zu besitzen, machte sich mancher Scharfrichter auch in betrügerischer Weise zunutze. Der Haller Scharfrichter Hans Has zum Beispiel behauptete, er könne verlorene oder gestohlene Dinge kraft seiner hellseherischen

Begabung wiederfinden.[9] Sogar gebildete und angesehene Leute suchten bisweilen den Scharfrichter auf. So hatte 1624 der Kitzbüheler Bergrichter Ludwig Ruedl in einem Haller Wirtshaus 100 Taler verloren und hatte Rat beim Scharfrichter gesucht. Schließlich hatte sich sogar die Regierung in Innsbruck in diese Angelegenheit eingeschaltet und dem Stadtrichter von Hall unter anderem geschrieben: *„Damit sich nun der Nachrichter künftig der zauberischen, hochverbotenen Werke, die er, wie sich herausstellt, mehrfach zu unserem Ärger gebraucht, zu enthalten weiß, so befehlen wir euch in Christi Namen, daß ihr dem Nachrichter solches nochmals allen Ernstes untersagt."*[10]

Während sich Hans Has an dieses Verbot gehalten zu haben schien, schreckte trotz der angedrohten Strafe sein Nachfolger, Othmar Krieger, nicht davor zurück, sich als Hellseher auszugeben. Als schließlich der Zulauf leichtgläubiger Personen, die *„sich unterstehen, bei dem Freimann zu Hall ungebührliche Mittel und Hilfe zu suchen"*, zu groß wurde, schritt die Regierung ein und verbot dem Scharfrichter, die Leichtgläubigkeit der Leute auszunutzen.[11]

Desselben Deliktes, nämlich verlorene oder gestohlene Dinge durch Hellseherei wiederzufinden, machte sich 1686 der Haller Scharfrichter Andreas Leiner schuldig. Auch in diesem Fall schritt die Regierung energisch ein.[12]

Auf Grund der Tatsache, daß der Henker außerhalb der Gesellschaft stand, war ihm in der Regel nur der Umgang mit ebenfalls geächteten Personen möglich. Zwangsläufig mußte er damit auch mit der Prostitution konfrontiert werden. Bereits 1484 bewarb sich Meister Konrad, der Züchtiger von Bozen, um das Frauenhaus (Bordell). Dieses war in diesem Jahr abgebrannt und die Stadt überlegte offensichtlich einen Neubau. Meister Konrad bot an, entweder das neu zu erbauende Frauenhaus gegen Bezahlung eines Pachtzinses zu übernehmen oder in seinem eigenen Haus ein Bordell einzurichten.[13]

Eher zufällig ist der Haller Scharfrichter Christof Tollinger zum Beruf eines Zuhälters gekommen. Wenige Monate nach seiner Bestellung und Übersiedelung von Regensburg nach Hall hatte seine Ehefrau, während er wegen einer Exekution auf Reisen war, heimlich den gesamten Hausrat verkauft und ihren Mann verlassen. Aus diesem Grunde gestattete die Regierung 1579, daß er sich eine Haushälterin nehmen dürfe,[14] ohne allerdings zu ahnen, welche Formen diese Erlaubnis annehmen würde. Bereits in kurzer Zeit hatte Tollinger eine Reihe zweifelhafter Frauen um sich geschart und die Klagen, daß er *„nicht mit seinem Eheweib, sondern mit Vetteln"* zusammenwohne, wurden immer lauter.[15] Wenig später wurde er aus dem Dienst entlassen und ein Nachfolger bestellt.

Ähnlichen Ärger rief auch die Tochter des Meraner Scharfrichters hervor, die als Prostituierte ihr Geld verdiente und bereits 1721 durch ihren eigenen Vater öffentlich bestraft werden mußte. Doch dies konnte sie keineswegs von ihrer Tätigkeit abbringen, so daß auch in der Folgezeit Klagen über die Tochter des Scharfrichters und ihr unzüchtiges Treiben nicht verstummten.[16]

Soweit es sich anhand der Quellen feststellen läßt, war in Tirol das Scharfrichteramt selten mit dem Wasenmeisteramt (Abdecker) verbunden. Da beide Berufe nur von „unehrlichen" Leuten ausgeführt werden konnten, verband die Betroffenen oft Freundschaft und mancher Scharfrichter heiratete eine Tochter eines Wasenmeisters. Der Haller Scharfrichter Sebastian Oberstetter war mit dem Innsbrucker Wasenmeistersohn gut befreundet und sie scheinen bisweilen gemeinsam den Verlockungen des Weines erlegen zu sein. Jedenfalls sind sie am 30. Oktober 1606 in betrunkenem Zustand, randalierend und die Leute erschreckend, durch Zirl (bei Innsbruck) gezogen, was ihnen einen strengen Verweis durch die Innsbrucker Regierung eintrug.[17] Sebastian Oberstetter wurde übrigens wenige Monate später des Landes verwiesen, da er sich dem Haller Pfarrer gegenüber ungebührlich verhalten hatte.[18]

Manchmal kamen sich Scharfrichter und Wasenmeister in die Quere. Häufigster Grund dafür war, daß der Wasenmeister sehr oft vom Dorfpfarrer gebeten wurde, Selbstmörder zu begraben. Da dies aber Aufgabe des Henkers war und er dafür sogar stattlich entlohnt wurde, kam es bei solchen Anlässen immer wieder zu Streit. 1629 hatte der Landecker Wasenmeister widerrechtlich eine Selbstmörderin begraben,[17] 1682 beging der Tauferer Abdecker dasselbe Vergehen[20] und 1699 mußte ein Müller von Mühlbach, der Selbstmord begangen hatte und am Friedhof der unschuldigen Kinder vom Wasenmeister begraben worden war, sogar exhumiert und neuerlich in ungeweihter Erde begraben werden.[21] 1699 wurde ausdrücklich durch die Regierung in Innsbruck festgelegt, daß Selbstmörder nur vom Scharfrichter und unter keinen Umständen vom Abdecker begraben werden dürften.[22]

Der erste Scharfrichter, der sich auch um die Wasenmeisterei bewarb, war Sebastian Waldl. Nach dem Tode des Haller Wasenmeisters und kurz darauf auch seiner Frau wurde Waldl ab 1715 mit der Haller Wasenmeisterei betraut, die er bis zum Jahre 1718 ausübte.[23] Der Haller Henker Bartholomeus Putzer bewarb sich nach seiner Versetzung nach Meran 1772 um die dortige Wasenmeisterei, geriet deshalb mit seinem Bruder Martin Putzer, der bis 1772 Meraner Scharfrichter und anschließend Wasenmeister von Niederlana war, in Streit, der letztlich zugunsten seines Bruders Martin entschieden wurde.[24]

Anmerkungen:
[1] Johann Christof Fröhlich von Fröhlichsburg, Nemesis Romano-Austriaco-Tyrolensis, Innsbruck 1696, Tractat I, 3. Buch, 2. Titel, S. 209
[2] Schuhmann, Der Scharfrichter, S. 215/216
[3] Schuhmann, a.a.O., S. 217/218
[4] TLA: CD 1605—1608, fol. 196'/197
[5] TLA: CD 1620—1623, fol. 602
[6] TLA: CD 1736, fol. 488/488'
[7] TLA: CD 1705, fol. 520
[8] TLA: CD 1750, fol. 244 1/2
[9] TLA: CD 1637—1641, fol. 218/218'
[10] TLA: CD 1624—1627, fol. 1—2, 229'
[11] TLA: CD 1654—1655, fol. 363/363'
[12] TLA: CD 1686, fol. 112'
[13] TLA: Urk. I 4237
[14] TLA: CD 1578—1583, fol. 200'
[15] TLA: CD 1578—1583, fol. 586
[16] TLA: CD 1722, fol. 59/59'
[17] TLA: CD 1605—1608, fol. 411/411'
[18] TLA: CD 1605—1608, fol. 738'/739, 759/759'
[19] TLA: CD 1628—1629, fol. 246'

[20] TLA: CD 1682, fol. 213/213'
[21] TLA: CD 1699, fol. 199
[22] TLA: CD 1699, fol. 104
[23] TLA: CD 1715, fol. 211'—212'
[24] TLA: Von der kais. Mt. in Justizsachen 1775/1776, fol. 174', 208/208'

Beziehungen der Haller Scharfrichter zur medizinischen Fakultät der Universität Innsbruck

Die Universität Innsbruck wurde unter Kaiser Leopold I. gegründet und nahm ab dem Jahre 1672 den Lehrbetrieb auf. Zu dieser Zeit bestand die medizinische Fakultät zwar noch nicht, aber schon in den folgenden Jahren wurde eifrig an ihrer Errichtung gearbeitet. Insgesamt gab es schließlich vier Lehrstühle der Medizin, und zwar Praxis (Prof. Weinhart), Institution (Prof. Linsing), Aphorismen (Prof. v. Scala) und Anatomie.[1] Der letztgenannte Lehrstuhl wurde als letzter am 22. April 1689 mit Theodor Friedrich von Stadtlender besetzt.[2] Größtes Problem, das sich einem brauchbaren Anatomieunterricht in den Weg stellte, war zu dieser Zeit sicherlich die Beschaffung von Leichnamen.

Was lag also in dieser Situation näher, als daß sich der jeweilige Anatomieprofessor um die Leichen Hingerichteter bemühte. Bereits kurz nach seinem Amtsantritt bot sich Prof. Stadtlender die erste Gelegenheit, vom Scharfrichter die Leiche eines Hingerichteten zu erwerben.

Ein landesfürstlicher Beamter, der Wardein der Münzstätte Hall, Johann Voglsanger, hatte sich in seiner kurzen Amtszeit (1685—1689) bereits eine Reihe von Vergehen zuschulden kommen lassen, denen er letztlich zu entkommen versuchte, indem er am Amtsgebäude Feuer legte und dadurch die Rechnungsbelege vernichten wollte. Tatsächlich sind dem Feuer aber nur der Dachstuhl, Fenster- und Türstöcke zum Opfer gefallen, nicht jedoch die Rechnungsbelege. Darüber hinaus war beim Brand ein Mädchen getötet worden, was sich beim späteren Prozeß strafverschärfend auswirkte. Der Wardein, auf den sofort der Verdacht gefallen war, wurde verhaftet und in den Kräuterturm (Gefängnis) nach Innsbruck gebracht. Der Sonnenburger Richter eröffnete im Beisein hoher Beamter der Innsbrucker Regierung und Kammer den Prozeß, in dessen Verlauf der Wardein verurteilt wurde, daß er *„von dem Scharfrichter durch das Schwert vom Leben zum Tode hingerichtet und alsdann desselben Körper zu Asche verbrannt wird"*. Dieses Todesurteil wurde nur wenige Wochen nach der Berufung Prof. Stadtlenders verhängt. Die Professoren der medizinischen Fakultät benützten die bevorstehende Hinrichtung, um beim damaligen Gubernator von Tirol, Herzog Karl von Lothringen, um die Leiche des Verurteilten zu bitten. Dieser genehmigte das Gesuch und ließ dem Sonnenburger Richter durch die Regierungsräte mitteilen: *„Wann nun aber die alhiesige Facultas medica um Überlassung des Subjektes zur Anatomie und zur Herstellung eines Skeletes gehorsamst gebeten, so wollen höchstgnädige fürstliche Durchlaucht auf das Gesuch und einige zugunsten des Verurteilten eingelaufene Interventionen die Strafe der Combustion* (= Verbrennung) *aus* *herzoglichen Gnaden nachsehen und den Corpus nach vollbrachter Decollation* (= Enthauptung) *erwähnter Fakultät zum erbetenen Zweck ausfolgen lassen".*[3]

Die Medizinische Fakultät hatte somit ihr erstes Demonstrationsobjekt für den Anatomieunterricht und zugleich ihr erstes Skelett. Dieses Ereignis benützte der Anatomieprofessor, der bisher nur ohne Bezahlung Vorlesungen halten durfte, um sein ganzes Wissen und seine Kunstfertigkeit in einer öffentlichen Demonstration, zu der er sogar gedruckte Einladungen aussenden ließ, zu zeigen.[4] Diese öffentliche Demonstration, an der neben den Professoren der medizinischen Fakultät auch die höheren Beamten der Regierung und Kammer teilnahmen, war sehr beeindruckend ausgefallen, denn wenig später stellten die Kollegen Stadtlenders den Antrag, ihm, der *„nicht allein die Sectiones und Demonstrationes anathomicas an lebenden und anderen Subjekten verrichtet"* hatte, eine Entlohnung zukommen zu lassen,[5] die ihm schließlich die Regierung in der Höhe von 300 Gulden pro Jahr gewährte.

Die Beschaffung von Leichen stellte sich weiterhin als großes Problem für die Anatomiedemonstrationen dar. Noch 1733 wurde in einem Bericht an die Regierung festgestellt, daß in Ermangelung von Leichen Anatomie auch anhand von Tierkadavern (Schweine, Vögel, Hunde) gelehrt werden mußte.[6] Abgesehen davon, daß ohnehin nicht allzu viele Hinrichtungen in Innsbruck stattfanden, also relativ wenig Leichen vorhanden waren, waren sich der Anatomieprofessor und der Scharfrichter über die Bezahlung der Leichen nicht einig. Als nämlich 1690 der Haller Scharfrichter Andreas Leiner um eine *„vergnügliche, ersprießliche Remuration"* wegen Überlassung der Leiche Voglsangers angesucht hatte, wurde er von der Regierung mit dem Hinweis abgewiesen, daß *„die hierüber angehörte Universität berichtet, daß dies in keinem Ort oder Universität gebräuchig"* sei und er *„von diesem Corpore, welcher ansonsten verbrannt hätte werden sollen, keinen Nutzen gehabt"* hätte.[7] Der Scharfrichter war allerdings anderer Meinung, zumal er dadurch das Armesünderfett, das er aus den Leichen Hingerichteter zu gewinnen pflegte, verlor.

Eine endgültige Lösung dieses leidigen Problems scheint erst im Jahre 1715 versucht worden zu sein. In einem Schreiben an die Medizinische Fakultät teilte die Regierung, die inzwischen das Anrecht des Scharfrichters auf die Leichen bzw. deren Verwertung anerkannt hatte, der medizinischen Fakultät mit, daß jeder Henker das Recht auf den Körper des Hingerichteten habe. Wenn er nun darauf verzichte und den Körper der Anatomie übergäbe, wodurch ihm *„das Menschenfett und was er weiters pro publico Nutzbares hievon verwenden könnte, entzogen werde"*, sollte er auch entsprechend entlohnt werden: *„Also wird genannter medicina facultas hiemit befohlen, daß selbe zur Abstellung aller künftiger Schwierigkeiten erklären solle, was selbe um dergleichen justifizierte Körper künftig Waldl bar bezahlen wolle".*[8] Über die tatsächliche Befolgung dieser Anordnung bzw. über die geleisteten Zahlungen ist vorerst nichts erhalten, eine geringe finanzielle Entschädigung für den Scharfrichter darf aber angenommen werden.

1737 beispielsweise beschwerte sich der Haller Scharfrichter, daß er für eine Leiche nur vier Gulden erhalten habe, ihm aber eigentlich acht Gulden inklusive der Transportkosten zugestanden wären.[9]

Erst im Jahre 1738 wurde eine endgültige Regelung getroffen. Der Haller

Scharfrichter erhielt künftig für jede Leiche sechs Gulden, soweit sie von einem Hochgericht in der Nähe Innsbrucks stammte, und acht Gulden, wenn sie von einem weiter entfernten Hochgericht angeliefert werden mußte.[10]

Das Interesse der medizinischen Fakultät besonders aber der Studenten war nicht nur auf die Leiche selbst beschränkt, sondern erstreckte sich auch auf den Vorgang der eigentlichen Hinrichtung. 1739 waren bei einer Hinrichtung am Innsbrucker Köpfplatz so viele neugierige Medizinstudenten in unmittelbarer Nähe des Richtblockes, daß sich der Verurteilte und besonders der Scharfrichter so irritiert fühlten, daß er den Verurteilten *„ganz unvollkommen mit dem Schwert hingerichtet"* hatte.[11] Als der Scharfrichter hierauf Schwierigkeiten bei seinen Vorgesetzten bekam, rechtfertigte er sich damit, daß die neugierigen Studenten ihn bei der Exekution gestört hätten. Die Regierung schrieb deshalb folgenden Brief an die Professoren der medizinischen Fakultät: *„Demnach die oö. Regierung mit Mißfallen vernommen hat, daß bei den alhier vorgenommen Justificationen der Maleficanten einige Leute keine Scheu tragen, in die Richtstatt hinein und auf dieselbe hinauf sich zu begeben und der arme Sünder leicht in Verwirrung gebracht und der Scharfrichter an der ordentlichen Vollziehung seines Dienstes gehindert werden kann, wobei ein solches an sich wider alle Gebühr und Anständigkeit läuft, zumal bei dem Hochgericht als auch bei der erhabenen Köpfstatt die Abschlagung des Hauptes auch von ferne genügend zu sehen ist"*, befahl die Regierung, daß sich *„niemand, wer der auch sei, in die Richtstatt hinein oder hinauf begäbe, welches Verbot dem Rektor, Dekan und übrigen Professoren der allhiesigen Universität hiemit aufgetragen würde, um solches ihren untergebenen studiosis academicis zum Wissen publicieren und affichieren zu lassen."*[12]

Anmerkungen:
[1] Gert Rogenhofer, Medicina Oenipontana — Magistri annorum 1673—1810, medizin. Diss., München 1975, S. 97
Jacob Probst, Geschichte der Universität in Innsbruck, Innsbruck 1869, S. 35, 46 (Anm. 2)
[2] TLA: Parteibuch 1689, fol. 141/141'
[3] Heinz Moser/Heinz Tursky, Die Münzstätte Hall in Tirol 1665—1809, Rum bei Innsbruck 1981, S. 29/30
[4] Probst, a. a. O., S. 46 (Anm. 2)
[5] TLA: Geschäft von Hof 1689, fol. 715'—716'
V. d. k. Mt. 1689—1690, fol. 800
[6] Probst, a. a. O., S. 46
[7] TLA: Hofregistratur Einlauf, Reihe G, Fasz. 207 (1690 III 30)
[8] TLA: CD 1715, fol. 210—211'
[9] TLA: CD 1737, fol. 380
[10] TLA: CD 1738, fol. 226'—227'
[11] TLA: CD 1739, fol. 166/166'
[12] TLA: CD 1739, fol. 175'—176

Richtstätten und Hingerichtete im Aberglauben[1]

Der Aberglaube spielte im täglichen Leben vergangener Jahrhunderte eine ungleich wichtigere Rolle als heute. Die Hoffnung auf Reichtum, Zuneigung einer bestimmten Person oder andere, oft kleine Vorteile ließen damals Menschen zu Mitteln greifen, die heutzutage nur noch verständnisloses Kopfschütteln hervorrufen. Daß in dem weiten Bereich des Aberglaubens und der Zauberei auch dem Scharfrichter und seiner Tätigkeit eine nicht zu unterschätzende Rolle zufiel, läßt sich anhand zahlreicher Begebenheiten auch in Tirol nachweisen. Und daß der Glaube an Zauberei und Hexerei, also der Aberglaube, nicht nur im einfachen, ungebildeten Volk verwurzelt war, sondern auch bei der sogenannten gebildeten Schichte, zeigen die unzähligen Todesurteile durch gebildete Richter gegen Hexen und Zauberer. Es mutet irgendwie eigenartig an, daß zwar noch im 15. Jh. der Brixner Bischof Georg Golser einen Hexenprozeß des päpstlichen Inquisitors Heinrich Institoris für null und nichtig erklärte, den Inquisitor aus dem Lande wies und die ganze Angelegenheit als *„kindisch"* bezeichnete, wenn man andererseits bedenkt, daß in den folgenden Jahrhunderten die Jagd nach Hexen und Zauberern in Tirol aufblühte und sogar nicht einmal davor zurückschreckte, Kinder mit dem Tode zu bestrafen.

Die Protokolle dieser Hexenprozesse sind heute eine wahre Fundgrube für die Erforschung des Aberglaubens. Daß sich dieser auch in Tirol auf alle Dinge bezog, die mit Hinrichtungen zu tun hatten, läßt sich anhand einer Reihe von Beispielen demonstrieren.

Aus dem Protokoll des Innsbrucker Hexenprozesses von 1485 geht hervor, daß den Holzsplittern, die von einem Galgen stammen, Zauberkräfte zugesprochen wurden. Eine der Zeuginnen sagte aus, daß eine mit ihr in Streit lebende Person sie damit krank gemacht hätte, indem sie eine mit Nadeln durchstochene Wachsfigur unter der Haustüre vergraben hätte. Zur Verstärkung dieses Krankheitszaubers hätte die Angeklagte noch zwei in Tüchern eingewickelte Holzstücke von einem Galgen zur Wachsfigur dazugelegt.

Einem wesentlich weniger gefährlichen, dafür aber banaleren Zweck dienten einem Wirt in Sexten Holzsplitter von einem Galgen. 1595 gab er unter anderem zu Protokoll: *„Ich habe von der Seite des Galgens mit dem Messer kleine Splitter herabgehackt und diese ins Bett gelegt, so daß man darin keine Wanzen mehr gespürt hat."*

Im selben Prozeß werden auch Teile des Hochgerichtes erwähnt, denen man ebenfalls geheimnisvolle Kräfte zuschrieb. In der Habe des Beschuldigten fand sich ein *„Glied einer Kette, von der zu vermuten ist, daß es die Kette von einem Galgen ist. Dieses soll gut sein, Sporen daraus zu machen, damit die Rosse schneller laufen."* Der Angeklagte bestätigte diese Auffassung des Gerichtes: *„Von einer Kette, woran einer gehangen hat, soll einer, wenn er ein schlechtes Roß hat, Sporen machen lassen, dann wird das Roß schnell laufen."*

Ein anderes Mittel, um schlechte Pferde besser zu machen, war, wenn man Leichenteile — meist am Hochgericht angenagelte Hände oder Füße von Gerichteten — zu Pulver verarbeitete und dem Futter, das aus einem Teil Hafer, zwei Teilen Weizen und vier Teilen Gerste bestehen mußte, beimischte.

Leichenteile von Hingerichteten spielten auch als Liebeszauber eine Rolle. Im Innsbrucker Hexenprozeß von 1485 gab eine Angeklagte zu Protokoll, daß sie von einer alten Hexe gelernt hätte, *„daß sie auf den Galgen steigen und von einem Dieb etwas nehmen sollte; und wen sie damit berührte, der müßte sie lieb haben."*

Besondere Zauberkraft schrieb man der Alraunwurzel zu, die nach dem

Volksglauben unter dem Galgen aus dem Samenabgang Gehängter entstand. Wenn man eine solche Alraunwurzel unter das Altartuch legen und darüber neun Messen lesen lassen würde, so könnte der Besitzer der Wurzel keinen Prozeß mehr verlieren. Unter diesen Umständen ist es auch kein Wunder, daß man 1595 bei den Sachen des Zauberers Christof Gostner von Sexten *„in einem Papier zusammengebunden fünf Galgenmandler"*, wie die Alraunwurzel im Volksmund genannt wurde, fand, wobei als Verstärkung der Zauberkraft jeweils ein Kreuzer, der zuvor in einer Kirche in eine Öllampe getaucht worden war, beigebunden war.

Bei Bettlern war die Hirnschale Hingerichteter besonders begehrt, zumal mit einer solchen Schale das Ergebnis des Bettelns wesentlich gesteigert werden konnte. Überhaupt spielten Leichenteile Hingerichteter als Glückstalisman bei Bettlern und Verbrechern eine große Rolle.

Eine Nadel, mit der eine Leiche in einen Sack genäht worden war, hatte ebenfalls magische Kräfte. 1597 gab vor dem Richter in Heinfels eine Frau zu Protokoll, daß, wenn eine Frau mit einer solchen Nadel drei Stiche in das Gewand ihres Mannes mache, dieser von der Trunksucht geheilt sei und seine Frau nie mehr schlagen würde.

Genau das Gegenteil, nämlich die Trunksucht anzuregen, hoffte man mit folgender unappetitlicher Methode zu erreichen, wie aus einem Prozeß von 1645 im Gericht Rodeneck zu entnehmen ist: *„Wenn einer die Scham von einer Mannsperson, die am Galgen hängt, heimlich herausschneidet und selbige ein Wirt oder eine andere Person in ein Weinfaß hängt, so müssen alle Gäste bei einem solchen Wirt einkehren und können ohne zu zechen nicht vorbeigehen. Und je mehr sie trinken, umso besser schmeckt ihnen der Wein."*

Kurz erwähnt sei an dieser Stelle auch noch das sogenannte *„Armesünderfett"*, welches in der Volksmedizin eine große Rolle spielte und das aus den Leichen Hingerichteter gewonnen wurde. In Tirol hatten die Scharfrichter die Erlaubnis der Regierung, dieses Fett herzustellen und zu vertreiben.

Diese wenigen, ausgewählten Beispiele sollen zeigen, welche Bedeutung dem Scharfrichter, der Richtstätte, der Hinrichtung und den Hingerichteten im Aberglauben der Tiroler Bevölkerung zukam und zu welchen, heute nicht mehr vorstellbaren Mitteln diese damals griff, um sich Reichtum, Heilung, Liebe oder auch nur ein wanzenfreies Bett „herbeizuzaubern".

Anmerkung:
[1] Dieses Kapitel basiert auf den Untersuchungen von:
Hartmann Ammann, Die Hexenprozesse im Fürstbistum Brixen, in: Forschungen und Mitteilungen zur Geschichte Tirols und Vorarlbergs XI, Innsbruck 1914, S. 9—18, 75—86, 144—166 und 227—248
Hartmann Ammann, Der Innsbrucker Hexenprozeß von 1485, in: Ztschr. d. Ferd. f. Tirol u. Vorarlberg 34, Innsbruck 1890, S. 1—87
Ludwig Rapp, Die Hexenprozesse und ihre Gegner in Tirol, 2. Auflage, Brixen 1891
Ignaz Zingerle, Barbara Pachlerin (Sarntaler Hexe) und Matthias Perger, der Lauterfresser, Innsbruck 1858
Fritz Byloff, Volkskundliches aus Strafprozessen der österreichischen Alpenländer 1455—1850 (= Quellen zur deutschen Volkskunde 3), Berlin—Leipzig 1929
Ignaz Pfaundler, Über die Hexenprozesse des Mittelalters, mit der speziellen Beziehung auf Tirol, in: Zeitschrift des Ferdinandeums für Tirol und Vorarlberg 9, Innsbruck 1843, S. 81-143

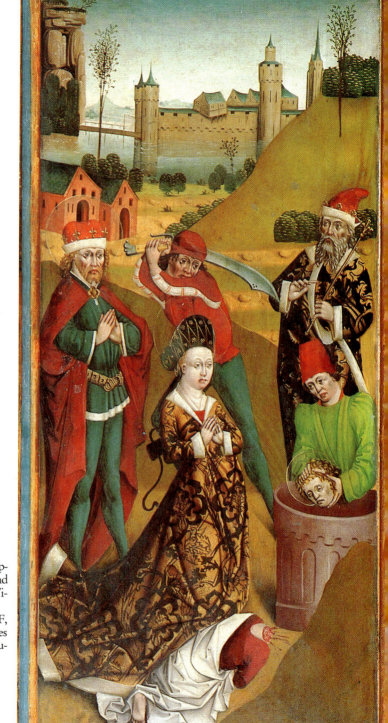

Abb. rechts: Enthauptung des hl. Sigismund und seiner Frau, Tiroler Maler um 1480. (Original im TLMF, Inv. 1950; Leihgabe des Kunsthistorischen Museums Wien)

Abb. oben: Befreiung der Gefangenen, Ausschnitt aus dem Freskenzyklus der Leonhardslegende in der Karmeliter-Franziskanerkirche in Lienz, Sebastian Gerumer 1468.

←

Abb. linke Seite: Martyrium des hl. Erasmus, Altar von Thurn/Osttirol, Pustertaler Meister 1496. (Original im TLMF)

Das Richtschwert

In Tirol sind zwei Richtschwerter erhalten, die seinerzeit von den Scharfrichtern von Hall und Meran bei Exekutionen benützt wurden. Eines davon befindet sich heute im Tiroler Landesmuseum Ferdinandeum in Innsbruck und wird allgemein als das „Sonnenburger Henkerschwert" bezeichnet.[1] Es stammt, wie man aus der auf der Klinge eingravierten Jahreszahl entnehmen kann, aus dem Jahre 1680. Es ist 105 cm lang, wobei die Klinge ca. 83 cm mißt. Der Holzgriff endet in einem achteckigen Knauf und ist ca. 22 cm lang. Die Querstange mißt rund 19 cm. Die Klinge ist rund 7 cm breit und am Ende abgerundet. Auf der einen Seite ist folgender Spruch eingraviert:

Jeder hier die Augen öffne,
thue dises wohl beschauen,
und betrachte, daß es übel,
auf sein eigne Kräfften bauen,
dann es kann nicht lange dauern,
was sich selbsten frech erhebt,
dem, der Böses nur gedencket,
schon die Straff zun Haubten schwebt.
MDCLXXX
A P

Darüber ist ein am Schnellgalgen zur Verwesung aufgehängter Hingerichteter dargestellt. Die andere Seite der Klinge zeigt das biblische Motiv „Judith mit dem Haupt des Holofernes" und einen Scharfrichter, der einen auf einem Stuhl sitzenden Delinquenten enthauptet.

Das zweite in Tirol erhaltene Henkerschwert befindet sich heute auf Schloß Schenna bei Meran und stammt aus dem Besitz der Scharfrichterfamilie Putzer. Es wurde 1733 angefertigt und ist 110 cm lang, wobei 88 cm auf die 6 cm breite Klinge entfallen. Diese ist reich verziert und trägt in der 21 cm langen Blutrinne auf der einen Seite die Inschrift:

Wan ich das Schwerdt thuet auffheben,
dan gehhet Gott dem armmen Sünder das eweige Leben.
Anno 1733

und auf der anderen Seite die Inschrift:

Wan den armen Sünder wirdt abgesprochgen das Leben,
dan wirdt er unter meine Handt gegeben.
Anno 1733

Außerdem ist auf beiden Seiten der Klinge noch die Göttin Justitia dargestellt, die in der Rechten das Richterschwert und in der Linken die Waage hält.[2] Das

Abb. oben: Judith mit dem Haupt des Holofernes; Detail vom „Sonnenburger Henkerschwert" von 1680. (Original Tiroler Landeskundliches Museum im Zeughaus Innsbruck)

Abb. rechts: Das sogenannte „Sonnenburger Henkerschwert" von 1680.
(Original im Landeskundlichen Museum, Zeughaus)

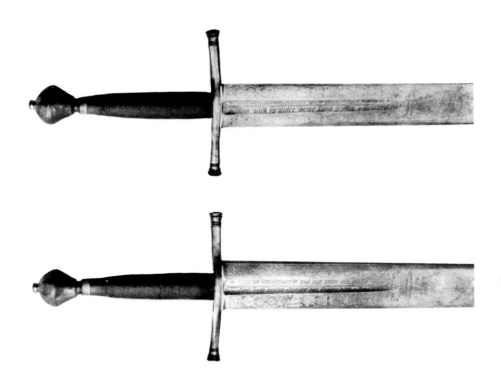

Scharfrichterschwert steckt in einer schwarzen Lederscheide, deren Spitze mit Eisen beschlagen ist.

Beide Scharfrichterschwerter entsprechen in ihrer Form und ihrer Gestaltung (Verzierungen/Sinnsprüche) den damals üblichen Richtschwertern. Vor allem die Sinnsprüche des Meraner Schwertes finden sich in ähnlicher Form auch auf anderen Henkerschwertern. Der erste Teil des Spruches auf dem Meraner Henkerschwert stimmt mit dem eines Henkerschwertes von Memmingen aus dem Jahre 1712, der zweite Teil mit dem eines Henkerschwertes von Memmingen aus dem Jahre 1734 überein, so daß mit einiger Sicherheit die Herkunft des Meraner Scharfrichterschwertes aus dem süddeutschen Raum angenommen werden kann.[3]

Anmerkungen:
[1] Ulrich Kühn, Das Richtschwert in Bayern, in: Waffen- und Kostümkunde 1970, S. 89—126 (besonders 111)
[2] A. Saxl, Vom Justizwesen in alter Zeit, in: Osttiroler Heimatblätter, Lienz 1966/8, S. 2/3
  Elias Prieth, Vom Scharfrichteramt im alten Meran, in: Südtiroler Hauskalender 111, Bozen 1980, S. 122—129
[3] Schuhmann, Der Scharfrichter, S. 54—57

← Abb. links: In der einen Blutrinne des Meraner Scharfrichterschwertes von 1733 ist der Spruch: „*Wan dem armen Sünder wirdt abgesprochgen das Leben, dan wirdt er unter meine Handt gegeben. Anno 1733*" eingraviert. Darunter ist die Figur der Göttin Justitia zu sehen. (Original auf Schloß Schenna, Meran)

← Abb. links: In der anderen Blutrinne des Meraner Scharfrichterschwertes von 1733 ist der Spruch: „*Wan ich das Schwerdt thuet auffheben, dan gehhet Gott dem armmen Sünder das eweige Leben. Anno 1733*" eingraviert. Darunter ist die Figur der Göttin Justitia zu sehen. (Original auf Schloß Schenna, Meran)

→ Abb. rechts: Das Meraner Scharfrichterschwert aus dem Jahre 1733, einst im Besitz der Henkerfamilie Putzer. (Original auf Schloß Schenna, Meran)

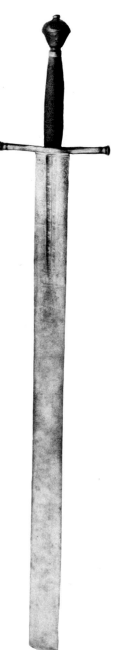

Die Tätigkeit des Scharfrichters

Die peinliche Befragung (Tortur)

Obwohl die Tiroler Landesordnungen des 16. Jh.s die peinliche Befragung als Bestandteil der Untersuchung erwähnen,[1] wurden über deren Ausübung bzw. die Foltermethoden keine näheren Bestimmungen erlassen. Die peinliche Befragung gibt es nachweislich seit dem 12. Jh., sie hatte sich allerdings in den einzelnen Territorien zu unterschiedlichen Formen entwickelt. Auch die Halsgerichtsordnung Kaiser Karls V. von 1532, die die erste reichseinheitliche Kodifikation des Strafrechtes war, gab darüber keine allgemein verbindliche Anordnungen, schränkte allerdings die Anwendung der Folter auf jene Fälle ein, wo die Schuld des Angeklagten sehr glaubwürdig erschien.[2]

Grundsätzlich kann man bei der Folter zwei Methoden unterscheiden, deren erste lediglich auf die Verursachung von Schmerzen (Peinigung) abzielte, deren zweite jedoch auch zu Verletzungen führte, wodurch sie schon fast den Charakter einer Leibesstrafe erhielt. *„Das Tormentum (= Folterung) mit dem Feuer, Durchstechen der Nägel und was sonst noch tyrannisch, hat in diesem Lande keinen Platz, weil dadurch der menschliche Leib mehr verletzt als gepeinigt wird"* — schrieb Ende des 17. Jh.s ein Tiroler Jurist.[3] Foltermethoden, die Verletzungen bewirken, wie die bekannten spanischen Stiefel, das zwangsweise Eingießen von Wasser, das Ansengen von Gliedmaßen oder Holzspäne, die unter die Fingernägel getrieben wurden, wandte man in Tirol nicht an. Hier kannte man „nur" die Daumenschrauben, früher als Daumenstöcke bezeichnet, die *„kluege"* (= feine) Schnur und das Hanfseil.

Die Funktion der Daumenschrauben zielte auf Schmerzerzeugung durch Quetschen des Daumens oder eines anderen Fingers ab. Im Rahmen der *„Constitutio criminalis Theresiana"* von 1769 wurde die Art der Daumenschrauben einheitlich festgelegt. Zwei beigegebene Zeichnungen dienten als Anleitung zum Bau und zur Anwendung.[4]

Die zweite Foltermethode in Tirol war die sogenannte *„kluege Schnur, wodurch die Hände bis auf das Bein zusammengebunden werden, welcher Schmerz nach Aussage der Gerichtsdiener einer unter den größten sein soll."*[5] Das sogenannte *„Kurzschließen"* von Gefangenen, wie diese Tortur auch bezeichnet wird, ist bis ins 20. Jh. in Verwendung geblieben.

Die dritte Foltermethode bestand im Aufziehen des Angeklagten mittels eines Hanfseiles. Dabei wurden ihm die Hände auf den Rücken gebunden, um diese wurde das Seil geschlungen, das durch eine Öse oder Rolle an der Decke lief, und schließlich wurde der Delinquent in die Höhe gezogen. Diese Art der Tortur kannte drei

←

Abb. linke Seite: Kupferstich aus dem vom Innsbrucker Regimentsrat Joh. Chr. Fröhlich verfaßten Kommentar der Halsgerichtsordnung Kaiser Karls V., gedruckt 1741. Im Hintergrund ist eine Folterkammer dargestellt.

Figura III.   Lav. IV

Härtegrade, wobei beim ersten das Opfer für die Dauer des Gebetes „Miserere" und beim zweiten die doppelte Zeitspanne aufgezogen wurde. Der härteste Grad des Aufziehens konnte eine Viertelstunde bis eine Stunde dauern, wobei das Ausmaß im freien Ermessen des Gerichtes stand und durch Rütteln am Seil oder durch Befestigen eines schweren Steines an den Füßen verschärft werden konnte.[6]

Diese Foltermethoden konnten sowohl die Gerichtsdiener als auch die Scharfrichter ausführen. Wurde der Scharfrichter dazu bestimmt, so galt die Tortur für den Angeklagten als entehrender, andererseits bestand aus diesem Grund auch die größere Wahrscheinlichkeit, ein Geständnis schon vor der eigentlichen Tortur zu erhalten. Der Scharfrichter erhielt für eine Tortur fünf Gulden. Gestand der Angeklagte aber bereits beim Anblick des Scharfrichters, egal, ob dieser die Torturwerkzeuge vorzeigte oder nicht, betrug die Gebühr nur zwei Gulden und 3o Kreuzer, also nur die Hälfte.[7] Deshalb wird auch die Warnung vor den Scharfrichtern, aber auch den Gerichtsdienern verständlich, daß diese *„öfters vor Begierde, den Inquisiten zu plagen, schier vergehen."*[8]

Der Tortur grundsätzlich nicht unterworfen werden durften minderjährige Kinder unter 14 Jahren, Geisteskranke, Kranke, deren Tod durch die Tortur zu befürchten war, Stumme, Taube, Blinde, alte bzw. gebrechliche Personen, schwangere Frauen und — abgesehen von bestimmten Ausnahmen — auch Adelige.[9] Als Beispiel für eine widerrechtlich angewandte Tortur sei ein Fall des Landgerichtes Lienz aus dem Jahre 1665 angeführt. Georg Teisenegger war vom Landrichter wegen *„viehischer Sodomie"* zu einer Galeerenstrafe verurteilt worden, nachdem er unter Anwendung der Folter ein Geständnis abgelegt hatte. Die Regierung in Innsbruck, der das Urteil zur Bestätigung vorgelegt werden mußte, stellte aber fest, *„daß erwähnter Teisenegger seines schweren Kopfes halber für die Galeere nicht tauglich"* war. Außerdem kamen ihr Zweifel wegen der *„ungeziemend gebrauchten Tortur, ob nicht der genannte Delinquent wegen solcher Blödigkeit vielleicht zu viel bekannt"* hatte. Schließlich erhielt der Landrichter den Auftrag, *„den Prozeß gegen Teisenegger von neuem unter Beiziehung des Dr. Valentin Schwaighauser"*, der den Geisteszustand des Angeklagten untersuchen sollte, zu formieren.[10]

Über den Ablauf einer peinlichen Befragung gab es zwar keine gesetzlich genau festgelegten Richtlinien, doch haben sich solche aus der Praxis entwickelt und bewährt. Normalerweise begann die peinliche Befragung am Morgen vor dem Frühstück. Anderenfalls mußte nach der Einnahme einer Mahlzeit ungefähr 5 bis 6 Stunden zugewartet werden, *„bis die Speise verdaut worden ist, damit kein Erbrechen oder andere Ungelegenheit"* auftrat.[11] An Sonn- und Feiertagen durfte keine Tortur vorgenommen werden.

Eine peinliche Befragung begann mit der Androhung der Tortur, dann wurde der Delinquent in die Folterkammer geführt, entkleidet und unter Vorzeigung der Torturwerkzeuge bzw. im Beisein des Scharfrichters nochmals befragt. In dieser Phase der peinlichen Befragung konnte auch die *„Anlegung des Daumenstockes mit*

←

Abb. linke Seite: Das Aufziehen des Delinquenten beim peinlichen Verhör; zur Verschärfung dienten Gewichte von 25 bzw. 46 Pfund; Kupferstich aus der Constitutio Criminalis Theresiana 1769 (ital. Fassung).

noch etwas linderem Schmerz" befohlen werden.[12] Bei hartnäckigem Leugnen und bei entsprechender Schwere des Verbrechens folgten nun die einzelnen Grade der eigentlichen Tortur wie Daumenschrauben, *„kluege Schnur"* und Aufziehen am Seil.

Nur bei Frauen war die Tortur auf den ersten Grad beschränkt, es durften also nur die Daumenschrauben verwendet werden, selbst wenn die Schwere der Tat auch

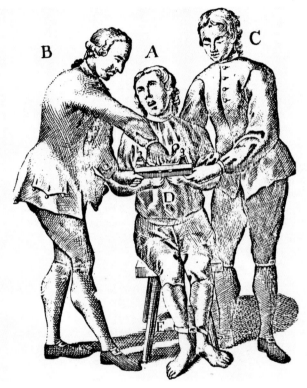

Abb. oben: Das Anlegen der Daumenschrauben (A — Delinquent, B — Scharfrichter, C — Henkersknecht), aus der Constitutio Criminalis Theresiana 1769 (ital. Fassung).

eine schärfere Tortur erfordert hätte. 1745 beispielsweise wurde im Falle der wegen Kindesweglegung angeklagten Elisabeth Thomese befohlen, *„selbe zum Folterplatz und zu den Folterinstrumenten zu bringen und entkleiden zu lassen, dann selbe zum Geständnis auf gütlichem Wege zu mahnen, alles fleißig zu protokollieren und endlich den ersten Grad der Tortur mit selber vornehmen zu lassen."* Auch bei weniger wichtigen Fällen wurde der Daumenstock angewandt. Am 24. September 1615 wurde vor dem Richter in Villanders eine Angeklagte namens Anna Hasler von Schwaz *„mit dem Daumenstock peinlich examiniert"*, weil sie beim Zargenbach an der

Abb. oben: Daumenschraube aus der Zeit vor der Einführung der Constitutio Criminalis Theresiana, 1769. (Original im Tiroler Volkskunstmuseum Innsbruck)

Abb. unten: Konstruktionszeichnung für die Herstellung von Daumenschrauben, Kupferstich aus der Constitutio Criminalis Theresiana, 1769 (ital. Fassung).

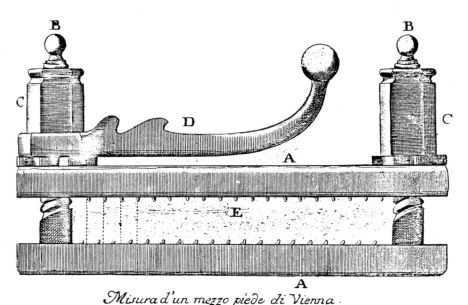

Landstraße der Prostitution nachgegangen war und weil der Richter auch die Namen der beteiligten Männer erfahren wollte. Insgesamt konnte sie sieben Männer namentlich nennen, worunter sich auch Hans Friedrich Hüls, Pfarrherr von Kastelruth, befand, aber die Mehrzahl der Namen fiel ihr trotz der Daumenschrauben nicht mehr ein: *"Sie habe gleich wohl noch mit vielen anderen, ihr unbekannten Personen wie Fuhrleuten, Sämern und sonstigen Unzucht getrieben, sie wisse aber deren keinen zu nennen."*[14]

Der Grad der Tortur wurde von der Schwere des Verbrechens und von der Verstocktheit des Angeklagten beeinflußt, lag aber im freien Ermessen des Richters. Allerdings war dabei der völligen Willkür ein Riegel vorgeschoben, indem bestimmt war, *"daß ein Richter, der sich untersteht, jemand aus Haß, Feindschaft oder Bestechung durch Geld – auch bei genügend vorhandenen Indizien – übermäßig zu torquiren, daß der Torquirte stirbt, mit dem Schwert gezüchtigt werden möge."*[15]

War ein Verbrechen nicht schwer genug, wurde von der Folter Abstand genommen. 1725 befahl beispielsweise die Regierung dem Rattenberger Richter, der bei einem Angeklagten die Folterung vorgeschlagen hatte, daß die Androhung der Tortur *"mit Vorlegung der hiezu erforderlichen peinlichen Instrumente und in*

Abb. unten: Konstruktionszeichnung für Daumenschrauben aus der Constitutio Criminalis Theresiana, Wien 1769.

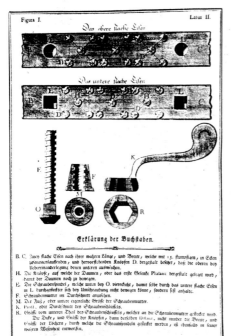
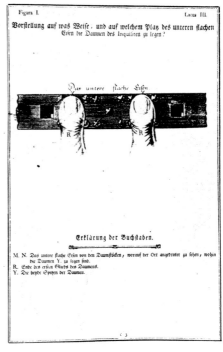

Vorstellung des Scharfrichters zwar vorgenommen, aber an ihn keine Hand" angelegt werden durfte.[16]

Entscheidend bei der Anwendung der Folter war, daß die während der Tortur gemachten Aussagen nicht rechtsgültig waren, sondern der Häftling nach der Folterung dem Verhör unterzogen wurde und erst die dabei gemachten Aussagen in der Gerichtsverhandlung berücksichtigt werden durften.

Nicht jeder Scharfrichter beherrschte tatsächlich die Foltermethoden. Der Haller Scharfrichter Bartholomeus Putzer erhielt 1765 eine Verwarnung, *„daß die wider Katharina Perchinger gebrauchte Tortur unglücklich ausgefallen war, mithin die erhoffte Wirkung nicht erreichen habe können."* Daß als Begründung für das Fehlschlagen die *„geringe Erfahrung des Freimannes"* — obwohl dieser bereits 18 Dienstjahre aufwies — angegeben wurde, läßt darauf schließen, daß die Tortur in den meisten Fällen von den Gerichtsdienern, selten aber vom Scharfrichter vorgenommen wurde.[17]

Die Folter wurde nach längerer Diskussion am 2. Jänner 1776 durch ein kaiserliches Reskript aufgehoben.[18] Die 1788 neu herausgegebene *„allgemeine Kriminalgerichtsordnung"* sah aber im 7. Hauptstück § 110 bei der Vernehmung folgendes vor: *„Wäre ein Untersuchter so hartnäckig, auf die ihm gestellten Fragen keine Antwort zu geben, so muß derselbe mit Ernst an die Pflicht, dem rechtmäßigen Richter zu antworten, erinnert werden. Wenn dies nicht verfängt, so ist derselbe mit Stockstreichen zu bestrafen."*[19]

Anmerkungen:
[1] Tiroler Landesordnung 1573 (Ausgabe 1603), Buch 8, Artikel 9—11
[2] Schuhmann, Der Scharfrichter, S. 178/179
[3] Fröhlich von Fröhlichsburg, Nemesis Romano-Austriaco-Tyrolensis, Innsbruck 1696, Tractat I, Buch 3, Titel 4, S. 179
[4] vgl. Werner Ogris, Staats- und Rechtsreformen, in: Maria Theresia und ihre Zeit, Salzburg—Wien 1980 (2. Auflage), S. 58
[5] Fröhlich, a. a. O., S. 179
[6] Fröhlich, a. a. O., S. 211
[7] vgl. das Kapitel über die Entlohnung!
[8] Fröhlich, a. a. O., S. 209
[9] Fröhlich, a. a. O., S. 180 ff
[10] TLA: CD 1664—1665, fol. 593/593'
[11] Fröhlich, a. a. O., S. 214
[12] Fröhlich, a. a. O., S. 177 ff
[13] TLA: CD 1745, fol. 12'—14'
[14] TLA: Codex 2073, fol. 56—57
[15] Fröhlich, a. a. O., S. 232
[16] TLA: CD 1725, fol. 171 ff
[17] TLA: V. d. k. Mt. i. J. 1764—1765, fol. 566—567
[18] Mario Laich, Entwicklung der Strafrechtspflege in Tirol und Vorarlberg, in: 1oo Jahre österreichische Strafprozeßordnung, Innsbruck 1973, S. 73
[19] TLMF: FB 2863

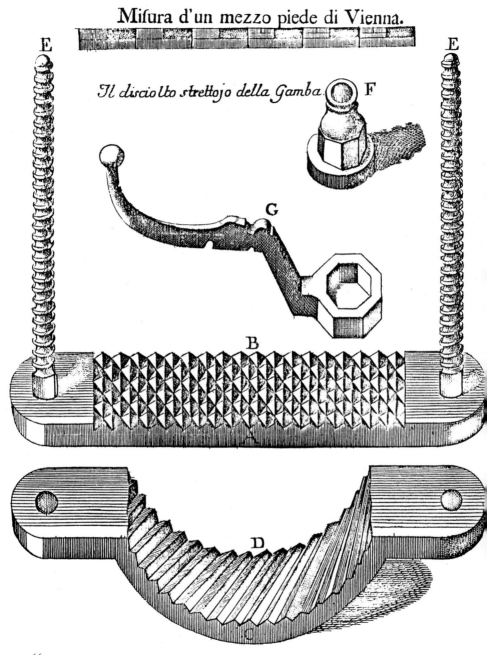

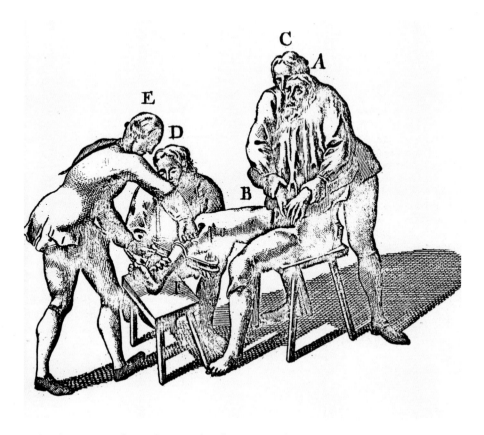

Abb. oben: Das Anlegen der Beinschraube (A — Delinquent, C, D — Henkersknechte, E — Scharfrichter). Kupferstich aus der Constitutio Criminalis Theresiana 1769.

←
Abb. linke Seite: Konstruktionszeichnung der durch die Constitutio Criminalis Theresiana 1769 eingeführten Beinschrauben, durch die der Unterschenkel des Delinquenten gequetscht wird.

Der Pranger

Sinn der Prangerstrafe war es, den Verurteilten öffentlich zur Schau zu stellen und ihn durch Verlust seiner Ehre empfindlich zu strafen.[1] Einfachste und in ihren Folgen leichteste Art der Prangerstrafe war, wenn ein Straffälliger an einem bestimmten Termin, meist an Sonn- oder Feiertagen, mit einer brennenden Kerze in jeder Hand vor der Kirche für die Kirchengänger gut sichtbar Aufstellung nehmen mußte. Diese Strafe wurde gegen *„meineidige Zeugen an manchen Orten, ebenso gegen Blutschänder im dritten und vierten Grad"* verhängt.[2] 1685 bestätigte die Regierung als 2. Justizinstanz das Urteil des Rattenberger Richters gegen Peter Margreiter und Anna Flatscher von Wildschönau wegen Inzest, nämlich daß *„sie an einem Sonntag in ihrem Heimattal, in ihren Händen eine brennende Kerze haltend, vor der Kirchentüre auf eine Viertelstunde durch den Gerichtsdiener"* zur Schau gestellt werden sollten.[3] Ein ähnliches Urteil wurde im selben Jahr auch in Meran erlassen.[4] Bemerkenswert ist in diesem Zusammenhang die Aussage der Regierung aus dem Jahre 1685, wonach das *„crimen incestus für keine gemeine Missetat zu halten ist"* und die *„mit Ruten und brennenden Kerzen Zur-Schaustellung als eine öffentliche Buße vor der Kirchentür und keine gemeine Strafe"* zu werten war,[5] weshalb auch nur der Gerichtsdiener, keinesfalls aber der Scharfrichter mit der Durchführung der Strafe betraut werden durfte.

Strafverschärfend wurde wiederholt auch angeordnet, daß den Verurteilten neben den beiden brennenden Kerzen, die sie in den Händen halten mußten, auch noch eine Rute in das Genick gesteckt wurde. So lautete beispielsweise ein Urteil gegen einen Brandenberger Bauern und seine Verwandte im Jahre 1685.[6] In ganz besonders argen Fällen wurde jedoch auch der wirkliche Pranger verhängt, wie etwa in einem Urteil wegen Inzest vom Brunecker Stadt- und Landrichter im Jahre 1655.[7]

Ursprünglich wurde jeder Verurteilte vom Scharfrichter persönlich an den Pranger gestellt. Dieser befand sich meist an sehr belebten Straßen oder Plätzen, damit der Verurteilte möglichst von vielen Personen gesehen werden konnte. Der Pranger bestand in der Regel aus einer mannshohen Holzsäule, an der der Delinquent mittels einer Kette und eines Halseisens angebunden wurde. Ob auch in Tirol wie in anderen Ländern die hölzernen Prangersäulen später durch Steinsäulen, die sogar künstlerisch von Steinmetzen bearbeitet waren,[8] ersetzt worden waren, läßt sich nicht mehr feststellen, da kein einziger Pranger in Tirol erhalten ist. In diesem Zusammenhang ist ein Gerichtsurteil von Völs am Schlern von Bedeutung. Ein Bauer von Völser Aichat war 1513 wegen Brandstiftung zum Tode verurteilt, jedoch später begnadigt worden, und er mußte unter anderem versprechen:[9] *„Ferner soll ich in diesem Jahr einen gehauenen Pranger mit dem Zubehör für Völs in dem Dorf machen lassen."* Daraus darf man schließen, daß zumindest mancherorts steinerne (aus Stein gehauene) Prangersäulen standen.

Als Kuriosum mag am Rande der Streit vom Jahre 1663 zwischen den Gemeinden Telfs und Pfaffenhofen erwähnt werden, bei dem beide den Pranger als Zeichen der Gerichtsbarkeit für sich beanspruchten. Letztlich erhielt jedoch Telfs den Pranger, da dort auch das Gerichtsgebäude stand.[10]

Dieser Streit zwischen Telfs und Pfaffenhofen stellt sicherlich ein Kuriosum dar, waren doch normalerweise alle Orte bemüht, keinen Pranger zu besitzen. So wehrte sich die Gemeinde Reutte im Jahre 1725 ganz energisch dagegen, daß in der Nähe der Kirche zwischen einer Linde und dem Dorfbrunnen der Pranger neu aufgestellt werden sollte. Sowohl die Vertreter der Gemeinde als auch die Anrainer und die Kirche selbst protestierten gegen die Aufstellung eines Prangers, und in einer nächtlichen Aktion wurde sogar an der vorgesehenen Stelle ein Kreuz errichtet, um so die Aufstellung des Prangers zu verhindern. Trotz aller Proteste wurde schließlich der Pranger im „*Lindenwinkel*" errichtet.[11]

Da der Scharfrichter jedesmal, wenn ein Verurteilter an den Pranger gestellt wurde, anreisen mußte und dafür neben der üblichen Amtsgebühr auch noch Reisediäten verrechnete, die aus der Gerichtskasse gezahlt werden mußten, entschloß man sich 1699, daß auch der jeweilige Gerichtsdiener Verbrecher an den Pranger stellen durfte.[12]

Ab 1700 teilt sich somit diese Strafe in „*einfachen Pranger*", welcher durch den Gerichtsdiener vorgenommen wurde, und „*verschärften Pranger*", den der Scharfrichter beaufsichtigte. Die verschärfte Prangerstrafe wurde in der Regel nur in Zusammenhang mit anderen Strafen, die ohnehin die Anwesenheit des Scharfrichters vonnöten machten, verhängt. In diesem Falle konnte der Scharfrichter zwei Gulden verrechnen bzw. drei Gulden, wenn er in seltenen Fällen ausschließlich zur Prangerstrafe angereist war.[13] 1734 mußte der Haller Scharfrichter sogar nach Meran reisen, um dort gegen eine Gebühr von sechs Gulden zwei Personen an den Pranger zu stellen.[14] Dieser Fall kam jedoch, wie gesagt, sehr selten vor.

Die Prangerstrafe in Zusammenhang mit anderen Strafen konnte dem Henker bisweilen eine stattliche Entlohnung verschaffen. 1663 war in Kufstein ein Verbrecher zu einer verschärften Todesstrafe verurteilt worden, die aus dem „*Strang, der Pranger-Aussetzung und Ruten-Streichen*" bestand. Allein für diese Exekution erhielt der Henker anstatt der für die Ausführung der Todesstrafe üblichen 6 Gulden und 48 Kreuzer insgesamt 17 Gulden.[15]

Bisweilen wurde jedoch nicht genau zwischen der Prangerstrafe durch den Gerichtsdiener bzw. durch den Scharfrichter unterschieden. 1747 beschwerte sich der Haller Henker Bartholomeus Putzer, daß der Kufsteiner Gerichtsdiener eine Prangerstrafe durchgeführt hätte, obwohl diese mit einer Brandmarkung kombiniert gewesen sei und somit in seine Amtsobliegenheit gefallen wäre.[16]

1758 verlangte der Meraner Scharfrichter Martin Putzer eine erhöhte Belohnung, weil er Maria Plattner an den Pranger gestellt hatte, vorher aber noch eine Grube, in die eine neue Prangersäule gestellt wurde, ausheben hatte müssen.[17]

In vielen Fällen wurde die Prangerstrafe auch als Teil einer Begnadigung verhängt. Statt der Todesstrafe wurde bei anrechenbaren Milderungsgründen oft die ewige Landesverweisung verhängt, wobei der Verurteilte immer vorher eine Stunde an den Pranger gestellt, manchmal sogar zusätzlich noch mit Rutenhieben bestraft wurde.[18] In manchen Fällen konnte die Prangerstrafe auch als Ersatz für eine Körperstrafe (Rutenhiebe) verhängt werden, wie dies in einem Urteil aus dem Jahre 1685 zum Ausdruck kommt.[19]

In fast allen Fällen mußte der Verurteilte eine halbe Stunde am Pranger stehen, selten länger als eine Stunde. Prangerstrafen, die länger als eine Stunde dauerten, wurden meist von der Regierung in Innsbruck auf eine Stunde reduziert. So hatte der Rittener Richter gegen Hans Santifaller 1705 eine vierstündige Prangerstrafe und der Meraner Stadt- und Landrichter gegen einen anderen Verbrecher eine zweistündige Prangerstrafe verhängt.[20] Beide Urteile wurden auf eine Stunde reduziert.

In vielen Fällen wurde der zur Prangerstrafe Verurteilte durch einen auf seiner Brust und auf seinem Rücken befestigten Zettel, worauf die Straftat geschrieben war, besonders gekennzeichnet. 1725 verhängte der Sonnenburger Richter über einen Urkunden- und Siegelfälscher die Prangerstrafe, wobei dieser durch einen Zettel mit

Abb. unten: Dreiteiliger Block zur Fesselung zweier Personen, Ausschnitt aus dem Fresko „Werke der Barmherzigkeit" in der Pfarrkirche Lienz-St. Andrä, Nikolaus Kenntner, 1454.

der Aufschrift „*falscher Schriftsteller und Siegelverfälscher*" gekennzeichnet werden sollte.[21] 1735 mußte eine am Innsbrucker Pranger stehende Straffällige einen Zettel mit der Aufschrift „*große Betrügerin*" tragen.[22]

In dem von Bayern in Tirol 1810 vorübergehend eingeführten „Staatsgesetz gegen Staatsverrat" § 3 wurde die Aussetzung am Pranger mit einer Stunde limitiert: „*Ein solcher Missetäter soll enthauptet und vor der Hinrichtung mit einer Tafel auf Brust und Rücken, welche die Aufschrift ‚Hochverräter' führt, in einem roten Hemd eine Stunde lang von dem Scharfrichterknechte an den Pranger gestellt werden. Auf seinem Grabe wird eine Schandsäule errichtet. Seine Familie soll ihren Namen verändern.*"[23]

Die Prangerstrafe wurde in Österreich schließlich im Jahre 1848 mit dem Hinweis auf die „*Gesittung und Bildungsstufe der Völker des österreichischen Kaiserstaates*" verboten.[24] In der Folgezeit verschwanden die Prangersäulen aus dem Straßenbild.

Anmerkungen:
[1] Schuhmann, Der Scharfrichter, S. 99; vgl. Otto Stolz, Politisch-historische Landesbeschreibung von Tirol (Nordtirol) (= Archiv f. öst. Geschichte 107), Wien—Leipzig 1923, S. 64, Anm. 4
[2] Johann Christof Fröhlich von Fröhlichsburg, Nemesis Romano-Austriaco-Tyrolensis, Innsbruck 1696, Tractat I, 4. Buch, 7. Titel, S. 258
[3] TLA: CD 1685, fol. 125
[4] TLA: CD 1685, fol. 3
[5] TLA: CD 1685, fol. 32/32'
[6] TLA: CD 1685, fol. 61
[7] TLA: CD 1654—1655, fol. 339'
[8] vgl. Wilhelm Neumann, Der Pranger von Villach, in: 900 Jahre Villach, Villach 1960, S. 151—156, Tafel 16 und 17
[9] Bruno Mahlknecht, Stand der Pranger auch auf dem Dorfplatz?, in: Der Schlern 45, Bozen 1971, S. 327/328 und Der Schlern 49, Bozen 1975, S. 198/199
[10] TLA: CD 1662—1663, fol. 641
[11] TLA: CD 1725, fol. 196', 244', 255'
[12] TLA: CD 1699, fol. 104
[13] TLA: CD 1750, fol. 244 1/2
[14] TLA: CD 1734, fol. 349'/350
[15] TLA: CD 1662—1663, fol. 765', 792'
[16] TLA: CD 1747, fol. 210/210'
[17] TLA: CD 1758—1759, fol. 136, 186
[18] Beispiel: TLA: CD 1659—1660, fol. 132'
[19] TLA: CD 1685, fol. 315'/316
[20] TLA: CD 1705, fol. 43' — 44', 398
[21] TLA: CD 1725, fol. 399
[22] TLA: CD 1735, fol. 946
[23] TLA: Gubernium, Normalien — Fasz. 17
[24] TLA: Gubernuim, Normalien — Fasz. 17/Pos. 2

Strohkranz, Geige, Rute, Ruder, Narrenhäusel und hölzerner Esel

Wenn ein Delinquent zu einer Prangerstrafe verurteilt wurde, so war es im Interesse des Gerichtes, daß auch die Straftat, wegen der er verurteilt wurde, öffentlich bekannt würde. Man mußte damals allerdings damit rechnen, daß kaum jemand lesen konnte, so daß das Anheften eines Zettels, wie es im 18. Jh. immer mehr aufkam, diesen Zweck kaum erfüllen konnte. Deshalb verwendete man Symbole, die dem Verurteilten angeheftet wurden; diese waren allgemein bekannt und jeder konnte erkennen, weshalb jemand zum Pranger verurteilt worden war.

Das Tragen eines Strohkranzes war fast ausschließlich eine Ehrenstrafe für Frauen. In der Regel wurde sie wegen Unzucht, in seltenen Fällen wegen kleinerer Diebstähle verhängt.[1] 1745 mußte beispielsweise eine wegen Inzest vom Sonnenburger Richter verurteilte Frau in ihrer Heimatgemeinde im Stubaital an drei

←
Abb. linke Seite: Befreiung eines Gefangenen durch den hl. Leonhard, unbekannter Meister um 1500. (Original im Stift Wilten)

→
Abb. rechts: Sogenannte Schandgeige, bei der Hals und beide Arme gemeinsam gefesselt waren. (Original im Volkskunstmuseum Innsbruck)

Sonntagen jeweils vor der Messe mit einem Strohkranz am Kopf und zwei brennenden Kerzen in der Hand für ihr Vergehen büßen.[2]

Im Stadt- und Landgericht Kufstein wurde diese Strafe gemeinsam mit dem Ausstellen im Narrenhäusel ausgesprochen. Dieses Narrenhäusel war eine Art Käfig, der aus Rundeisen geformt wurde und sich meist an besonders belebten Straßen oder Plätzen befand. In Hall in Tirol stand dieses Narrenhäusel beispielsweise in der Nähe der Brotbank und war 1692 auf Kosten der Stadt vom Schlossermeister Oswald Kayser aus Rundeisen neu gefertigt worden.[3] In welchen Städten Tirols es diese Narrenhäusel gab und an welchen Stellen sie sich befanden, läßt sich heute nicht mehr feststellen. Man darf aber annehmen, daß jede größere Stadt über ein Narrenhäusel verfügte.

In Kufstein jedenfalls gab es sicher diese Einrichtung. 1715 wurde dort Maria Moll wegen Unzucht und unkeuschem Verhalten dazu verurteilt, daß sie *„wegen ihrer Verbrechen mit aufgesetztem Strohkranz eine Stunde lang ins Narrenhäusel gesperrt"* und anschließend auf ewig des Landes verwiesen werden sollte.[4] 1735 bestimmte die Regierung in Innsbruck, daß diese Strafe in Kufstein nicht mehr für Bürgersfrauen gelten sollte. In einem Schreiben vom 13. Mai 1735 wurde der Kufsteiner Stadt- und Landrichter angewiesen, *„daß Ihr die in Unzuchtsachen betretenen bürgerlichen Weibsbilder anher in das Zuchthaus* (Anm.: in Innsbruck) *überbringen lassen sollet, die anderen aber mit dem Strohkranz und anhangender Geige bestrafen möget"*. Unter der Geige war ein hölzernes Gestell, in dem Hände und Hals gemeinsam gefesselt waren, zu verstehen.[5] Das Kufsteiner Narrenhäusel war offensichtlich nicht sehr häufig in Verwendung und war zu dieser Zeit schon ziemlich desolat, so daß die Regierung in einem weiteren Schreiben die Stadt Kufstein *„zur Reparierung des daselbstigen Narrenhäusels oder Trändls"* anhielt.[6] Das Narrenhäusel in Bozen wurde 1664 der Ursula Mittelberger aus dem Sarntal angedroht, wenn ihr Mann darauf bestünde, daß sie nämlich der Unzucht mit 16 verheirateten Männern und seine Witwer überführt werden konnte. Schließlich mußte sie aber nur an drei Sonntagen mit einer brennenden Kerze und einer Rute in der Hand vor der Bozner Pfarrkirche stehen.[7]

Eher selten wurden Männer mit der Zurschaustellung im Narrenhäusel bestraft. In Lienz wurde 1663 Leonhard Sameritzer wegen Diebstahls während des Wochenmarktes eine Stunde lang im Narrenhäusel ausgestellt.[8]

Parallel zum Narrenhäusel gab es in Innsbruck die sogenannte „Eselstrafe", die in erster Linie gegen Wilddiebe verhängt wurde. 1665 beispielsweise waren die Gebrüder Thurner von Innsbruck wegen Wilderns dazu verurteilt worden, daß *„Veit Thurner 1 Stunde lang mit aufgebundenem Hirschgestänge in das Narrenhäusel gestellt, der Erhard Thurner aber auf den Esel gleichfalls 1 Stunde und mit angebundenem Hirschgestänge"* gesetzt werden sollte.[9] Der Esel bestand aus Holz und stand am Platz vor dem Goldenen Dachl. Vor Beschädigung durch Passanten war er allerdings nicht geschützt, denn 1663 erteilte die Regierung dem Hofbaumeister Christof Gumpp den Auftrag, daß *„dem auf dem Platz allhier zur Abstrafung der Wilderer aufgerichteten hölzernen Esel der herabgebrochene Kopf wiederum angemacht werde."*[10] Aber auch Frauen konnten in seltenen Fällen zur Eselstrafe verurteilt werden, wie etwa 1663 drei Innsbrucker Frauen, die anschließend aus der Stadt verwiesen wurden.[11] Bei Männern, bei denen das Wildern offensichtlich äußerst beliebt war, scheint die Eselstrafe fast an der Tagesordnung gewesen zu sein.[12]

Schwerwiegend war es, wenn einem zum Pranger Verurteilten ein Ruder auf den Rücken gebunden wurde. Dieses symbolisierte nämlich die Verurteilung zum Galeerensträfling, allerdings nicht nur die angedrohte, sondern die tatsächliche. Ein Urteil des Gerichtes Sonnenburg von 1715 bestimmte, daß *„der Hans Josnigg auf eine Stunde lang mit einem Ruder auf dem Rücken tragend auf den Pranger gestellt, dann 4 Jahre auf die Galeere verschickt"* werden sollte.[13] 1725 wurde in Rottenburg der Dieb Anton Rauscher dazu verurteilt, daß *„nach einer ganzen Stunde mit auf den Rücken gebundenem Ruder geleisteten Prangerstehen auf ewig zu der Galeerenstrafe verurteilt und verschickt wird."*[14] Als drittes Beispiel soll der Kufsteiner Karl Kißer erwähnt sein, der 1735 wegen Kinderschändung und Diebstahl zum Tod durch das Schwert verurteilt worden war, aber von der Regierung zu einer Stunde Pranger mit aufgebundenem Ruder begnadigt wurde. Dann sollte er *„auf 6 natürliche Jahre auf die venezianische Ruderbank geschickt werden."*[15]

Die Galeerenstrafe hatte sich zu Beginn des 16. Jh.s in Tirol eingebürgert. Im Jahre 1539 wurde sie im Kampf gegen die Wiedertäufer anstelle der Todesstrafe verhängt, nachdem man in Tirol bis zu diesem Zeitpunkt bereits einige Hundert Anhänger dieser Sekte hinrichten hatte lassen.[16] 1543 wurden vorübergehend alle zum Tode Verurteilten auf die Galeeren geschickt, die König Ferdinand I. im Kampf gegen abtrünnige Hafenstädte Friauls einsetzte.[17] In der Folgezeit kam die Galeerenstrafe nur dann zur Anwendung, wenn das begangene Delikt (meist Diebstahl) zwar eine Todesstrafe erfordert hätte, aber mildernde Umstände davon abrieten. Die Galeerensträflinge wurden nach der Aburteilung und der Prangerstellung nach Rovereto gebracht, wo sie an Venedig oder Neapel verkauft wurden. Die Galeerenstrafe konnte auf eine bestimmte Zeit oder auf lebenslänglich ausgesprochen werden. Eine ewige Galeerenstrafe kam einer Todesstrafe gleich, *„denn die auf die Galeere Geschickten sterben wegen allerhand zu erleidender Mühseligkeiten und Strapazen nicht ein- sondern viele tausendmal."*[18] Aber auch die nur für begrenzte Zeit zur Galeere Verurteilten hatten kaum eine Chance, mit dem Leben davonzukommen, so daß zahlreiche Sträflinge schon auf dem Transport nach Venedig zu fliehen versuchten, wie das Beispiel von fünf wegen Aufruhr gegen eine neue Sudpfanne bei der Saline Hall in Tirol zur Galeere verurteilten Salinenarbeiter im Jahre 1716 beweist. Die Galeerenstrafe wurde schließlich unter Kaiserin Maria Theresia abgeschafft.[19]

Eine ähnliche Strafform wie die Galeerenstrafe war die Landesverweisung, die hier noch kurz erwähnt werden muß. Sie wurde hauptsächlich gegen Frauen, die bekanntlich nicht auf die Galeere geschickt werden konnten, seltener gegen Männer verhängt. Dabei mußte die Verurteilte einen Schwur (Urfehde) leisten, Tirol in der vom Urteil bestimmten Zeit nicht mehr zu betreten.[20] Die Landesverweisung konnte auf ewig oder zeitlich begrenzt (maximal 1o Jahre) verhängt werden. 1665 wurde Erhart Bernart im Gericht Kaltern wegen Gotteslästerei auf ewig des Landes verwiesen, doch die Regierung begnadigte ihn, daß er *„anstatt der lebenslänglichen Landesverweisung allein auf ein halbes Jahr neben Leistung der gewöhnlichen Urfehde aus dem Gericht Kaltern geschafft werde."*[21]

Anmerkungen:
1. Schuhmann, Der Scharfrichter, S. 104—105
2. TLA: CD 1745, fol. 328
3. Hans Hochenegg, Rechtsaltertümer aus Hall in Tirol und Umgebung, in: Forschung zur Rechts- und Kulturgeschichte 4 (Festschrift Hans Lentze), Innsbruck—München 1969, S. 315—324
4. TLA: CD 1715, fol. 317
5. TLA: CD 1735, fol. 402
6. TLA: CD 1735, fol. 402'
7. Ludwig Schönach, Tirolische Strafrechtspflege im 17. Jhdt., in: Die Heimat 1912/1913, S. 106
8. L. Schönach, a. a. O., S. 284
9. TLA: CD 1664—1665, fol. 381/381'
10. TLA: CD 1662—1663, fol. 553';vgl. Aus dem alten Gerichtswesen, in: Tiroler Heimatblätter 1941, S. 51/52
11. TLA: CD 1662—1663, fol. 669'/670
12. L. Schönach, a. a. O., 1913/1914, S. 16, 1912/1913, S. 285/286
13. TLA: CD 1715, fol. 340'
14. TLA: CD 1725, fol. 19
15. TLA: CD 1735, fol. 235'
16. Eduard Widmoser, Die Wiedertäufer in Tirol, in: TH XV, Innsbruck 1952, S. 78/79
17. TLA: CD 1543—1548, fol. 50
18. Fröhlich von Fröhlichsburg, Nemesis Romano-Austriaco-Tyrolensis, Innsbruck 1696, Tractat I, Buch 5, S. 254/255
19. David Schönherr, Die fünf Galeerensträflinge von Hall, in: Gesammelte Schriften II, Innsbruck 1902, S. 679—700; derselbe, Die fünf Galeerensträflinge von Hall, in: Bote für Tirol und Vorarlberg 1875, Nr. 119—125
    Werner Ogris, Josef II., Staats- und Rechtsreformen, in: Im Zeichen der Toleranz (= Studium und Texte zur Kirchengeschichte und Geschichte II, Bd. VIII, ed. Peter F. Barton), Wien 1981, S. 144
20. Fröhlich, a. a. O., S. 256 ff
21. TLA: CD 1664—1665, fol. 386/386'

Das Brandmarken

Das Brandmarken scheint als Strafform weder in der Malefizordnung Maximilians I. von 1499 noch in den Tiroler Landesordnungen des 16. Jh.s auf. Johann Christof Fröhlich von Fröhlichsburg schrieb in seiner 1696 in Innsbruck gedruckt erschienenen „Nemesis Romano-Austriaco-Tyrolensis" im vierten Buch, fünften Titel über die Strafen, *„die den Tod nicht nach sich ziehen."*[1] Darunter befand sich auch das Brandmarken: *„Wann die Tat gar abscheulich, der Delinquent aber noch jung oder sonst in etwas zu excusieren wäre, pflegt man auch neben dem Rutenaushauen auf den Rücken einen Galgen zu brennen, damit, wenn er nochmals vor Gericht kommt, die vorige Strafe die andere vermehrt und der Delinquent als ein bereits gebrandmarkter Bösewicht erkannt würde."* Allerdings gab Fröhlich dafür als rechtliche Begründung die Niederösterreichische Landesordnung, Artikel 49, an. Einen Bezug auf die Tiroler Verhältnisse stellte er nicht her.

→

Abb. rechte Seite: Zusammenstellung (Ausschnitt) der im Jahre 1572 von Tirol verkauften Galeerensträflinge: Verbrecher, denen die Todesstrafe gemildert wurde, verurteilte man häufig zu einer zeitlich begrenzten (maximal 10 Jahre) oder lebenslanger Galeerenstrafe. Die „begnadigten" Rechtsbrecher wurden listenmäßig erfaßt und an venezianische Agenten verkauft. (Original im TLA: CD 1572—1577, fol. 66')

Schwartzer	Insonnlich an die Obrigkhait zu Rotenburg, von wegen Agathones Schwartzer, so auf 5 Jarlang auf die Balley verordnet worden.
Bieniß	Insonnlich an Vogt und Ambtleut zu Veldkirch, von wegen Michel Bieniß, so auf benennung der Zeit auf die Balley verordnet worden.
Silbernagl	Insonnlich an Landtrichter zu Agoran, von wegen Peter Silbernagl, so sein Lebenlang auf die Balley verordnet worden.
Stadlhueber	Insonnlich an Landtrichter zu Freundtsperg, von wegen Georgen Stadlhueber, so auf benennung der Zeit auf die Balley verordnet worden.
Breyl	Insonnlich an Landtrichter zu Botzen, von wegen Hannsen Breyl, so auf benennung der Zeit auf die Balley verordnet worden.
Stöer	Insonnlich an Stat und Landtrichter zu Luentz, von wegen Adamen Stöer, so auf 5 Jarlang auf die Balley verordnet worden.
Krantz Erlacher	Insonnlich an Landtrichter zu Schwaz, von wegen Georgen Krantzen und Bilger Erlacher, so auf benennung der Zeit auf die Balley verordnet worden.
Präntl	Insonnlich an Pfleger zu Vellenberg, von wegen Cristoph Präntl, so auf benennung der Zeit auf die Balley verordnet worden.

Nach der Instruktion für den Scharfrichter von Meran vom 24. Februar 1708 erhielt der Scharfrichter für jedes Brandmal einen Gulden.[2] In Tirol waren zwei Arten der Brandmarkung bekannt. Bei der ersten wurde dem Delinquenten ein „T" (Tirol) auf beide Wangen gebrannt. Dies ist durch eine Urteilsvollstreckung aus dem Jahre 1747 belegt.[3] Das Brandmarken mit dem Anfangsbuchstaben des Landes oder der Stadt, wo das Urteil vollstreckt wurde, war damals allgemein üblich. So ließ etwa die Stadt Nördlingen ein „N" einbrennen, in Bayern wurde ein „B" verwendet.[4] Wenn ein so gekennzeichneter Verbrecher neuerlich bei einer Straftat erwischt wurde, war sofort erkennbar, in welchem Lande er schon einmal abgeurteilt worden war.

Ein solcher Fall ist in Tirol aus dem Jahre 1725 überliefert. In Kufstein waren drei Zigeunerinnen aufgegriffen und verhaftet worden. Obwohl man ihnen in Tirol keinerlei Straftat nachweisen konnte, gab die Regierung in Innsbruck dem Kufsteiner Stadt- und Landrichter den Auftrag, in Anbetracht, daß alle drei schon in einem anderen Land gebrandmarkt worden waren, auf beiden Wangen ein „T" einbrennen zu lassen.[5]

Um die Mitte des 18. Jh.s läßt sich anhand einer Reihe von Urteilen der Gerichte Sonnenburg und Glurns feststellen, daß Buchstaben auch auf dem Rücken der Delinquenten eingebrannt wurden, nämlich „TY" für „Tirol".[6]

Die zweite, in Tirol angewandte Form des Brandmarkens war das Einbrennen eines Galgens auf dem Rücken. So wurde einem Verbrecher in Kufstein 1715 ein Galgen eingebrannt.[7] Im selben Jahr hätte auch im Landgericht Steinach am Brenner einer Verbrecherin ein Galgen eingebrannt werden sollen, doch wurde das Urteil in der zweiten Instanz ein Todesurteil umgewandelt.[8]

In manchen Fällen brannte der Scharfrichter das Zeichen nicht besonders deutlich ein, so daß die Wunden wieder verheilten und das Brandmal unsichtbar wurde. In einem Schreiben vom 3. Juni 1755 teilte die Regierung dem Sonnenburger Richter mit, *„daß das Relegationszeichen von dem Scharfrichter zu Hall so nachlässig eingeschröpft werde, daß solches in kurzer Zeit nicht mehr zu sehen ist."*[4] Er solle deshalb den Scharfrichter vorladen und ihm künftig bessere Arbeit auftragen.

Da die Durchführung in manchen Fällen immer noch zu wünschen übrigließ, gab das Inner- und Oberösterreichische Appellationsgericht in Klagenfurt, das auch für Tirol zuständig war, in seiner Eigenschaft als zweite Justizinstanz am 13. September 1784 eine gedruckte Anleitung über das Brandmarken heraus, in der unter anderem angeordnet wurde:[10] *„So habe für das Künftige zur allgemeinen Vorschrift der diesfälligen Behandlung zu dienen, daß auf beiden Wangen des Delinquenten der Galgen mit Kohle aufgezeichnet, dann von dem Freimann mit einem spitzigen Eisen, wie es ungefähr zum Pferdeaderlaß gebraucht wird, dieser Zeichnung nachgefahren, das Eisen mit einem hölzernen Schlegel tief genug in die Wangen eingetrieben, und sogleich Schießpulver eingerieben werde."* Der auf diese Weise Gebrandmarkte war nun für jedermann sofort als Verbrecher erkennbar, wobei die Brandmarkung der Wangen sicher wesentlich strafverschärfender war als jene des Rückens, wo das Brandmal immerhin durch die Kleidung verdeckt werden konnte. Eine Rückkehr in die Gesellschaft war dem auf diese Weise bestraften Verbrecher nicht möglich.

Erst im Jahre 1848 wurde die Strafe der Brandmarkung untersagt. Mit der Begründung, daß *„mehrere Bestimmungen des derzeit bestehenden Strafgesetzbuches über Verbrechen und schwere Polizeiübertretungen vom 3. September 1803 der*

Gesittung und Bildungsstufe der Völker des österreichischen Kaiserstaates, sowie den Einrichtungen eines constitutionellen Staates in keiner Weise mehr entsprechen", hob das k.k. Justizministerium mit Erlaß vom 29. Mai 1848 die Strafe der Brandmarkung auf.[11]

Anmerkungen:
[1] Johann Christof Fröhlich von Fröhlichsburg, Nemesis Romano-Austriaco-Tyrolensis, Innsbruck 1696, Tractat I, S. 253/254
[2] TLA: Gubernium, Normalien, Fasz. 17, Pos. 1
[3] TLA: CD 1747, fol. 210/210'
[4] Schuhmann, Der Scharfrichter, S. 107
[5] TLA: CD 1725, fol. 380'
[6] TLA: CD 1754—1755, fol. 344' ff und 414' ff
[7] TLA: CD 1715, fol. 62'
[8] TLA: CD 1715, fol. 820'
[9] TLA: CD 1754—1755, fol. 508
[10] TLA: Gubernium, Normalien Fasz. 17, Pos. 1
[11] TLA: Gubernium, Normalien Fasz. 17, Pos. 2

Die Verstümmelungsstrafen

„Nach dem Unterschied der Land- und Völkerschaften sind verschiedene Leibesstrafen in Gebrauch, in Deutschland aber meist folgende" — beginnt der Tiroler Regimentsadvokat Johann Christof Fröhlich 1696 in seinem Buch über den Strafvollzug in Tirol das Kapitel über die Körper- bzw. Verstümmelungsstrafen und zählt dann das Brandmarken, die Prügelstrafe, das Abhauen einer Hand oder der Schwurfinger, das Herausreißen oder Abschneiden der Zunge und das Abschneiden der Ohren auf.[1]

Das Brandmarken wird bisweilen unterschiedlich beurteilt. Eine Reihe von Autoren, so auch der oben zitierte, rechnen es den Verstümmelungsstrafen zu, andere wiederum stufen es als Ehrenstrafe ein. Beide Ansichten können Gründe für ihre Stichhaltigkeit vorbringen, doch scheint bei dieser Strafe das entehrende Element gegenüber der Verstümmelungsabsicht in den Vordergrund zu treten. In dieser Arbeit wurde deshalb dem Brandmarken ein eigener Abschnitt bei den Ehrenstrafen gewidmet.

Die Tiroler Landesordnungen sahen die Rutenstrafe für Diebstahl vor, wenn der Täter älter als 18 Jahre war, der Wert des Diebsgutes aber unter 25 Pfund Berner (= 5 Gulden) lag.[2] *„Das Rutenhauen oder der Staupenschlag, wodurch den Delinquenten nicht allein eine ewige Schmach angetan, sondern auch dessen Leib mit empfindlichen Schmerzen zerfetzt wird"*, wurde aber nicht als die alleinige Strafe verhängt, sondern immer in Verbindung mit dem Prangerstellen und einer zeitlich begrenzten bzw. ewigen Landesverweisung.[3] Aus der Vielzahl der Beispiele können nur einige markante ausgewählt werden. 1663 beispielsweise war diese Strafe zusätzlich zur Todesstrafe verhängt worden. Der Scharfrichter konnte deshalb für die Exekution *„als den Strang, Prangeraussetzung und Rutenausstreichung"* dem Kufsteiner Landrichter die stattliche Summe von 17 Gulden in Rechnung stellen.[4] 1685 war ein zehnjähriger Knabe in Meran wegen Zauberei zum Tode verurteilt worden, doch begnadigte ihn die Regierung zu einer Prügelstrafe. Anschließend wurde er zu einem Pfarrer in Pflege gegeben.[5]

In einer Reihe von Gerichtsurteilen wird der Ausdruck *„mit einem Schilling ausstreichen"* verwendet. Unter dem Begriff *„Schilling"* bzw. *„Stadtschilling"* wurde damals die Anzahl von 48 Hieben verstanden.[6] Das Strafausmaß konnte natürlich auch vermindert werden. 1705 verurteilte der Meraner Richter einen Dieb zu einer Stunde Pranger mit 1/4 Schilling (= 12 Rutenhieben),[7] der Kufsteiner Richter eine Person wegen Unterschleif (einem Rechtsbrecher Unterschlupf gewähren) zu einer Stunde Pranger mit 1/2 Schilling (= 24 Rutenhiebe) und ewiger Landesverweisung.[8] Gegen Ende des 18. Jh.s wurde die Prügelstrafe immer häufiger angewandt und wesentlich verschärft. 1786 bestimmte eine Verordnung des Klagenfurter Appellationsgerichtshofes, der auch für Tirol zuständig war, folgendes:[9] *„Da die Erfahrung zeigt, daß hundert Prügel einen Mann von starkem Körperbau nicht töten, so sei das Ausmaß von 100 Prügel für anwendbar anzunehmen, nur sei in dem Falle, wo ein zu einer solchen Strafe verurteilter Verbrecher während der Exekution ohnmächtig werden sollte, mit der Strafe solang einzuhalten, bis er sich wieder erholt habe, oder nach den Umständen die Vollziehung derselben auf den einen oder anderen Tag zu verschieben."*

Die Rutenstrafe konnte sowohl über Männer als auch Frauen verhängt werden. Bei Frauen bestand aber in Tirol folgende Einschränkung:[10] *„An Weibspersonen, so Kinder säugen, soll aber gleichwohl diese Leibesstrafe dermaßen vollstreckt werden, damit ihrem Kinde, sofern sie es selbst säugt, an seiner Nahrung kein Abbruch geschehe."*

Die Ruten- oder Prügelstrafe wurde zusammen mit dem Brandmarken am 29. Mai 1848 abgeschafft.[11]

„Welche Person, Mann oder Weib, einen falschen Eid schwört oder falsches Zeugnis gibt, denen soll die Zunge mitsamt seinen Fingern, womit er geschworen oder zu schwören sich erboten hat, abgehauen werden" — forderten die Tiroler Landesordnungen des 16. Jh.s[12] Das Abschneiden der Zunge wurde in Tirol in der Praxis aber nur in Ausnahmefällen verhängt. Die gedruckte Dienst- und Gebührenordnung des Haller Scharfrichters von 1750 unterschied zwischen Zungenabschneiden und Zungenausreißen.[13] Das erstere wurde mit drei Gulden, das zweite mit fünf Gulden entlohnt. Auch der Strafvollzug in Tirol kannte damals beide Formen. Das Zungenausreißen *„aus dem Rachen durch das Genick"* war allerdings *„ohne Lebensgefahr nicht praktizierbar"* und sollte nur als Strafverschärfung verhängt werden. *„Die Abschneidung oder Abhauung der Zungen geschieht vor dem Mund und ohne Lebensgefahr."*

Während das Ausreißen oder Abschneiden der Zungen in der Praxis sehr selten verhängt wurden, entschieden die Richter immer wieder auf das Abhauen einer Hand oder der Schwurfinger. Finger wurden jenen Verbrechern abgeschlagen, welche einen Schwur gebrochen oder einen Meineid geleistet hatten, die Hand nur jenen, deren Strafe (meist Todesstrafe) verschärft werden sollte. 1754 beispielsweise bestimmte das Urteil gegen drei Kirchenräuber, daß sie *„miteinander zur Richtstatt hinausgeführt, daselbst ihnen die rechte Hand und daraufhin der Kopf abgehauen wird."*[15]

Besonders grausam war das Urteil gegen zwei der vier Kinder der Emerenzia Pichler, die 1680 als Hexe in Lienz hingerichtet worden war. Ihre beiden älteren Kinder, Michael (14 Jahre alt) und Anna (12 Jahre alt), wurden wegen Beteiligung an den Umtrieben ihrer Mutter dazu verurteilt, daß *„jedermann zum Abschrecken dort erst dem Michael zu wohlverdienter Strafe die rechte Hand, folglich ihm und seiner Schwester Anna mit dem Schwert die Köpfe abgehauen und der tote Körper auf den Scheiterhaufen geworfen und verbrannt werden sollten."*

Verstärkt wird dieses Bild eines brutalen und grausamen Urteils noch dadurch, daß die beiden jüngeren Kinder im Alter von 6 und 9 Jahren (!) der Exekution beiwohnen mußten, nachdem sie vorher selbst mit Rutenhieben bestraft worden waren.[16]

Eher kurios ist die Honorarforderung des Haller Scharfrichters Sebastian Waldl aus dem Jahre 1699, worin er um die Bestattungsgebühr für einen Selbstmörder in Sterzing ansuchte. Dieser hatte sich aus Gram über die Schande, daß ihm der Scharfrichter auf Grund eines Gerichtsurteiles *„kurz vorher die Hand abgehauen"* hatte, ertränkt.[17]

Es war grundsätzlich üblich, einem Delinquenten nur jene Hand abzuschlagen, die für sein weiteres Leben entbehrlicher erschien, *„also daß, wenn einer eine dürre unbrauchbare Hand hätte, solche und nicht die gesunde hinweggehauen werden sollte."*[18] Bei Invaliden, die ohnehin nur über eine Hand verfügten, war diese Strafe untersagt, sie erhielten statt dessen eine Rutenstrafe.

Lautete das Urteil auf Abschlagen der Finger, durfte der Scharfrichter nur die vordersten Glieder abhauen. 1735 wurde Magdalena Gilg, die, schon einmal des Landes verwiesen, zurückgekehrt war und somit die Urfehde gebrochen hatte, dazu verurteilt, daß sie in Kufstein *„durch den Freimann eine Stunde lang auf den Pranger gestellt und an den drei Schwurfingern die vordern Glieder abgestümmelt"* werden sollten.[19] Die abgeschlagenen Finger oder Hände wurden am Galgen angenagelt und sollten so als Abschreckung für andere Gesetzesbrecher gelten. Für das Annageln erhielt der Scharfrichter einen Gulden sowie einen weiteren Gulden pro Nagel.[20]

Als Verstümmelungsstrafen waren im Tiroler Strafvollzug noch das Riemenschneiden, das Nasen- und das Ohrenabschneiden bekannt. Das Riemenschneiden wurde grundsätzlich nur als Strafverschärfung verhängt und galt als außerordentliche Strafe. Dabei wurde nämlich dem Delinquenten ein oder mehrere Hautstreifen aus dem Rücken geschnitten.[21] Diese Hautstreifen waren besonders bei Hebammen begehrt, da sie als angeblich glücksbringender Talisman bei der Geburt eine große Rolle spielten.[22] Das Ohrenabschneiden war als Strafe für jugendliche Diebe, die erstmals straffällig geworden waren, vorgesehen. Dem Christof Fontana von Rovereto, der beim Diebstahl eines Ochsen ertappt worden war, sollte das rechte Ohr abgeschnitten werden, doch wurde er schließlich zu zwei Jahren Zwangsarbeit in Ketten verurteilt.[23] So wie das Riemen- und Ohrenabschneiden in Tirol selten praktiziert wurden, verhängten die Gerichte auch nur in Ausnahmefällen die Strafe des Nasenabschneidens. Nasen- und Ohrenabschneiden waren in der Dienst- und Gebührenordnung der Tiroler Scharfrichter des 18. Jh.s vorgesehen und sollten mit 1 Gulden und 30 Kreuzer (Hall) bzw. 1 Gulden (Meran) entlohnt werden. Das Riemenschneiden trug dem Scharfrichter 3 Gulden ein.[24]

In Fällen, wo wegen besonders schrecklicher Tatumstände eine Verschärfung der Todesstrafe angebracht erschien, wurde das Zwicken des Verurteilten mit glühenden Zangen vor der eigentlichen Hinrichtung verhängt. Besonders häufig wurde diese Strafart gegen Frauen, die mehrere Kinder abgetrieben oder nach der Geburt getötet hatten, verhängt. Das Urteil bestimmte dann, *„daß die Verurteilte auf die gewöhnliche Richtstatt geführt, ihr beide Brüste mit glühenden Zangen herausgerissen und sie mit dem Schwert vom Leben zum Tode hingerichtet werden soll."* Die übliche Strafe für Kindeswegslegung bzw. Abtreibung war in Tirol zwar das Pfählen, doch wurden die Verurteilten meist zum Tod durch das Schwert begnadigt, wobei Zangenzwicken als Strafverschärfung bestimmt werden konnte.

Walburga Wöck, Gattin des Bauern Hans Wöck von Salvenau im Kufsteiner Gericht, hatte sich laut Gerichtsprotokoll mit Erhard Fröschl *„oftmals fleischlich vermischt"* — wie man den Ehebruch zu umschreiben pflegte — und schließlich ihren Ehegatten und ihre Schwiegertochter, die es in Erfahrung gebracht hatten, mit ihrem neugeborenen Kind durch Mäusegift getötet. Das Urteil aus dem Jahre 1722 bestimmte, daß sie *„durch den Freimann zu der Richtstätte geführt, daselbst zweimal mit glühenden Zangen gerissen, dann mit dem Schwert vom Leben zum Tode hingerichtet"* werden sollte.[25]

Das Urteil gegen Emerenzia Pichler von Lienz aus dem Jahre 1680 bestimmte, daß sie vor der Hinrichtung insgesamt fünfmal mit einer glühenden Zange gezwickt werden sollte, da ihr Verbrechen der Hexerei besonders verabscheuungswürdig gewesen sei.[27] 1685 war in Meran Lukas Platter aus dem Passeiertal hingerichtet worden. Er war der Zauberei und des Wettermachens überführt worden. In seinem Urteil war bestimmt worden, daß er vor der Enthauptung am rechten Arm, mit dem er angeblich des schlechte Wetter gemacht hatte, mit einer glühenden Zange einmal gezwickt werden sollte.[28]

Alle geschilderten Verstümmelungsstrafen mußten vom Scharfrichter ausgeführt werden und brachten ihm zum Teil recht großzügige Honorare ein. Viele dieser brutalen Körperstrafen wurden in Tirol nur sehr selten verhängt. Abgesehen von der Prügelstrafe und dem Brandmarken, welche 1848 aufgehoben wurden, waren die angeführten Verstümmelungsstrafen nur bis zum Jahre 1787 im Strafvollzug erlaubt.

Anmerkungen:
[1] Fröhlich von Fröhlichsburg, Nemesis Romano-Austriaco-Tyrolensis, Innsbruck 1696, Tractat I. Buch 4, Titel 5, S. 253
[2] Tiroler Landesordnung 1573 (Ausgabe 1603), Buch 8, Artikel 44
[3] Fröhlich, a. a. O., S. 253
[4] TLA: CD 1662—1663, fol. 765' und 792'
[5] TLA: CD 1685, fol. 430
[6] wie Anm. 1!
[7] TLA: CD 1705, fol. 505
[8] TLA: CD 1705, fol. 617
[9] TLA: Gubernium, Normalien Fasz. 17
[10] wie Anm. 1!
[11] TLA: Gubernium, Normalien Fasz. 17

[12] Tiroler Landesordnung 1573 (Ausgabe 1603), Buch 8, Artikel 20
[13] TLA: CD 1750, fol. 244 1/2
[14] Fröhlich, a. a. O., S. 254
[15] TLA: CD 1754, fol. 669/669'
[16] Ignaz Pfaundler, Über die Hexenprozesse des Mittelalters, mit spezieller Beziehung auf Tirol, in: Zeitschrift des Ferdinandeums für Tirol und Vorarlberg 9, Innsbruck 1843, S. 81—143 (besonders S. 141)
[17] TLA: CD 1699, fol. 197'
[18] wie Anm. 14!
[19] TLA: CD 1735, fol. 155'—157
[20] TLA: CD 1750, fol. 244 1/2
[21] Fröhlich, a. a. O., Titel 4, S. 252
[22] vgl. Fritz Byloff, Volkskundliches aus den Strafprozessen der österreichischen Alpenländer 1455—1850 (= Quellen zur deutschen Volkskunde 3), Berlin—Leipzig 1929
[23] Ludig Schönach, Tirolische Strafrechtspflege im 17. Jahrhundert, in: Die Heimat, Meran 1912/13, S. 1o5
[24] TLA: CD 1750, fol. 244 1/2; CD 1752, fol. 422—431
[25] wie Anm. 20!
[26] TLA: Codex 2135
[27] wie Anm. 16!
[28] TLA: CD 1685, fol. 304/304'

Das Enthaupten

Das Enthaupten war die ehrenvollste Todesstrafe und wurde am häufigsten angewandt. Ursprünglich wurde die Hinrichtung mit dem Beil und Holzschlegel durchgeführt. Der Verurteilte mußte dabei seinen Kopf auf einen Holzblock legen, dann wurde das Beil angesetzt und mit einem wuchtigen Hieb mit dem Holzschlegel schließlich das Haupt abgeschlagen.[1]

Mit dem Aufkommen der Berufsscharfrichter im Mittelalter wurde immer mehr das Schwert für Enthauptungen verwendet. Dabei mußte der Henker mit einem waagrechten Hieb den Kopf bzw. den Hals zwischen zwei Wirbel treffen und abschlagen. Diese Art der Exekution benötigte eine große Geschicklichkeit, mußte doch der Kopf mit einem Hieb vom Rumpf getrennt werden. Daß dies nicht in allen Fällen gelang, bewiesen zwei Fehlrichtungen im Jahre 1700, als der Meraner Henker insgesamt fünf Hiebe benötigte, und im Jahre 1739, als der Haller Scharfrichter durch die neugierig herandrängende Zuschauermenge irritiert wurde.[2]

Grundsätzlich war es möglich, den Delinquenten in drei Stellungen zu enthaupten. Die erste, in Tirol nicht nachweisbare und auch in anderen Gegenden nur selten angewandte Art war, den Verbrecher im Stehen oder Gehen zu köpfen. Dies setzte aber eine außerordentliche Geschicklichkeit des Scharfrichters voraus, da das Risiko eines Fehlschlages außergewöhnlich groß war.[3]

Die zweite Enthauptungsart bestand im Köpfen eines sitzenden Delinquenten.[4] Diese Methode ist auch in Tirol nachweisbar. So hatten etwa die Bauern von Vierschach, die für die Erhaltung des Heinfelser Hochgerichtes zuständig waren, unter anderem auch für einen Stuhl zu sorgen, auf dem der Verurteilte sitzend geköpft wurde.[5] Aus einem Urteil des Jahres 1715 ist weiters ersichtlich, daß das Köpfen eines sitzenden Delinquenten durchaus üblich war. Das Urteil des

Landgerichtes Steinach gegen den wegen Diebstahls angeklagten Hans Josneck lautete, daß er „*mit dem Schwert vom Leben zum Tod hingerichtet und sodann dessen Kopf auf das Hochgericht aufgesteckt werden solle.*"[6] Wenig später bestimmte die Regierung, daß der Verurteilte wegen seines geschwächten Gesundheitszustandes in einem gewärmten Kerker gefangengehalten und mit Medizin versorgt werden sollte, „*daß er zu Kräften kommt, solches Urteil ausstehen zu können.*" Die Hinrichtung sollte dann erfolgen, „*wann er imstande ist, auf einem Wagen auf die Richtstatt geführt und dort auf den Stuhl gesetzt zu werden.*"[7] Vom Tiroler Kanzler Wilhelm Bienner, der am 17. Juli 1651 in Rattenberg durch das Schwert des Haller Scharfrichters Othmar Krieger starb, ist bekannt, daß er sitzend und mit zu Gebet erhobenen Händen den tödlichen Streich erhielt, durch den ihm nicht nur der Kopf, sondern auch die Hände abgetrennt wurden.[8]

Vom Priester, der den Kanzler bei seinen letzten Stunden Trost zusprach, ist eine ziemlich wirklichkeitsnahe Schilderung der Hinrichtungsszene erhalten:[9]„ . . . *und während er gesprochen: ,in manus tuas domine commendo' (in Deine Hände, o Herr, empfehle ich mich), ist der Scharfrichter mit großem Lärm (den ich nicht gerne gesehen habe, weil ich besorgt war, es möchte Herr Bienner erschrecken und irritiert werden) von der Bühne herabgesprungen, heimlich und leise aber wieder hinaufgestiegen und, während Bienner eifrig, beständig und unerschrocken betete, hat er den Streich augenblicklich vollbracht. Weil aber Herr Bienner seine Hände, worin er einen von mir kurz zuvor gegebenen Ablaßpfennig gehalten, emporgestreckt hat, sind ihm samt dem Haupt auch beide Hände weggeschlagen worden, deren eine, weil ich nur zwei Schritte weit, ihm vorsprechend, stand, mir an meinen Fuß fiel, wobei auch meine Kleider mit Blut besprengt wurden. Der Kopf aber ist an die fünf oder sechs gute Schritte weit, seine Lippen noch immer zum Gebet bewegend, über die Bühne gesprungen. Ihm habe ich den Namen ,Jesus' zugerufen und bei dem Tüchl, womit die Augen verbunden waren, auf die Bühne gestellt. Die Gurgel ist eine Weile auf- und niedergestiegen, das Blut hat sich nicht, wie sonst geschieht, in die Höhe, sondern auf die Bühne rundherum ergossen. Der Körper ist eine Weile hernach von dem Stuhl, darauf er sitzend sein Urteil ausgestanden, gegen mich gesunken.*"

Die dritte Art der Enthauptung fand an knieenden Delinquenten statt.[10] Die ältesten Tiroler Darstellungen von Enthauptungsszenen, wie beispielsweise die gotischen Altartafeln von der Enthauptung der hl. Katharina 1475[11] oder des hl. Christof 1475[12], sowie der Holzschnitt von der Enthauptung des Kufsteiner Festungskommandanten Hans Pienzenauer 1504, stellen den Verurteilten knieend dar. Der Hals und die Schultern sind in den meisten Fällen entblößt. Auch spätere Enthauptungsdarstellungen zeigen den Delinquenten in knieender Haltung. Als Beispiel sei das Hauptaltarblatt der Kapuzinerkirche von Meran aus der ersten Hälfte des 17. Jh.s genannt, welches die Hinrichtung des hl. Maximilian darstellt.

Das Enthaupten war nach der Tiroler Malefizordnung von 1499 ausdrücklich für Räuber und Friedensbrecher, sowie für jene, welche eine Urfehde brachen, bestimmt, in anderen Fällen, wo keine bestimmte Todesart genannt war, konnte sie

Abb. rechts: Enthauptung des hl. Paulus, Wiltener Meister um 1500.
(Original im Stift Wilten, Innsbruck)

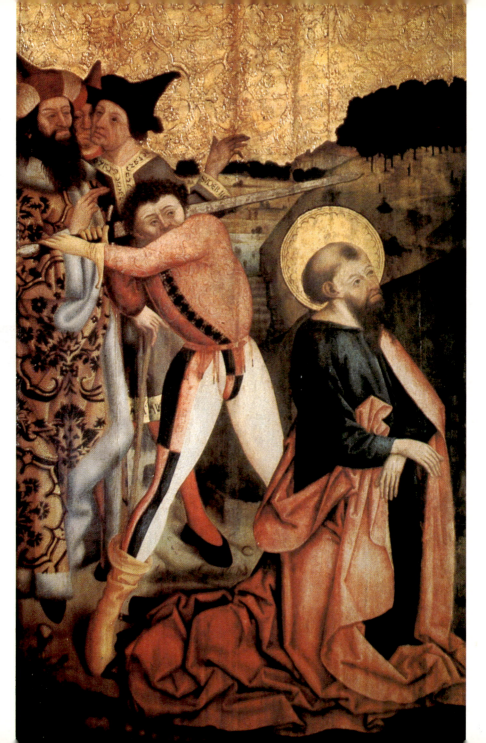

Der Fürstlichen Graffschaft Tirol Landsordnung.

1526

Mit Kayserlicher Maiestat, vnnd Fürstlicher durchleüchtigkait von Osterreich ꝛc. gnad vñ Freihaiten.

Abb. oben: Darstellung der Hinrichtung des Kufsteiner Festungskommandanten Hans Pienzenauer im Jahre 1504 durch den Haller Scharfrichter Stefan Ruef. Holzschnitt von Hans Burgkmair, aus dem „Weißkunig" Kaiser Maximilians.

←
Abb. linke Seite: Titelblatt der Tiroler Landesordnung von 1526. (Original im Tiroler Landesarchiv)

Abb. oben links: Enthauptung eines sitzenden Delinquenten; Detail vom sog. „Sonnenburger Henkerschwert" von 1680. (Original im Landeskundlichen Museum, Zeughaus Innsbruck)

Abb. oben rechts: Aufhängen einer Leiche (eines durch den Strang gerichteten Delinquenten) bis zu Verwesung auf einem sog. „Schnellgalgen"; Detail vom „Sonnenburger Henkerschwert" von 1680. (Original im Landeskundlichen Museum, Zeughaus Innsbruck)

Abb. rechte Seite: Enthauptung des hl. Johannes d. T., Christian Winck um 1770, vormals (bis 1952) im Servitenkloster Innsbruck. (Original in Sammlung Rossacher/Salzburg)

nach freiem Ermessen der Richter verhängt werden.[13] In den Tiroler Landesordnungen des 16. Jh.s wurde diese Todesstrafe auch auf die Delikte des Brief- und Siegelfälschens, der Entführung von Ehefrauen und Töchtern und der nächtlichen Gewalttätigkeit gegen die Stadtwache ausgedehnt.[14]

Da die Hinrichtung mit dem Schwert die mit Abstand am häufigsten verhängte Todesstrafe war, können hier nur einige ausgewählte Beispiele von Urteilen aufgezählt werden. 1531 hatte man Wolfgang Clar zu Kaltern „durch Hans Schwarzhuber, Züchtiger zu Meran, schleifen und das Haupt abschlagen lassen."[15] 1655 wurde der Zöllner Franz Franciscinum in Kronmetz wegen Totschlags dazu verurteilt, „daß derselbe mit dem Schwert vom Leben zum Tod hingerichtet werde."[16] Daß das Köpfen unter gewissen Umständen nicht als entehrend galt, beweist das

Urteil gegen Johann Seelos von Imst, der wegen Beihilfe zur Münzfälschung 1725 enthauptet wurde, aber in geweihter Erde bestattet werden durfte.[17] Erwähnt muß auch noch die Hinrichtung des Haller Scharfrichters Josef Langmayr werden, der 1747 wegen Mordes zum Tode verurteilt und enthauptet wurde.[18]

Die Strafe der Enthauptung wurde aber in den meisten Fällen nicht als alleinige Strafe verhängt. In vielen Fällen verhängte man sie anstelle einer anderen und, da die Enthauptung als ehrenvolle Hinrichtung galt, wurde dieser Vorgang als „Begnadigung" empfunden. Als Straferleichterung wurde gewertet, wenn das Enthaupten vor der eigentlichen Todesstrafe wie Verbrennen oder Vierteilen angeordnet wurde.[19] So wurde beispielsweise Simon Gartenbacher vom Sarntal im Jahre 1705 zum Tode durch Rädern verurteilt, doch die Regierung begnadigte ihn zur Exekution mit dem Schwert, wobei sein Kopf am Hochgericht aufgesteckt und sein Leichnam auf das Rad geflochten und bis zur Verwesung aufgestellt bleiben sollte.[20] Eine Reihe weiterer „Begnadigungen" sind in den folgenden Kapiteln über die einzelnen Hinrichtungsarten angeführt.

Bis zur Aufhebung der Todesstrafe 1787 wurden die meisten Verbrecher mit dem Schwert gerichtet. Der letzte Meraner Scharfrichter Franz Michael Putzer, der von 1772 bis 1787 tätig war, richtete in dieser kurzen Zeit 28 Verbrecher mit dem Schwert.[21] Die Enthauptung mit dem Schwert war die ehrenvollste, schnellste und — wenn man so will — humanste Todesstrafe des damaligen Strafvollzuges.

Anmerkungen:
[1] Schumann, Der Scharfrichter, S. 49
[2] vgl. das Kapitel über das Fehlrichten!
[3] Schuhmann, Der Scharfrichter, S. 49
[4] Schuhmann, Der Scharfrichter, S. 50
[5] TLA: Haller Damenstift XIV/11
vgl. Otto Stolz, Politisch-historische Landesbeschreibung von Südtirol (= Schlern-Schriften 40), Innsbruck 1937, S. 631, Anm. 2
[6] TLA: CD 1715, fol. 773'/774
[7] TLA: CD 1715, fol. 786'
[8] Hans Hochenegg, Kulturbilder aus Solbad Hall und Umgebung, S. 76
Josef Hirn, Kanzler Bienner und sein Prozeß, Innsbruck 1898, S. 456/457
Rudolf Granichstaedten, Die Untersuchungsrichter im Prozeß Bienner, in: Tiroler Heimatblätter 22/1, Innsbruck 1947, S. 6/7
[9] zitiert nach David Schönherr, Bienners Richtstätte und letzte Augenblicke, in: Gesammelte Schriften II, Innsbruck 1902, S. 319/320
[10] Schuhmann, Der Scharfrichter, S. 49
[11] Schuhmann, Der Scharfrichter, S. 382
[12] Schuhmann, Der Scharfrichter, S. 378
[13] TLA: Codex 5097 (= Inkunabel 16)
[14] Tiroler Landesordung 1573 (Ausgabe 1603), Buch 8
[15] TLA: Embieten und Befehl 1531, fol. 304'/305
[16] TLA: CD 1654—1655, fol. 507'—508'
[17] TLA: CD 1725, fol. 93—94
[18] vgl. die Biographie Josef Langmayrs!
[19] Schuhmann, Der Scharfrichter, S. 50
[20] TLA: CD 1705, fol. 251
[21] J. L., Der Meraner Scharfrichter, in: Linzer Zeitung 1860, Nr. 191—193

Abb. rechte Seite: Enthauptung der hl. Barbara, Christian Winck um 1770, vormals (bis 1952) im Servitenkloster Innsbruck. (Original in Sammlung Rossacher/ Salzburg)

Das Hängen

Nach der Tiroler Malefizordnung von 1499 und den Tiroler Landesordnungen des 16. Jahrhunderts war der Tod durch den Strang für das Verbrechen des schweren Diebstahls vorgesehen.[1] Als schwerer Diebstahl wurde jenes Verbrechen eingestuft, bei dem der Wert des Diebsgutes entweder über 25 Pfund Berner bei einer einzigen Tat oder im Wiederholungsfall 10 Pfund Berner lag. Durch die auch seinerzeit spürbare Inflation wurde die Grenze von 25 Pfund Berner, die bei ihrer Einführung einen bedeutenden Wert darstellte, allmählich als zu gering erachtet, um dafür die Todesstrafe zu verhängen. Gegen Ende des 17. Jh.s vertraten deshalb die Juristen folgende Ansicht:[2] *„Weil aber 26 Pfund Berner nach jetziger Rechnung nur 5 Gulden 12 Kreuzer ausmachen würden, folglich die Summe für ein Todesurteil in diesem Lande sehr gering ausfallen würde, ist die Interpretation nicht unbillig, daß – gleich wie die alte Meraner Münze in sehr gutem Silber bestanden hat und zur Zeit der Satzung um dergleichen Pfund Berner mehr als dato um einen Gulden zu kaufen gewesen ist – man dato anstatt der alten 25 Pfund Berner 25 Gulden, jeden zu 20 Groschen gerechnet, setzen möge"* (1 Pfund Berner = 12 Kreuzer; 1 Groschen = 3 Kreuzer; 1 Gulden = 60 Kreuzer). Bei der Bemessung des Wertes von Diebsgut versuchte man also eine gewisse Anpassung an die tatsächlichen Verhältnisse.

Bei Frauen sah die Tiroler Gesetzgebung die Strafe des Ertränkens vor, die aber meistens in Tod durch das Schwert umgewandelt wurde.[3] Das Erhängen war also eine reine Männerstrafe[4] und wurde auch in anderen Ländern niemals an Frauen vollzogen. Einzige Ausnahme bildete Sachsen, wo damals auch Frauen gehängt wurden.[5]

Eine Reihe bildlicher Darstellungen aus dem Tiroler Raum geben eine Vorstellung über die Form des damals verwendeten Galgens. Die älteste Darstellung in Tirol stammt aus der ersten Hälfte des 15. Jh.s. Sie zeigt einen Galgen, der aus zwei Säulen, verbunden durch eine Querstange, bestand. An dieser wurde der Delinquent an einem Hanfseil erhängt.[6] Eine Reihe weiterer Darstellungen aus dem 16. Jh., wie beispielsweise im Fischereibuch Kaiser Maximilians I. von 1504[7] oder auf der Karte des Innsbrucker Hofmalers Paul Dax von 1553[8], zeigt dieselbe Konstruktion eines Galgens. Bisweilen wurde aber auch eine Konstruktion von drei Säulen, die untereinander mit drei Querstangen verbunden waren, verwendet. Ein solcher Galgen ist beispielsweise durch eine Karte von 1714 für das Sonnenburger Hochgericht bei den Allerheiligenhöfen in Innsbruck nachgewiesen[9] (siehe Abb. S. 182).

Nicht immer wurde der Verurteilte an einem solchen Galgen erhängt. Manchmal geschah dies auch am sogenannten *„liechten Galgen"*, worunter man den Ast eines verdorrten Baumes verstand. Diese Art des Hängens galt als besonders schändlich und entehrend.[10] Ein Todesurteil des Landgerichtes Lienz aus dem Jahre 1535 gegen einen verwerflichen Dieb namens Georg Maurer bestimmte: Der Scharfrichter *„soll ihn nehmen und führen zu der gewöhnlichen Richtstatt, wo man mit Eisen und Hanf zu richten pflegt, soll ihn hängen zwischen Himmel und Erde an einen liechten Galgen und so lange richten, bis er ihn bringt vom Leben zu Tod, daß die Sonne und der Mond ob und unter ihm durchscheinen."*[11] Zum Tode durch Erhängen am *„liechten Galgen"*

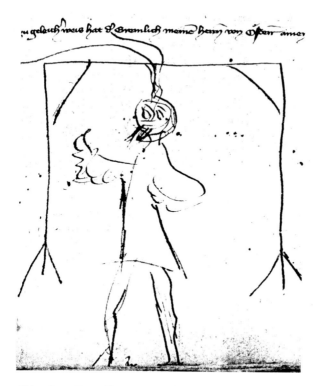

Abb. oben: Darstellung eines Gehängten aus dem 15. Jahrhundert. (Original im TLA: Liber fragmentorum I, fol. 264)

verurteilte 1695 auch der Meraner Landrichter einen Dieb, doch wurde das Urteil durch die Regierung in Innsbruck ausgesetzt und schließlich folgte sogar die Begnadigung des Diebes.[12]

Soweit sich aus den bildlichen Darstellungen aus dem Tiroler Bereich entnehmen läßt, mußte der Delinquent beim Galgen eine Leiter besteigen, dann wurde ihm die Schlinge des Hanfseiles um den Hals gelegt. Wenn der Scharfrichter die Leiter umstieß, fiel der Verurteilte in die Schlinge und der Tod trat durch Genickbruch ein. Diese Methode hatte aber den Nachteil, daß sie nur dann zum schnellen Tod führte, wenn ein Genickbruch eintrat, was eine perfekte Beherrschung des Scharfrichterhandwerkes voraussetzte. Der letzte Scharfrichter der Donaumonarchie, der Wiener Josef Lang, äußerte sich 1920 über diese Erhängungsmethode, die im 19. Jh. noch in den USA Anwendung fand, folgendermaßen:[13] *„In einzelnen Gegenden Amerikas ist es auch üblich, den Delinquenten auf eine Falltüre zu stellen, ihm den Kopf* *durch eine bewegliche Schlinge zu stecken, welche das Ende eines längeren, schlaff herabhängenden Strickes bildet. Die Falltüre öffnet sich, das Opfer fällt einige Meter tief, bis sich der Strick strafft und der Delinquent daran baumelt. Dieses Verfahren bezweckt einen Bruch der Wirbelsäule."* Und weiter: *"Selbst wenn alles klappt, ist diese amerikanische Methode des Hängens ungemein grausam, ja, einen Menschen, um dessen Hals ein Seil gefestigt wird, durch die Falltüre hinabstürzen zu lassen, ist ein Akt himmelschreiender Barbarei. Der Genickbruch erfolgt nur in seltenen Fällen. Der Delinquent erlangt, nachdem er im nächsten Augenblick von dem Fall sich erholt hat, trotz des furchtbaren Druckes um den Hals sein Bewußtsein wieder und leidet durch acht bis zehn Minuten, mitunter auch noch länger, unsägliche Qualen. Jede Sekunde dieser Höllenqualen wird jedoch dem armen Sünder zur Ewigkeit. Eine Hinrichtung, von einem Fachmann vollzogen, soll nicht länger als eine Minute währen. Würden sie einen nach der amerikanischen Methode Gehängten gesehen haben, dann würden sie bemerkt haben, daß die Haut am Halse, wo das Seil durch die Schwere des Körpers sich zusammengezogen hat, weggerissen worden war und einen tiefen Einschnitt in das Fleisch verursacht hatte."* Abgesehen von der Falltüre, an deren Stelle das Umstoßen der Leiter stand, war die in Tirol verwendete Methode des Hängens identisch mit der geschilderten „amerikanischen Methode".

Selbstverständlich ging bei Hinrichtungen mit dem Strang auch in Tirol nicht immer alles glatt. 1719 hatte der Scharfrichter Marx Philipp Abrell den wegen schweren Diebstahls zum Tode verurteilten Jakob Summerer zu hängen, doch brach der Strick, als der Dieb, der als *„etwas dick-untersetzter Kerl"* beschrieben wurde, von der Leiter gestürzt wurde. Summerer wurde schließlich begnadigt.[14] Johann Jakob Abrell, der Sohn und Nachfolger des oben genannten Scharfrichters, wurde 1746 sogar entlassen, da er das Erhängen von Delinquenten nicht beherrschte.[15]

Neben der oben geschilderten Methode des Hängens läßt sich in Tirol bei einem Fall im Jahre 1755 eine andere, weniger qualvolle Art nachweisen. Im genannten Jahr wurden drei Kirchenräuber vom Landrichter von Sonnenburg zum Tode durch das Schwert verurteilt, wobei ihr Leichnam anschließend verbrannt werden sollte. Bei zwei der Angeklagten änderte die Regierung aber das Urteil; sie sollten vom Scharfrichter *„an einem Pfahl erdrosselt"* werden.[16] Diese Methode, den Verurteilten mittels einer Schlinge oder eines Halseisens, das später in Spanien unter dem Namen „Garotte" traurige Berühmtheit erlangte, zu erwürgen, führte wesentlich rascher zum Tode und wurde in Österreich bis ins 20. Jh. angewandt. Der Galgen bestand aus einem einfachen rechteckigen Pfahl mit einer kleinen Treppe. *„Am Pflock befand sich eine Vorrichtung, durch die man den Strick ziehen konnte, der sich dem Todeskandidaten bei seiner Reise in das Jenseits um den Hals legen sollte"* — erinnerte sich der letzte Scharfrichter der Donaumonarchie 1920 dieser Methode. Nach seiner Angabe trat dabei der Tod nach 40—60 Sekunden ein, wobei der Delinquent aber *„in dem Augenblick des Zuziehens des Strickes fast sofort in tiefste Bewußtlosigkeit verfällt und absolut keinen Schmerz verspüren kann".*[17]

Strafverschärfend beim Erhängen von Dieben konnte das Urteil auch bestimmen, daß vor der eigentlichen Exekution dem Verbrecher die rechte Hand abgehackt werden sollte. Diese Bestimmung enthielt beispielsweise das oben zitierte Urteil gegen drei Kirchenräuber im Jahre 1755. Unbedingter Bestandteil der

Abb. oben: Darstellungen des Galgens auf einem Poststundenpaß des Jahres 1496. (Original im TLA: Maximiliana I/40a)

Todesstrafe durch Erhängen war es, daß der Leichnam bis zur Verwesung oder zumindest längere Zeit am Galgen hängen blieb. Zu diesem Zweck wurde der Leichnam zusätzlich mit einer Kette am Galgen befestigt. Trotzdem konnte es vorkommen, daß eine Leiche schließlich vom Galgen fiel. 1629 gerieten der Landecker Wasenmeister und der Haller Scharfrichter *„wegen einer von dem Hochgericht gefallenen Mannsperson"* in Streit, die jener widerrechtlich unter dem Galgen bestattet hatte.[18] Probleme mit der verwesenden Leiche eines Erhängten gab es im Sommer 1715 auch in Bozen. Die Vertreter der Stadt ersuchten die Regierung in Innsbruck um Erlaubnis, *„daß der Cadaver des jüngstlich justifizierten Delinquenten von dem Hochgericht herabgenommen und vergraben werden möchte, weil solcher in jetziger warmer Jahreszeit gar übel schmecken sollte."*[19]

Bis 1787 wurde die Todesstrafe durch Erhängen in Tirol nur gegen Diebe und Räuber verhängt. Nach der Wiedereinführung der Todesstrafe 1795 bildete sie die einzige Strafart. Es wurden jedoch in Österreich bis ins 20. Jh. beide Methoden, nämlich das eigentliche Erhängen und das Erdrosseln am Galgen, angewandt.

Anmerkungen:
[1] TLA: Codex 5097 (Inkunabel 16); Tiroler Landesordnung 1573 (Ausgabe 1603), Buch 8, Artikel 44
[2] Fröhlich von Fröhlichsburg, Nemesis Austriaco-Romano-Tyrolensis, Innsbruck 1696, Tractat II, Buch 4, Titel 1, S. 288/289
[3] wie Anm. 1
[4] Schuhmann, Der Scharfrichter, S. 60—65
[5] Fröhlich, a. a. O., S. 298
[6] TLA: Lib. frag. I, fol. 264
[7] Österreichische Nationalbibliothek Wien: Codex 7962, fol. 12
[8] TLA: Karten und Pläne Nr. 2669 (als Dauerleihgabe im Tiroler Landesmuseum Ferdinandeum)
[9] StA Innsbruck: Karte Nr. 192
[10] Schuhmann, Der Scharfrichter, S. 73/74
[11] TLA: Urbar 59/8, fol. 308'—311
[12] TLA: CD 1695—1696, fol. 161 und 512'
[13] Josef Lang, Erinnerungen des letzten Scharfrichters im k.k. Österreich (hrsg. von Oskar Schalk), Leipzig—Wien 1920, S. 68—70
[14] TLA: CD 1730, fol. 445 ff
[15] vgl. die Biographie Johann Jakob Abrells!
[16] TLA: CD 1754—1755, fol. 669—670
[17] Josef Lang, a. a. O., S. 62 und 65
[18] TLA: CD 1628—1629, fol. 246'
[19] TLA: CD 1715, fol. 310 und 361

Das Ertränken

Die Strafe des Ertränkens galt in Tirol seit der Halsgerichtsordnung von 1499 für die Delikte Bigamie und Notzucht. Darüber hinaus sollte diese Art Todesstrafe angewandt werden, wenn eine Frau eine Urfehde gebrochen oder einen so schweren Diebstahl begangen hatte, daß bei einem Mann der Tod durch den Strang verhängt hätte werden müssen.[1] Der Tod durch Ertränken stellt sich somit in erster Linie als sogenannte „Frauenstrafe" dar.

Im Jahre 1580 bestimmte beispielsweise das Urteil des Gerichtes Schlanders gegen die wegen Diebstahl angeklagte Ursula Moser, daß der Henker die Verurteilte *„an die Etsch führe, sie daselbst an Ort und Stelle, wie es die Gelegenheit ergibt, in die Tiefe des Wassers stoßen und sie darin vom Leben zum Tode, wie sich gebührt, richten"* sollte.[2]

Im Prozeß gegen Zauberer und Hexen im Fleimstal 1501—1505 waren die meisten der zum Tode verurteilten Frauen ertränkt worden.[3] Im Kampf gegen die Sekte der Wiedertäufer im 16. Jh. wurde die Strafe des Ertränkens ebenfalls vor allem gegen Frauen verhängt.[4] Diese Strafart wurde im Jahre 1529 in Rattenberg angewandt, als eine Wiedertäuferin *„durch das Wasser vom Leben* *zum Tode gerichtet"* wurde.[5] Gleichzeitig wird auch aus dem Gericht Kitzbühel von der Hinrichtung durch Ertränken berichtet:[6] *„Wir geben Eurer Königlichen Majestät zu vernehmen, daß dieser Tage 13 Manns- und Weibspersonen in Kitzbühel im Gefängnis gelegen sind, von denen 10 zum Brandt, Wasser und Schwert verurteilt und 9 von ihnen gerichtet worden"* sind.

Bei der schon erwähnten Massenhinrichtung von 18 Personen in Rattenberg 1529 befanden sich unter den verurteilten Wiedertäufern insgesamt 10 Frauen, die wahrscheinlich alle ertränkt wurden.[7]

Beim Ertränken wurde der Verurteilte in einen Sack eingenäht und so lange unter Wasser gedrückt, bis er ertrunken war.[8] Zu Beginn des 17. Jh. fand im Gericht Heinfels die letzte Hinrichtung durch Ertränken statt. Anläßlich einer Zeugeneinvernahme 1638 gab eine Frau zu Protokoll, sie könne sich noch erinnern, daß eine Frau in der Drau ertränkt worden war.[9] 1662 verurteilte man zwar in Lienz Ruprecht Filzmayr wegen Blutschande und Notzucht dazu, *„daß er zu verdienter Strafe und anderen zu einem Beispiel ertränkt und hiedurch vom Leben zum Tod gerichtet werden soll"*, doch forderte die Regierung eine andere Todesart, da beim Ertränken aus der Verzweiflung des Delinquenten zu viele Schwierigkeiten entstehen könnten.

In den meisten Fällen „begnadigte" man den Verurteilten zu einer anderen Todesart, fast immer zur Hinrichtung mit dem Schwert. Gegen Ende des 17. Jh.s war die Hinrichtung durch Ertränken in Tirol überhaupt nicht mehr angewandt worden. *„Es wollen aber die Criminalisten vorgeben, daß die Strafe der Ertränkung nicht mehr praktizierbar sei"* — berichtete Ende des 17. Jh.s ein Tiroler Jurist über die Strömung innerhalb der Kriminalrichter, diese Todesstrafe wegen ihrer Grausamkeit nicht mehr anwenden zu wollen.[11] Beweise dafür, daß man in Tirol, abgesehen von der kurzen Periode der Bekämpfung der Wiedertäufer in der ersten Hälfte des 16. Jh.s, diese Strafart meist in „Tod durch das Schwert" umwandelte, gibt es zahlreiche. In der 1730 erschienenen *„Beschreibung des im Land Tirol vagierenden Bettel- und Diebsgesindels"* scheint unter anderen auch die 30jährige Margarethe Steiner vulgo „Häfenbinder Greth" auf, die in diesem Jahr in Kufstein wegen Raubes und Diebstahls anstelle des Ertränkens *„mit dem Schwert hingerichtet worden"* war.[12] 1675 wurde in einem Prozeß wegen Notzucht die gesetzlich vorgesehene Strafe des Ertränkens in „Tod durch das Schwert" umgewandelt.[13] Aus dem Jahre 1725 sind zwei Prozesse wegen Diebstahls bekannt, wobei an Dorothea Waldner im Gericht Altenburg die Todesstrafe durch das Schwert anstelle Ertränkens und bei Elisabeth Laichner im Gericht Rattenberg sogar eine Begnadigung zu einer Stunde Pranger, 18 Rutenhieben und ewiger Landesverweisung erfolgte.[14]

Anmerkungen:
[1] TLA: Codex 5097 (Inkunabel 16), pag. 3/4; Eberhard Schmidt, Die Maximilianischen Halsgerichtsordnungen für Tirol (1499) und Radolfzell (1506), Bleckede an der Elbe 1949, S. 100-102
[2] TLA: Codex 2156, fol. 108'
[3] Ludwig Rapp, Die Hexenprozesse und ihre Gegner in Tirol, Brixen 1891, S. 57/80

[4] Eduard Widmoser, Die Wiedertäufer in Tirol, in: Tiroler Heimat XV, Innsbruck 1952, S. 78/79
[5] Grete Mecenseffy, Täufer in Rattenberg, in: Schlern-Schriften 262, (Das Buch von Kramsach), Innsbruck 1972, S. 205
[6] Grete Mecenseffy, Quellen zur Geschichte der Täufer (Österreich, II. Teil), Gütersloh 1972, S. 251
[7] Grete Mecenseffy, Quellen zur Geschichte der Täufer, a. a. O., S. 237
[8] Schuhmann, Der Scharfrichter, S. 74 ff
[9] Aus der Sillianer Chronik, in: Osttiroler Heimatblätter 11, Lienz 1934, Lieferung 2, S. 2
[10] TLA: CD 1662—1663, fol. 52/52'
[11] Fröhlich, S. 250—252
[12] TLA: CD 1730, fol. 445 ff
[13] TLA: CD 1674/1675, fol. 791
[14] TLA: CD 1725, fol. 1'—2', 174

Das Rädern

„Ein jeder Mörder soll mit den Rad gerichtet werden" — bestimmte die Maximilianische Halsgerichtsordnung von 1499.[1] Diese Strafform hat sich daraus entwickelt, daß ursprünglich der Verurteilte durch fahrende Wagen getötet werden sollte.[2] Die spätere Form, nämlich das Zerstoßen der Glieder mittels eines Rades durch den Scharfrichter, hat sich im Laufe der Zeit in zwei unterschiedliche Arten geteilt. Das Rädern von unten (angefangen bei den Beinen) war die schwerere der beiden Strafen und hatte in Tirol nach der Aussage eines Zeitgenossen folgendermaßen zu geschehen:[3] Der Verurteilte *„soll auf die gewöhnliche Richtstatt geführt, ihm dort seine Glieder des ganzen Leibes von unten hinauf mit dem Rad zerstoßen und so vom Leben zum Tode gerichtet, nachfolgend der tote Körper auf das Rad geflochten werden"*. Das Rädern von oben war die leichtere der beiden Arten, zumal der Tod schon zu Beginn der Bestrafung eintrat und nicht erst am Schluß wie bei der vorigen Art des Räderns. Der Verbrecher sollte dabei *„auf die gewöhnliche Richtstatt geführt, dort mit dem Rad von oben herab, anfangs der Hals, hernach das Herz, dann alle Glieder zerstoßen und also vom Leben zum Tode hingerichtet, nachfolgend der Körper auf das Rad geflochten werden."*[4] Manchmal wurde jedoch in der Urteilsformulierung nicht genau zwischen diesen beiden Formen unterschieden. 1553 beispielsweise lautete ein Urteil des Gerichtes Schlanders, daß der Scharfrichter den Verurteilten *„hinab gegen Schanzen* (Richtstätte) *an die gewöhnliche Richtstätte führen und ihn daselbst mit dem Rad vom Leben zum Tod richten und nach vollbrachter Brüche den Cörpl* (Leichnam) *in das Rad flechten"* sollte.[5] Wie das Rädern in Tirol in der Praxis ausgeführt wurde, ist anhand der Schilderung einer Hinrichtung aus dem Jahre 1663 zu entnehmen:[6] Der Scharfrichter hatte den Verbrecher auf einen Lattenrost aus dreikantigen Hölzern gelegt, dort seine Gliedmaßen ausgespannt und mit starken Stricken fesgebunden. Anschließend wurden je drei Stöße mit dem Rad auf die Arme ausgeführt. Dann bekam der Verurteilte drei Stöße auf den Brustkorb, wobei der Scharfrichter zur Milderung der Strafe bzw. Verkürzung des Todeskampfes einen Nagel, der in das Herz dringen sollte, unterlegte. Abschließend wurden dann wieder je drei Stöße gegen jedes Schienbein vollführt. Das verwendete Rad war dabei mit *„einem dreispitzigen,*

handbreiten, schneidigen Eisen" beschlagen. Insgesamt hatte der Verurteilte fünfzehn Stöße mit dem Rad auszuhalten.

Im Jahre 1605 verhängte der Landrichter von Heinfels gegen den wegen Mordes, Diebstahls und Zauberei angeklagten Blasius Putzhueber aus Matrei in Osttirol folgende Strafe:[7] *„Dann sollen dieser armen Person wegen eines vollbrachten Raubes mit dem Rad vier Stöße, nämlich zwei unter dem Knie und die anderen zwei an jedem Arm hinter dem Ellbogen gegeben, dann soll dieser auf das Rad geflochten und auf den Scheiterhaufen geworfen werden; sein Corpus soll so lang brennen, bis derselbe zu Pulver und Asche verbrannt ist."* Hervorzuheben ist dabei, daß im ursprünglichen Urteil der Geräderte bei lebendigem Leib auf das Rad geflochten hätte werden sollen, in der Urteilsrevision aber der sogenannte *„Gesellenstoß"*, wie der Gnadenstoß bezeichnet wurde, verlangt wurde, so daß der Verurteilte bereits tot auf das Rad geflochten und

Abb. oben: Votivtafel des Thomas Hanns, der 1663 in Heinfels eine Hinrichtung mit dem Rad überlebte, begnadigt wurde und dem Servitenorden beitrat. Im Hintergrund ist ein weiterer auf das Rad geflochtener Delinquent zu sehen. (Original in Altötting)

verbrannt wurde. Ein ähnliches Urteil, nämlich Rädern und Verbrennen, wurde am 30. Oktober 1615 an Wolfgang Zellwieser wegen Zauberei in Lienz vollzogen.[8]

In manchen Fällen wurde auf den Gnadenstoß verzichtet und der Verurteilte war trotz dieser qualvollen Hinrichtung noch bei Bewußtsein; meistens hatte er zwar das Bewußtsein verloren, lebte aber noch eine kurze Weile. Der letzte Henker von Paris, der durch seine gedruckt erschienenen Memoiren bzw. seine Familiengeschichte im 19. Jahrhundert für Aufsehen sorgte, schildert diese Situation folgendermaßen:[9] *„Dann band man den Verbrecher auf ein kleines Wagenrad, das auf dem Galgen angebracht war. Die zerbrochenen Arme und Beine wurden ihm auf den Rücken gebunden und das Gesicht himmelwärts gedreht, damit er seinen letzten Seufzer in diese Richtung hauchen konnte."*

Die Hinrichtung mit dem Rad erforderte von dem Scharfrichter eine ausgezeichnete körperliche Konstitution, zumal die Stöße mit dem Rad wuchtig geführt werden mußten. Im Jahre 1701 hatte der schon längere Zeit an einer Krankheit laborierende Meraner Scharfrichter eine Hinrichtung mit dem Schwert nur unvollkommen durchführen können. Als kurze Zeit später in Toblach eine Hinrichtung mit dem Rad bevorstand, sah sich der Meraner Scharfrichter wegen seines schlechten Gesundheitszustandes dazu nicht in der Lage. An seiner Stelle wurde der Haller Scharfrichter beauftragt.[10]

Die Strafe des Räderns wurde in Tirol, soweit sich dies anhand der Quellen feststellen läßt, eher selten wirklich ausgeführt. In sehr vielen Fällen wurde der Mörder zur Hinrichtung mit dem Schwert oder Strang „begnadigt", wobei nach vollzogener Hinrichtung der Körper auf das Rad geflochten wurde. Der Giftmörder Erhard Fröschl von Kufstein wurde 1722 vom Rädern begnadigt, im endgültigen Urteil hieß es dann, daß *„besagter Fröschl zur wohlverdienten Strafe und anderen zur Abschreckung durch den Freimann zur Richtstatt geführt, daselbst durch das Schwert vom Leben zum Tode hingerichtet, sodann der tote Körper an einem sichtbaren Ort bei dem Hochgericht auf das Rad geflochten werden soll."*[11]

Auch der Raubmörder Simon Gartenbacher war ursprünglich zur Hinrichtung mit dem Rad verurteilt worden, doch wurde dieses Urteil von der Regierung in zweiter Instanz auf eine Hinrichtung mit dem Schwert abgeändert, wobei der Körper auf das Rad geflochten und der Kopf am Galgen aufgesteckt werden sollte. Verschärfend wurde dabei noch angeordnet, daß der Leichnam bis zu seiner Verwesung beim Hochgericht ausgestellt werden sollte. Simon Gartenbacher wurde am 8. Februar 1705 im Sarntal hingerichtet und sein Leichnam am 22. Mai 1705 begraben.

→

Abb. rechte Seite: Kupferstich von der vergeblichen Räderung des Thomas Hanns in Heinfels 1663, in: August Maria Romer, Servitus Mariana, Wien 1667.

Anmerkungen:
[1] TLA: Codex 5097 (Inkunabel 16), fol. 3
[2] Schuhmann, Der Scharfrichter, S. 76
[3] Fröhlich, Nemesis Romano-Austriaco-Tyrolensis, Innsbruck 1696, Tractat I, Buch 4, Titel 4, S. 250
[4] wie Anm. 3

[5] TLA: Codex 2156, fol. 12'/13
[6] Hans Hochenegg, Kulturbilder aus Solbad Hall und Umgebung, S. 76.
[7] H. Ammann, Die Hexenprozesse im Fürstentum Brixen, in: Forschungen und Mitteilungen zur Geschichte Tirols und Vorarlbergs XI, Innsbruck 1914, S. 240/241
[8] H. Ammann, a. a. O., S. 248
[9] Henry Sanson, Der Henker von Paris, hrsg. v. K. B. Leder, Gütersloh o. J. (= Übersetzung der 1862 erschienenen französischen Ausgabe, gestützt auf die 1. deutsche Ausgabe von 1865)
[10] TLA: CD 1701, fol. 233'—234'
[11] TLA: Codex 2088 und 2134
[12] TLA: CD 1705, fol. 251 und 293'

Das Pfählen

Die Strafe des Pfählens sieht bereits die Maximilianische Halsgerichtsordnung von 1499 vor. Sie sollte bei Frauen angewandt werden, welche ein Kind abgetrieben oder nach der Geburt getötet haben: *"Welche Frau ein Kind vertut, die soll lebendig in das Erdreich begraben und ein Pfahl durch sie geschlagen werden."*[1]

Obwohl auch in den Landesordnungen von 1526, 1532 und 1573 diese Strafe beibehalten wurde, kam sie in der Praxis nie zum Tragen. Zu sehr fürchtete man, daß die Hinrichtung auf diese Art eine allzu grausame Methode sei, und die Furcht der Verurteilten eine Hinrichtung verhindern könnte. *"Lebendig-Begraben und Pfählen werden teils aus Sorge der entstehenden Verzweiflung* (der Verurteilten) *teils wegen Schamhaftigkeit des weiblichen Geschlechts nicht praktiziert"* — schrieb 1696 ein bedeutender Tiroler Jurist.[2] *"Die in der Tirolischen Landesordnung § 41 auf Kindesabtreibung gesetzte Strafe des Lebendig-Eingrabens und Pfählens wird gemeinlich in die Strafe des Schwertes verändert"* — fährt derselbe Autor weiter.

Tatsächlich läßt sich bei einer Reihe von diesbezüglichen Prozessen und Urteilen nachweisen, daß das Pfählen immer in eine Hinrichtung durch das Schwert abgeändert wurde. Bemerkenswert erscheint allerdings in diesem Zusammenhang, daß noch im Jahre 1750 anläßlich der Amtsinstruktion für den Haller Scharfrichter Bartholomeus Putzer die Gebühr, die er für Pfählen verlangen durfte, mit fünf Gulden festgelegt wurde.[3] Merkwürdigerweise standen dem Meraner Scharfrichter bei Hinrichtungen dieser Art lediglich drei Gulden zu.[4]

1663 wurde eine Kindesmörderin in Mals begnadigt. Sie mußte 100 Taler Almosen dem nächstgelegenem Spital zahlen und mit einer Rute in der Hand an drei Tagen vor der Kirche stehen.[5] 1675 wurde in Bozen eine Kindesmörderin zwar vom Richter zum Tode verurteilt, doch ließ die Regierung in Innsbruck diese lediglich des Landes verweisen.[6] Und 1676 hob die Regierung in Innsbruck das Urteil gegen eine Kindesmörderin mit der Begründung auf, daß diese Strafart nicht mehr zeitgemäß sei.[7]

Im Jahre 1721 fand ein Prozeß gegen die Kindesmörderin Elisabeth Stiepler statt, der in seiner Art stellvertretend für viele andere Fälle gelten kann. Die Angeklagte, ein junges unerfahrenes Mädchen, hatte ein Kind zehn Wochen zu früh

Abb. oben: Älteste Darstellung der Kitzbüheler Richtstätte (Galgen) in der Nähe des Schwarzsees auf einer Karte des 16. Jahrhunderts (Pfeil).
(Original im TLA, Karten und Pläne Nr. 2818)

zur Welt gebracht. Aus Scham und Furcht vor der Strafe versteckte sie das Kind auf einem Feld bei Niederndorf. Obwohl ihre Schwangerschaft wie auch die Geburt verborgen geblieben waren, kam die Angelegenheit ans Tageslicht. Kurze Zeit nach der Geburt hatte sie nämlich starke Schmerzen und nach einigen Tagen waren diese so unerträglich, daß sie den Grund ihres Zustandes nicht mehr verbergen konnte. Sofort wurde sie verhaftet und eine Hebamme mußte im Gefängnis die Nachgeburt entfernen, die die Ursache ihrer Beschwerden war.

Selbstverständlich wurde gegen sie sofort der Prozeß eröffnet, in dessen Verlauf auch zwei Ärzte Gutachten über den Zustand des Kindes bzw. seine Lebensfähigkeit

Abb. oben: Die Stadt Glurns um 1600, im Hintergrund der „Tartscher Bichel", wo sich das Hochgericht (Galgen) befand (Pfeil). (Original im TLA-Landschaftliches Archiv, Codex III)

abzugeben hatten. Im Prozeßprotokoll wird vermerkt, daß einer der Ärzte „*das tote Kind so gefunden habe, wie es das Gericht hievor beschrieben hat, und er nicht sehen hat können, daß daran das Halsbein, Rückgrat oder ein anderes Glied zerbrochen wäre, außer was hievon gefressen worden (allem Vermuten nach durch Raben); und weil das tote Kind sonst mit Gliedern versehen, auch schon Haare auf dem Kopf, Nägel an den Fingerlen und Zehen gehabt hat, wie es ein gesundes und lebensfähiges Kind haben sollte, also halte er dafür, daß solches Kind im Mutterleib und nach der Geburt das Leben gehabt habe.*"[8]

Auf Grund dieses — man könnte fast sagen — gerichtsmedizinischen Gutachtens war der Tatbestand des Kindesmordes gegeben und die Strafe des Lebendig-Begrabens und Pfählens zu verhängen. Schließlich wurde die Angeklagte aber „begnadigt" und vom Haller Scharfrichter mit dem Schwert hingerichtet. Der Vollständigkeit halber sei noch erwähnt, daß der Kindesvater, Peter Lackner, des Landes verwiesen wurde.[9]

Besonders erwähnenswert ist noch der merkwürdige Fall der Kindesmörderin Maria Egger von Kals, die im Jahre 1773 zum Tode durch das Schwert verurteilt wurde. Nach der Exekution mußte der Scharfrichter einen Pfahl durch den Leichnam treiben, um so die eigentliche Strafe des Pfählens zu vollziehen.[10]

Anmerkungen:
[1] TLA: Codex 5097 (Inkunabel 18), fol. 3
[2] Fröhlich, S. 253/254 (Tractat I, 4. Buch, 4. Titel)
[3] TLA: CD 1750, fol. 244 1/2
[4] TLA: CD 1752, fol. 422—431
vgl. David Schönherr, Gesammelte Schriften, Bd. 2, Innsbruck 1902, S. 678
David Schönherr, Taxe für den Freimann von Meran, in: Volks- und Schützenzeitung 1862, Nr. 30
[5] Ludwig Schönach, Tirolische Strafrechtspflege im 17. Jahrhundert, in: Die Heimat, Meran 1912/1913, S. 286
[6] TLA: CD 1674—1675, fol. 441/441'
[7] Aus dem alten Gerichtswesen, in: Tiroler Heimatblätter 1941, S. 51/52
[8] TLA: Codex 2096, fol. 5'/6
[9] TLA: Codex 2096, fol. 82/82'
[10] TLA: Mikrofilm 17, Code 40 (Oberforcher-Sammlung Lienz)

Das Verbrennen

Die Tiroler Malefizordnung von 1499 sah die Strafe des Verbrennens für Brandleger, Ketzer, Münzfälscher und für jene Menschen, die der Sodomie überführt waren, vor.[1] Auch die Tiroler Landesordnungen des 16. Jh.s bestimmten im Artikel 19 des Buches 8 für dieselben Delikte den Tod durch das Feuer, ohne weiter zu differenzieren.

Um einen Verbrecher zu verbrennen, errichtete man einen Scheiterhaufen — in Tirol auch „*Scheiterkasten*" genannt — in dessen Mitte ein Pfahl aufgestellt wurde. An ihn wurde der Delinquent mit einer Kette gebunden. Wenn damals in einem Urteil bestimmt wurde, daß ein Verurteilter verbrannt werden sollte, so band man ihm ein kleines Pulversäckchen auf die Brust, welches sich durch die Flammen entzündete, um den Todeskampf zu verkürzen. Obwohl diese Straferleichterung in keinem Urteil und keiner Landesordnung ausdrücklich betont wurde, wandte man sie damals allgemein an: „*Da bei Verbrennung des Delinquenten seine Verzweiflung zu befürchten ist, pflegt man dem Delinquenten ein Säcklein Pulver auf das Herz zu legen*" — schrieb ein Tiroler Jurist im 17. Jh.[2] Auch durch andere Aussagen läßt sich diese Annahme beweisen. Als nämlich 1530 Erkundigungen eingezogen wurden, wer das Hochgericht Kufstein zu erhalten und für die Hinrichtungen die Werkzeuge und Materialien zu stellen hätte, wurde unter anderem auch angeführt, daß die Bewohner des Weilers Eichelwang (Gemeinde Ebbs) bei Exekutionen auf dem Scheiterhaufen sowohl eine Kette zum Fesseln des Delinquenten als auch einen kleinen Sack mit Schießpulver zu stellen hatten.[3]

Das Verbrennen von Delinquenten bei lebendigem Leib läßt sich in Tirol nur im 16. und Anfang des 17. Jh.s für Zauberer, Hexen und vor allem Wiedertäufer

Abb. oben: Darstellung einer Verbrennung (Verbrennung der Philosophen), Katharina-Kapelle in Aufenstein/Navis. Ludwig Konraiter um 1480. (Original im TLMF, Inv. 21)

nachweisen. Das wohl bekannteste Beispiel war die Verbrennung des Wiedertäuferführers Jakob Huter am 26. Februar 1536 in Innsbruck.[4] Erwähnt muß auch das Urteil gegen die noch heute bekannte Sarntaler Hexe Barbara Pachler werden, wonach der Meraner Scharfrichter „*die Pachlerin vom Leben zum Tode durch Verbrennen richten und ihren Leib bis zu Pulver und Asche verbrennen*" sollte.[5] Lebendig verbrannt wurden 1623 auch zwei wegen Hexerei verurteilte Frauen aus Landeck: Beide sollten dem „*Freimann zu Hall übergeben werden, der sie dann zu seinen Handen nehmen, wohlverwahrt halten und der gewöhnlichen Landstraße nach hinaus durch das Dorf auf die Öde zu der Richtstatt führen und daselbst lebendig in das Feuer werfen und zu Pulver und Asche verbrennen*" soll. Die Namen der Landecker Hexen waren Christina Schaniger und Anna Haller.[6]

„*Wenn ein mildernder Umstand vorhanden ist, kann der Delinquent vorher enthauptet und nachher verbrannt werden.*"[7] Diese Art der „gemilderten" Verbrennung wurde wesentlich häufiger als das Lebendig-Verbrennen verhängt. Im Folgenden können nur eine Reihe ausgewählter Beispiele aus einer Unzahl ähnlicher Urteile wiedergegeben werden. 1629 bestimmte das Urteil gegen die wegen Hexerei zum Tode verurteilte Katharina Käßler aus Kurtatsch, daß der Scharfrichter sie „*alsdann zuvor enthaupten (doch solche Milderung auf Ratifikation Ihrer Fürstlichen Durchlaucht und einer löblichen Regierung) und folgends deren toten Corpus auf den Scheiterkasten flechten, zu Pulver und Asche verbrennen, auch selbige Asche fleißig aufheben und unter der Erde vergraben*" sollte.[8]

Eine ähnliche Milderung seines Urteils erfuhr 1615 der wegen Sodomie in Rattenberg zum Tode verurteilte Martin Holrieder. Auch er durfte vorher enthauptet werden, bevor er auf dem Scheiterhaufen verbrannt wurde.[9] Ähnliche Urteile wurden auch gegen alle 13 wegen Zauberei 1679/1680 in Meran zum Tode Verurteilten verhängt, wobei als besonders krasses Beispiel die Hinrichtung des 14jährigen, aus dem Zillertal stammenden Hüterbuben Leonhard Tengg hervorgehoben werden muß.[10] Glück hatte lediglich der 7jährige (!), ebenfalls wegen

Abb. unten: Darstellung einer Hinrichtung (Verbrennung) in Meran. Im Hintergrund ist der Schinderkarren, der Galgen und das Rad zu sehen. Im Vordergrund rechts brennt der Scheiterhaufen, der vom Scharfrichter bewacht wird. (Um 1910 gemalt. Original im Gerichtsgebäude von Meran)

Zauberei zum Tode verurteilte Nikolaus Doggol, der jedoch in letzter Minute wegen seines kindlichen Alters begnadigt wurde.[11] Erwähnt sei noch der wegen Zauberei 1685 in Meran zum Tode verurteilte Lukas Platter aus dem Passeiertal, dessen Urteil (wie schon zuvor angeführt) dahingehend verschärft wurde, daß er vor dem Enthaupten und Verbrennen am rechten Arm, mit dem er angeblich schlechtes Wetter gezaubert hatte, mit glühenden Zangen gezwickt werden mußte.[12]

Wegen Münzfälschung wurde 1725 in Imst der Goldschmied Franz Anton Pfister verurteilt, daß er *„wegen seiner schweren Verbrechen zur wohlverdienten Strafe und anderen zum schrecklichen Exempel durch das Schwert vom Leben zum Tode hingerichtet, sodann dessen entleibter Körper öffentlich verbrannt wird."*[13]

Als letztes Beispiel einer Verbrennung auf dem Scheiterhaufen soll die Exekution des Brandstifters Peter Insam von Kastelruth im Jahre 1778 angeführt werden. Das Urteil bestimmte, daß der verurteilte *„arme Sünder an einem in dem Scheiterhaufen aufgerichteten Pfahl um den Hals"* anzubinden war, während der Henkerknecht *„dem Delinquenten den Pulversack auf das Herz"* zu binden hatte. Während der Scheiterhaufen entzündet wurde, mußte der Scharfrichter den Delinquenten *„mittels des durch den Pfahl gehenden Stranges und angelegten Knebels verläßlich"* erwürgen. Der Scheiterhaufen von Kastelruth war sicher einer der letzten in Tirol.[14]

Anmerkungen:
1. TLA: Codex 5097 (= Inkunabel 16), fol. 3
   Eberhard Schmidt, Die Maximilianischen Halsgerichtsordnungen, Bleckede an der Elbe 1949, S. 100
2. Fröhlich von Fröhlichsburg, Nemesis Romano-Austriaco-Tyrolensis, Innsbruck 1696, Tractat I, Buch 4, Titel 4, S. 251
3. TLA: Pestarchiv VII/1 von 1530 II 21
4. Grete Mecenseffy, Täufertum in Kitzbühel, in: Stadtbuch Kitzbühel IV, Kitzbühel 1971, S. 161
5. Ignaz Zingerle, Barbara Pachlerin (Sarnthaler Hexe) und Mathias Perger, der Lauterfresser, Innsbruck 1858, S. 1—20
6. TLA: Sammelakten B/XVI/4//1
7. Fröhlich von Fröhlichsburg, a. a. O., S. 251
8. TLA: Sammelakten B/XVI/4/2, fol. 25
9. TLA: CD 1613—1616, fol. 397'/398
10. Ignaz Zingerle, a. a. O., S. VII/VIII
    Ludwig Rapp, Die Hexenprozesse und ihre Gegner in Tirol, Brixen 1891, S. 60/61
11. TLA: Codex 669, fol. 377 und 384'—395'
12. TLA: CD 1685, fol. 304/304'
13. TLA: CD 1725, fol. 93/94
14. Karl Außerer, Castelrotto-Siusi, in: Der Schlern 8/7, Bozen 1927, S. 246/247
    Leo Santifaller, Zur Geschichte von Kastelruth (Der letzte Scheiterhaufen zu Kastelruth 1778), in: Der Sammler, Blätter f. tirol. Heimatkunde u. Heimatschutz II, 1908, S. 215/216

Abb. oben: Enthauptung des hl. Cosmas und hl. Damian, Friedrich Pacher um 1480/1490. (Original im TLMF, Inv. 1291)

Das Vierteilen

"*Ein Verräter soll geschleift und geviertelt werden*" — bestimmte 1499 die Maximilianische Halsgerichtsordnung für Tirol.[1] Auch in den Tiroler Landesordnungen des 16. Jh.s blieb diese Strafe lediglich für Verräter aufrecht.[2] Das Vierteilen war die schwerste Art der Todesstrafe und wurde nur in Ausnahmefällen verhängt. In der Regel wurde sie in Tirol bei Majestätsbeleidigung, Hochverrat, Ermordung von gekrönten Häuptern und für Mörder schwangerer Frauen angewandt.[3] Nur selten vollzog man die Vierteilung an lebenden Personen, in der Regel wurde der Delinquent vorher "gnadenhalber" enthauptet. Eines der wenigen Beispiele sind die Anführer der Dosser'schen Bauernempörung der Jahre 1561 und 1562, die allesamt lebend geviertelt wurden. Eine zeitgenössische Chronik berichtet über eine Hinrichtung in Innsbruck: "*Ist dieser Dosser dem Züchtiger übergeben worden, der hat ihm auf offenem Platz vor dem Rathaus in Innsbruck auf einer Bühne seinen Leib in vier Stücke zerteilt und dann diese vier Stücke an vier Orten bei einer Viertelmeile vor der Stadt aufgehängt*". Weitere drei Rädelsführer wurden wenig später in Meran exekutiert. Ein Augenzeuge der Hinrichtungen, der Freiherr Jakob Boimont zu Paiersberg, notierte in seinem Tagebuch: "*Den 26. Februar ist Balthasar Dosser als Anfänger der vorgenommenen Empörung in Innsbruck auf dem Platz geviertelt worden, wobei ich anwesend war. Den 6. März sind in Meran ihrer drei deshalb lebendig geviertelt worden und einer enthauptet, wobei ich auch anwesend war*". Ein weiteres einschlägiges Urteil wurde gegen einen anderen Aufrührer verhängt: "*Der Bannrichter soll ihm das Urteil verlesen, danach dem Meister Hans* (Frey), *Züchtiger, überantworten; der soll ihn nehmen, binden und zu der verordneten Richtstätte führen, dann ihm Wachtlechner seinen ganzen Leib zu vier Stücken auseinanderzerren, zerreissen, zerhauen und vom Leben zum Tod hinrichten und solche vier Stücke an vier Straßen aufstecken*"[4].

Grundsätzlich kannte der Tiroler Strafvollzug sogar eine noch schärfere Form des Vierteilens, obwohl diese in der Praxis nie zur Anwendung kam: Ein Mörder einer schwangeren Frau "*solle auf die gewöhnliche Richtstatt geführt werden, ihm dort anfangs wegen der begangenen unbarmherzigen Tat sein lebendiges Herz herausgenommen, um das Maul geschlagen, sodann der Leib in vier Teile zerschnitten und die vier Viertel an vier Straßen – aber das Haupt, Herz und die rechte Hand zusammen – jedermann zur Abschreckung aufgehängt und aufgesteckt werden.*" Diese Art der Hinrichtung läßt sich aber in Tirol an keinem Beispiel nachweisen.

1728 fand vor dem Sonnenburger Landrichter Johann Kaspar Mühlbacher der Prozeß gegen Ulrich Holzer, dessen Frau Anna Maria, deren Bruder Martin Egger und dessen Frau Maria Anna, geborene Schlechuber, statt. Die Anklage lautete auf Diebstahl und Raub. Ulrich Holzer, seine Frau und sein Schwager wurden vom Gericht zum Tode durch das Schwert und anschließendem Radflechten verurteilt. Die Regierung als zweite Justizinstanz sah sich aber wegen den besonders abscheulichen Tatumstände im Falle Ulrich Holzers genötigt, das Urteil zu schärfen, "*daß Ulrich Holzer zur wohlverdienten Strafe und anderen zum abschreckenden Exempel mit dem Schwert vom Leben zum Tode gerichtet, der Kopf auf den Galgen gesteckt, der Körper aber geviertailt, diese vier Viertel hinnach an den aufgerichteten Schnellgalgen bei der Landstraße an 4 Orten, nämlich eines bei der Zillerbrücke nächst Rattenberg, das andere in der Haller Au, das dritte in dem sogenannten Gärberbach hinter dem Bergisel und das vierte bei dem sogenannten Meilbrunnen gegen Zirl aufgehängt"* wurden. Die Urteile der anderen beiden Angeklagten wurden bestätigt.

Der Sohn des Ehepaares Holzer und die Gattin von Martin Egger wurden darüberhinaus dazu verurteilt, bei der Hinrichtung zuzusehen, allerdings wären die Angehörigen zu einem solchen *„Ort nächst der Richtstatt zu stellen, daß sie von den zu justifizierenden Delinquenten nicht gesehen werden mögen."*[6]

Ein ähnliches Urteil wurde am 26. November 1764 gegen die Rädelsführer des sogenannten Maiser Aufstandes von 1762 verhängt.[7] Für Josef Tschaupp, dem man die Hauptschuld anlastete, bestimmte das Urteil, das auf ausdrücklichen Wunsch Kaiserin Maria Theresias verhängt wurde: *„Der Josef Tschaupp solle mit dem Schwert vom Leben zum Tode alldort zu Innsbruck hingerichtet, dann aber dessen Körper geviertteilt und die vier Teile bei dem dortigen Hochgerichte aufgesteckt, nach Verlauf dreier Tage jedoch solche wiederum abgenommen werden."*[8] Einer der Angeklagten wurde begnadigt, doch sollte ihm dies erst *„nach bereits erfolgter Enthauptung Josef Tschaupps und Adalbert Hahn's, welcher er zuzusehen hätte"*, mitgeteilt werden.

Abschließend sei noch kurz auf das Problem der sogenannten Viertelsäulen hingewiesen.[9] Nachdem einmal in der Literatur der Verdacht geäußert worden war, daß diese dazu dienten, um an ihnen die Körperteile der Hingerichteten aufzuhängen,[10] wurde in der Folge diese Theorie unkritisch wiedergegeben.[11] Erst in jüngster Zeit tauchten Zweifel an dieser Theorie auf und es wurden neue Aspekte in die Diskussion gebracht, die einen solchen Verwendungszweck widerlegten.[12] Durch das oben wiedergegebene Urteil von 1728 wird diese Ansicht weiter unterstützt: Die Viertelsäulen dienten nicht zum Aufhängen der Körperteile Hingerichteter! Dazu mußte der Scharfrichter jeweils einen sogenannten „Schnellgalgen" aus Holz errichten, und zwar an den vom Gerichtsurteil bestimmten Orten.[13] Vielfach wurden die Körperviertel auch am Hochgericht selbst aufgehängt.

Anmerkungen:
[1] TLA: Codex 5097 (= Inkunabel 16)
Eberhard Schmidt, Die Maximilianischen Halsgerichtsordnungen, Bleckede an der Elbe 1949
[2] zuletzt in der Tiroler Landesordnung 1573, Buch 8, Titel XVII, Blatt CXXIII', Ausgabe 1603
[3] Fröhlich von Fröhlichsburg, Nemesis Romano-Austriaco-Tyrolensis, Innsbruck 1696, Tractat I, Buch 4, Titel 4, S. 251
[4] David Schönherr, Gesammelte Schriften, Band 2, Innsbruck 1902, S. 558/559; Max Straganz, Die Autobiographie des Frhrn. Jakob von Boimont zu Pairsberg (= SA aus dem Programm des k.k. Obergymnasiums der Franziskaner in Hall), Innsbruck 1896, S. 28
Granichstaedten-Czerva, Die Unruhestifter Peter Paßler und Balthasar Dosser, in: T. Hbl. 1961, S. 120—121; Justinian Ladurner, Barthlmä Dosser von Lüsen, in: Archiv f. Gesch. und Altertumskunde Tirols 3, Innsbruck 1866, S. 261—310 (besonders S. 302/303); Albert Hollaender, Zu den Bauernunruhen im Gebiete des Bistums Bressanone 1561—1564, in: Der Schlern 12, Bozen 1931, S. 384—397
TLA: A.d.k.Mt. 1562—1563, fol. 112—118 (besonders fol. 114')
[5] Fröhlich, a. a. O., S. 251
[6] TLA: CD 1728, fol. 460'—463
[7] Cölestin Stampfer, Geschichte von Meran, Meran, 1889, S. 181—186
[8] TLA: V. d. k. MT. i. J. 1764—1765, fol. 168—170'

⁹ Fritz Steinegger, Chronik von Ampass, Innsbruck 1974
  Sebastian Hölzl, Vomp, ein Dorf mit bewegter Vergangenheit (= Ortschroniken 38), Innsbruck 1978 (Abbildung des „Viertelmarterls" 1519)
¹⁰ David Schönherr, a. a. O., S. 558/559
¹¹ zuletzt bei Fritz Steinegger, a. a. O., S. 5/6
¹² Franz Heinz Hye, Die Viertl-Säule in Ampass, in: Amraser Bote 11, Nr. 2, Innsbruck 1975, S. 1—5
¹³ TLA: CD 1728, fol. 486'/487

Das Fehlrichten

Immer wieder kam es vor, daß der Scharfrichter bei Hinrichtungen versagte. Es bedurfte einer besonderen Fertigkeit, um einen Menschen, noch dazu wenn dieser unter Umständen kräftig gebaut war, mit einem Streich den Kopf vom Rumpf zu trennen. Auch äußere Umstände, wie eine große Menge von Zuschauern oder die Angst des Hinzurichtenden, konnten eine Hinrichtung zu einer Fehlrichtung machen.

Eine der merkwürdigsten fehlgeschlagenen Hinrichtungen in Tirol verursachte der Haller Scharfrichter Othmar Krieger im Jahre 1663. Der aus Hall gebürtige Thomas Hanns hat in diesem Jahr die Wirtschafterin des Schloßkaplans von Heinfels getötet und den Kaplan Jakob Miller durch zahlreiche Messerstiche schwer verletzt. Der Prozeß endete mit der Verurteilung zum Tode durch Rädern. Als die Regierung in zweiter Instanz das Urteil bestätigte, kam es am 27. Juli 1663 zur Hinrichtung; der Verlauf und Ausgang entsprach aber keineswegs den Vorstellungen der Justiz. Über diese Hinrichtung ist eine ausführliche zeitgenössische Schilderung erhalten:[1]

„Thomas Hanns, von Hall in Tirol gebürtig, ist seiner schweren Verbrechen halber im Pustertal auf dem Schloß Heinfels festgesetzt und durch das Rad den 27. Juli 1663 zu sterben verdammt worden. Für seinen geistlichen Beistand hatte sich aus Luggau eingefunden P. Stephanus Maria Pichler, damaliger Prior, der ihm auch zum letzten Kampf mit dem hl. schwarzen Skapulier bewaffnete. Als hinnach der arme Sünder wirklich zu Klettenheim auf der Richtstatt angelangt, hat ihm der Freimann die Kleider bis auf das Hemd und hl. Skapulier ausgezogen, mit dem Rücken auf die dreischneidigen, mit langen Nägeln angehefteten Zwanghölzer, so einem Rost gleichten, gelegt, Hände und Füße mit starken Stricken ausgespannt und angefangen, die Rad-Stöße zu führen, wobei er dann zwei Stöß auf die Arm und drei auf das mit hl. Skapulier bedeckte Herz gegeben. Aber auf diese gewaltigen Stöß ist nichts anders als die Brust ein wenig aufgestossen. Zu bemerken ist, daß der Freimann, dem Hanns geschwinder das Leben zu nehmen, unter dessen Herz einen dicken eisernen Nagel gelegt hat, der gleichwohl ungeachtet der gewaltigen Stöße nicht durchgedrungen ist. Daher hat der Scharfrichter auf die unteren Glieder die noch übrigen sechs Stöß mit Hilfe seines Sohnes, eines starken und frischen Mannes vollbracht. Aber das mit einem dreispitzigen, handbreit-schneidigen Eisen beschlagene und auf das Schienbein niedergestoßene Rad ist jedesmal ohne Verletzung zurückgeprellt. Indem nun kein einziges Zeichen des Todes gesehen worden, hat der Herr Landrichter den Freimann befragt, ob er vollbracht, was das Urteil und Recht vermag.

Dieser antwortete: ihm sei es sattsam bekannt, was in dergleichen Umständen vorzukehren sei: und legte den noch lebenden Thomas auf ein anderes Rad, flocht die Glieder ein, setzte ihn also erhoben auf einen Pfahl aus und reiste hernach aus Verdruß von Klettenheim ab, dem endlich auch das anwesende Volk von dem Richtplatz folgte. Indessen begab sich Honoratus Maria Frizlar, ein Laienbruder unseres Ordens und Mitgespann des P. Prior aus innerlichem Antrieb eilfertig nach Klettenheim, eine Hacke, Bett und Trage abzuholen, nahm sodann den Thomas von dem Rad und brachte ihn unter Obdach, der, auf die Frage des P. Prior, wie er sich befinde, nichts anders als einen unbeschreiblichen Durst und Schmerzen,

Abb. oben: Darstellung des Galgenwunders aus der Jakobslegende: Nach dieser im 13. Jahrhundert spielenden Begebenheit wurde ein unschuldig wegen Diebstahls gehängter Leutschacher Bauernsohn durch ein Wunder vom Galgen errettet.
(Original aus der Plaikenkapelle bei Leutasch, 1. Hälfte 19. Jh.s)

welche das Einschneiden der Stricke in das Fleisch verursachten, klagte. Hinach wurden Wund-Ärzte gerufen, und die gestoßenen Glieder besichtigt, nichts anderes aber gefunden, als einige kleine Geschwülste und das linke Schienbein gebrochen, welches sie leicht und bald zu heilen versprachen."

Nach diesem überraschenden Verlauf der Hinrichtung nahm man den Verurteilten vorläufig in Gewahrsam. Das anwesende Volk, das im Scheitern des Scharfrichters ein Wunder sehen wollte, stand in seinem Wunderglauben im Gegensatz zur Regierung in Innsbruck, der sofort Bedenken bezüglich dieses „Wunders" gekommen war. Nach einer klärenden Aussprache, bei der auch der Scharfrichter Othmar Krieger anwesend war, entschied die Regierung in Anbetracht der Umstände, den Vorfall als Wunder zu bezeichnen, zumal inzwischen auch die Heimatstadt Hall um Begnadigung des Verbrechers „*als lebendiges Zeichen des vorgefallenen Wunders*" angesucht hatte. In einem Schreiben an den Richter von Heinfels teilte die Regierung diesen Entschluß mit, zumal der Verurteilte „*nach allgemeinen Dafürhalten durch ein Mirakel*" am Leben erhalten wurde, und begnadigte ihn.[2]

Daß die Räte der Regierung in Innsbruck die Ursache der fehlgeschlagenen Hinrichtung sehr wohl erkannt hatten und sich nur aus politischen Überlegungen, daß nämlich der Glaube des abergläubischen Volkes an ein Wunder nur Vorteile für die katholische Religion bringen würde, der Wunderversion angeschlossen hatten, geht daraus hervor, daß noch Monate nach der Begnadigung der Scharfrichter einem Verhör unterzogen wurde, „*warum er dem Malefikanten im Pustertal, der wunderbarerweise errettet wurde, das heilige Scapulier nicht abgenommen*" hätte.[3] Das Scapulier war nämlich die eigentliche Ursache, daß der Nagel des Scharfrichters nicht in die Brust des Verurteilten hatte eindringen können. Nachdem man sich nun einmal für die Wunderversion entschieden hatte, wollte man die Angelegenheit auf sich beruhen lassen, lediglich der Scharfrichter erhielt den strikten Auftrag, künftig „*den Malefikanten die geweihten Sachen*" vor der Hinrichtung abzunehmen.[4]

Abgesehen von dieser eher merkwürdigen Begebenheit ist eine Reihe weiterer Fehlrichtungen bekannt, die tatsächlich nur auf die Ungeschicklichkeit des Scharfrichters zurückzuführen waren. Bezeichnend ist jener Vorgang um den Meraner Scharfrichter Leonhard Oberdorfer im Jahre 1660, bei dem der offensichtlich stellungslose Scharfrichter Martin Fürst, der von Imst gebürtig war, seinen Amtskollegen bei den Vorgesetzten schlechtmachen und so dessen Stelle erhalten wollte. Er hatte nämlich der Regierung bekanntgegeben, „*daß der jetzige Scharfrichter von Meran seine Justifikationsvollziehungen ganz unmanierlich tue, indem er zu Neumarkt und an den welschen Confinen Malefizpersonen gar abscheulich executiert haben solle, wie es auch mit einer Malefizperson zu Tartsch* (Richtstätte bei Glurns) *genauso hergegangen sei, daß er dieselbe mit 3 Schnitzern abscheulich enthauptet haben soll.*"[5] Folgen scheint dies aber für Leonhard Oberdorfer keine gehabt zu haben, denn er blieb bis 1672 im Amt.

Im Jahre 1700 hatte der Meraner Henker Johann Peter Vollmar das Mißgeschick, daß er einen Verurteilten erst „*mit fünf Streichen hingerichtet*" hatte. Daraufhin ließ die Regierung alle Lohnzahlungen an ihn einstellen und forderte vom Meraner Landrichter eine Zusammenstellung aller von Vollmar bisher durchgeführten Hinrichtungen an.[6] Schließlich konnte der Scharfrichter weiter im Amte bleiben, erhielt aber im Fall „*der so schlecht vollbrachten Execution an dem mit dem Schwert erst durch den fünften Streich vom Leben zum Tode hingerichteten Johann Peter della Capicola*" keine Entlohnung.[7] Anscheinend dürfte die übel verlaufene Hinrichtung auch den Zorn der Bevölkerung hervorgerufen haben, dessen Folgen der Henker offensichtlich fürchtete. Jedenfalls mied er in diesem Jahr die Gegend seines Ungeschicks, so daß der Haller Scharfrichter an seiner Stelle eine Hinrichtung vornehmen mußte.[8]

Daß manchmal auch die Tücke des Objektes eine Hinrichtung verhinderte, ist anhand des Falles des Jakob Summerer von Welschnofen im Jahre 1719 nachweisbar. 1730 ist eine gedruckte *„Beschreibung des im Land Tirol vagierenden Bettel- und Diebsgesindels"* erschienen, wo unter anderem genannter Jakob Summerer aufscheint. Nach einer kurzen Personenbeschreibung ist folgendes angeführt: *„Dieser Jakob Summerer ist anno 1719 zu Innsbruck eingelegen, ex capite furti processiert und zu dem Strange verurteilt, auch wirklich am Hochgericht aufgehängt worden, durch Bruch des Strickes aber herabgefallen und auf allerhöchste kaiserliche Resolution pardoniert und zu 5 Jahren Ruderbank verurteilt worden, wo er entflohen und bisher dem Rauben und Stehlen nachgegangen ist."*[9]

Eine Panne war auch im Jahre 1538 bei der Verbrennung des Wiedertäuferführers Onuphrius Grießstetter vorgekommen, dessen Exekution in Brixen am nassen Holz gescheitert war: *„Als man den Onuphrius, Vorsteher der Wiedertäufer, gemäß des Urteils mit dem Brandt zum Tode richten sollte, hat es die Nacht zuvor geregnet, so daß das Holz bei der Richtstatt sehr naß gewesen ist und lange nicht brennen wollte."* Trotz dieses Mißgeschickes war aber bald trockenes Holz gefunden und das Urteil vollstreckt[9a].

Johann Jakob Abrell hatte 1739 am Köpfplatzl in Innsbruck den Verbrecher Bankraz Jordan *„ganz unvollkommen mit dem Schwert hingerichtet"*, wofür er einen strengen Verweis erhielt.[10] Ursache dieser mißglückten Hinrichtung war, daß (wie schon erwähnt) Studenten der medizinischen Fakultät und Schüler des Jesuitengymnasiums aus reiner Neugierde zu nahe der Richtstätte, manche sogar auf der Richtstätte standen, so daß *„der arme Sünder leicht in Verwirrung gebracht und der Scharfrichter an der ordentlichen Vollziehung seines Dienstes gehindert"* worden war, wie eine nachträgliche Untersuchung feststellen mußte.[11]

Derselbe Scharfrichter scheint überhaupt sein Handwerk nicht besonders beherrscht zu haben. 1746 wurde er zur Exekution eines Soldaten des Egg'schen Regimentes durch das Militärdirektorium angefordert, doch ist ihm die Hinrichtung mit dem Strang völlig mißlungen. Wegen dieses *„unlängst mit dem Strang so übel gerichteten Soldaten"* wurde Abrell seines Dienstes enthoben[12] und darüberhinaus sein Pensionsgesuch abgewiesen.[13] Lediglich die Ausstellung eines Arbeitszeugnisses wurde ihm zugestanden. Dieses ist einerseits ein Kuriosum und in seiner Art einmalig, andererseits wird dadurch die ganze Grausamkeit des damaligen Strafvollzuges deutlich, wenn er durch die Ungeschicklichkeit des Henkers verschärft wurde:[14] *„Wir der Römischen kaiserlichen Majestät Präsident, Kanzler, Regenten und Räte der oberösterreichischen Lande beurkunden hiemit, daß Johann Jakob Abrell, gewesener Scharfrichter, sich mit den Seinen wohl verhalten und unklagbar aufgeführt hat, auch bei den vorgefallenen Exekutionen mit dem Schwert jederzeit glücklich, mit dem Strang aber meistens unglücklich war und deswegen seines Dienstes entlassen worden ist."*

Anmerkungen:
1 Zitiert nach Hans Hochenegg, Kulturbilder aus Solbad Hall und Umgebung (= Veröffentlichungen der Universität Innsbruck 38), Innsbruck 1970, S. 74—78; vgl. dazu: Hans Hochenegg, Rechtsaltertümer aus Hall in Tirol und Umgebung, in: Forschungen zur Rechts- und Kulturgeschichte Bd. 4 (= Festschrift Hans Lentze), Innsbruck—München 1969, S. 318, Tafel IX;
Hans Hochenegg, Die erfolglose Hinrichtung des Thomas Hanns, in: Tiroler Heimatblätter 10, Innsbruck 1932, S. 180—182
2 wie Anm. 1
3 TLA: CD 1662—1663, fol. 796'/797
4 TLA: CD 1664—1665, fol. 2—3
5 TLA: CD 1659—1661, fol. 268
6 TLA: CD 1700, fol. 335'/336, 337', 353/353'
7 TLA: CD 1701, fol. 98
8 TLA: CD 1701, fol. 233'/234
9 TLA: CD 1730, fol. 445 ff
9a Franz Anton Sinnacher, Beiträge zur Geschichte der bischöflichen Kirche Säben und Brixen in Tyrol, VIII. Bd., Brixen 1830, S. 325
10 TLA: CD 1739, fol. 166/166'
11 TLA: CD 1739, fol. 175'—176
12 TLA: CD 1746, fol. 103, 144'—145'
13 TLA: CD 1746, fol. 189/189'
14 TLA: CD 1746, fol. 201'/202

Die Bestattung von Selbstmördern

Nach christlicher Anschauung war der bewußt begangene Selbstmord eine schwere Sünde und er wurde von der damaligen Justiz dem Mord gleichgesetzt. Nach der Tiroler Halsgerichtsordnung von 1499 wurden Selbstmörder mit Verrätern, Vater- oder Muttermördern und Verleugnern des christlichen Glaubens gleichgesetzt. Als Strafe wurde festgesetzt: *„Die sind Leib und Gut verfallen."*[1] Die Berührung solcher Personen war unehrenhaft und deshalb mußte die Bestattung durch den Scharfrichter erfolgen.

In den Landesordnungen des 16. Jh.s wurde als Strafe für Selbstmord das Verbrennen der Leiche oder das Verschicken auf dem Wasser angeordnet.[2] Diese Strafe erklärte sich daraus, daß damals der Aberglaube herrschte, die Leiche eines Selbstmörders bringe Unglück. Indem man nun den Leichnam verbrannte oder ihn in ein Faß steckte und dieses in einen Fluß warf, wodurch die Leiche außer Landes kam, glaubte man dem Unglück zu entgehen.[3]

Merkwürdigerweise läßt sich aber für keine der beiden Strafarten für Tirol ein Beleg finden. Hier hatte sich vielmehr folgender Brauch eingebürgert: *„Wenn aber die Umstände ausweisen, daß der Entleibte entweder aus Verzweiflung oder Furcht, etwas Zeitliches zu verlieren, also mit Fleiß und eigenem Willen sich umgebracht hätte, wäre der Körper durch den Freimann mit Stricken durch das Haus oder durch ein Fenster hinabzulassen und unter dem Galgen wie einen Hund zu vergraben."* Ausgenommen von dieser Behandlung waren jene Selbstmörder, die in geistiger Verwirrung den Freitod gesucht hatten oder bei denen nicht eindeutig nachgewiesen werden konnte, ob sie einem als Selbstmord getarnten Mordanschlag zum Opfer gefallen waren.[5]

Zwei Bestimmungen sind noch im Zusammenhang mit den Selbstmördern zu erwähnen. Wurde ein Selbstmörder vor dem Tode errettet, so mußte er wie ein Mörder verurteilt werden, konnte also schlimmstenfalls auch zum Tode verurteilt werden. 1664 beispielsweise war Christian Sprenger, der sich erhängen wollte, von seiner Frau gerettet worden, wurde dann aber, in Eisen geschlagen, zur Schanzarbeit in das Pustertal gebracht. Auf Anordnung der Regierung sollte er aber zuvor durch geistlichen Beistand von seinen Depressionen geheilt werden.[6]

Und schließlich muß noch erwähnt werden, daß bei schwangeren Selbstmörderinnen die Leibesfrucht entfernt und am Friedhof der unschuldigen Kinder begraben werden mußte, während die Mutter die unehrenhafte Bestattung unter dem Galgen erhielt.[7] Grund für diese Maßnahme war, daß das unschuldige ungeborene Kind nicht durch die Tat seiner Mutter bestraft werden sollte.

Es war grundsätzlich Aufgabe des Gerichtes, zu entscheiden, ob ein Selbstmörder in geweihter Erde bestattet werden durfte oder dem Freimann übergeben werden mußte.[8] Daß es dabei auch manchmal zu Pannen kam, beweist ein Vorfall aus dem Jahre 1672. Im Hintersteinersee (Gemeinde Scheffau) hatte eine Frau den Freitod gesucht. Der Landrichter, der den Scharfrichter von Hall verständigen hätte müssen, vergaß darauf und, als nach rund fünf Wochen die ersten Klagen über die noch immer im See schwimmende Leiche bei der Regierung einlangten, wurde er wegen dieser Nachlässigkeit streng verwarnt.[9] Auch jetzt scheint es noch Probleme gegeben zu haben, denn erst nach insgesamt 13 Wochen, während derer die Leiche der Selbstmörderin im Wasser gelegen hatte, wurde sie bestattet.[10]

Große Probleme gab es auch immer wieder mit den Angehörigen. Diese wollten einen Selbstmord aus Pietätsgründen oft vertuschen und nahmen heimlich die Bestattung selbst vor. Aber nicht nur Pietätsgründe spielten eine Rolle, sondern auch wirtschaftliche Überlegungen, da nach den Tiroler Landesordnungen zwei Drittel des Besitzes eines Selbstmörders dem Staat gehörten und nur ein Drittel den Erben blieb.[11] 1671 hatte sich die Witwe eines Fassermeisters in Hall erhängt, war aber von einem anderen Fassermeister und dessen Gesellen abgenommen und heimlich bestattet worden, um ihr ein ehrenhaftes Begräbnis zukommen zu lassen.[12] 1699 mußte in Mühlbach sogar ein Selbstmörder, der in geweihter Erde heimlich bestattet worden war, exhumiert und außerhalb des Friedhofes neuerlich bestattet werden.[13]

„Bei der Ausschleifung des Körpers hat der Nachrichter nichts anderes als die taxierte Besoldung zu begehren."[14] Im Gegensatz zu vielen anderen Gegenden, wo der Scharfrichter soviel aus dem Nachlaß des Selbstmörders nehmen durfte, als er im Umkreis der Leiche mit seinem Schwert erlangen konnte, war in Tirol eine bestimmte Gebühr festgesetzt. Mancher Scharfrichter hielt sich aber nicht daran und wurde, als dies bekannt wurde, streng verwarnt. Über den Haller Scharfrichter Hans Has lief eine Beschwerde ein, daß er 1626 *„vom Hausrat sich soviel angeeignet und zu sich genommen hat, als er mit dem Richtschwert bei der erhängten Dirn erreichen"* konnte.[15] Ein ähnlicher Vorfall ist auch aus dem Jahre 1675 überliefert, wobei der Scharfrichter einen Soldaten, der sich im Gasthof Mondschein in Innsbruck erhängt hatte, beim Galgen bestattet hatte und anschließend beim Wirt sein vermeintliches

Recht dadurch geltend machte, daß er das Richtschwert an die Kellertür hängte.[16] In beiden Fällen wurde der Henker jedoch über sein gesetzwidriges Verhalten aufgeklärt und ihm eine Belohnung aus der Gerichtskasse zugestanden. Schlimmstenfalls hätte der Henker sogar mit einer Strafe rechnen müssen:[17] *„Im Falle der Nachrichter eines anderen Gewinnes sich anmassen sollte, wäre er mit willkürlicher Strafe zu belegen."*

Bei der Bestattung von Selbstmördern hatte der Scharfrichter immer wieder Probleme mit den Abdeckern. Diese hatten, da sie ja ebenfalls als unehrlich galten, öfters anstelle des Henkers Bestattungen vorgenommen und dadurch diesen um seinen Lohn gebracht. 1629 beispielsweise beschwerte sich der Haller Scharfrichter, daß der Landecker Wasenmeister eine Selbstmörderin unter dem Galgen begraben hätte, obwohl das nicht seine Aufgabe sei.[18] Probleme mit dem Abdecker von Taufers hatte auch der Meraner Scharfrichter Johann Jakob Müller, weil jener immer wieder Selbstmörder begrub, ohne ihn zu verständigen.[19]

Schwierigkeiten entstanden wiederholt auch daraus, daß der Henker zu hohe Gebühren verrechnete. 1549 beispielsweise wurde der Meraner Scharfrichter verwarnt, weil er 1548 für die Bestattung zweier Selbstmörder in Bozen bzw. Meran zu hohe Gebühren verlangt hatte.[20] Auch 1633 kam ein ähnlicher Fall vor.[21] In beiden Fällen wurden die Scharfrichter auf die Gebührensätze in ihren Amtsinstruktionen verwiesen.

Wie hoch zu dieser Zeit die Bestattungsgebühr für Selbstmörder war, läßt sich jedoch nicht eindeutig feststellen. 1621 erhielt der Haller Scharfrichter beispielsweise für die Verscharrung einer Selbstmörderin beim Galgen in Rottenburg trotz heftigster Proteste nur zehn Gulden.[22] 1663 hingegen, als der Henker Othmar Krieger eine Leiche aus dem Fernsteinsee bergen und begraben mußte, erhielt er 30 Gulden.[23]

Eine endgültige Regelung trat erst mit dem Jahre 1704 ein. Ab diesem Jahr bekam der Henker aus dem Besitz jedes Selbstmörders 45 Gulden. Falls dieser mittellos war, mußte jene Gemeinde, in der der Selbstmord stattgefunden hatte, 20 Gulden bezahlen.[24] Nachdem 1699 auch noch eindeutig festgelegt worden war, daß diese Tätigkeit ausschließlich dem Scharfrichter und keinesfalls den Abdeckern zustehen sollte,[25] bedeutete dies, daß seit dem Beginn des 18. Jh.s die Bestattung von Selbstmördern klar geregelt war. In allen weiteren Dienstinstruktionen sind diesbezügliche Bestimmungen zu finden.[26]

Den Schluß dieses Kapitels soll ein Rundschreiben der Regierung an alle Richter bzw. Pfleger von Kufstein, Kitzbühel, Rattenberg, Schwaz, Rottenburg und Rettenberg aus dem Jahre 1745 bilden, aus dem wichtige Folgerungen über das Vorkommen von Selbstmorden in manchen Gegenden Tirols gezogen werden können: *„Demnach wir einige Zeit her wahrnehmen müssen, daß sich das leidige Laster des Selbsterhängens in den unterinntalischen Gerichten ständig ergibt, weswegen es notwendig wäre, daß durch größere Einsicht die Leute von solchen gräulichen Untaten abgeschreckt werden, so erwarten wir von Euch nächstens einen gutachtlichen Bericht, was ihr dagegen vorzukehren gedenkt."*[27] Dem Scharfrichter dürfte dieses Problem jedoch nicht besonders am Herzen gelegen sein, denn je mehr Selbstmorde es gab, umso mehr Gebühren konnte er kassieren.

Anmerkungen:
1. TLA: Codex 5097 (= Inkunabel 16), fol. 3' ediert bei Eberhard Schmidt, Die Maximilianischen Halsgerichtsordnungen, Bleckede an der Elbe 1949
2. Tiroler Landesordnung 1532, Buch 8, Titel 43, Blatt 48
3. Schuhmann, Der Scharfrichter, S. 201—203
4. Fröhlich von Fröhlichsburg, Nemesis Romano-Austriaco-Tyrolensis, Innsbruck 1696, Buch II, Titel 21, S. 223/224
5. Fröhlich, a. a. O., S. 223
6. Fröhlich, a. a. O., S. 225; Ludwig Schönach, Tirolische Strafrechtspflege im 17. Jahrhundert, in: Die Heimat 1912/1913, S. 288
7. Fröhlich, a. a. O., S. 225
8. Fröhlich, a. a. O., S. 224
9. TLA: CD 1671—1672, fol. 585'/586
10. TLA: CD 1671—1672, fol. 660
11. Tiroler Landesordnung 1573, Buch 8, Titel 43, Blatt 48
12. TLA: CD 1671—1672, fol. 182'/183, 242/242'
13. TLA: CD 1699, fol. 199
14. Fröhlich, a. a. O., S. 225
15. TLA: CD 1628—1629, fol. 256/256'
16. TLA: CD 1674—1675, fol. 466/466', 606/606'
17. Fröhlich, a. a. O., S. 225
18. TLA: CD 1628—1629, fol. 246'
19. TLA: CD 1682, fol. 213/213'
20. TLA: Embieten und Befehl 1549, fol. 264'
21. TLA: CD 1633—1636, fol. 135/135', 147'/148
22. TLA: CD 1620—1623, fol. 325/325'
23. TLA: CD 1662—1663, fol. 721', 727'/728, 733/733'
24. TLA: Bekennen 1698—1700, fol. 165—166'
25. TLA: CD 1699, fol. 104
26. David Schönherr, Gesammelte Schriften, Band II, Innsbruck 1902, S. 678
David Schönherr, Taxe für den Freimann von Meran, in: Volks- und Schützenzeitung 1862, Nr. 30
27. TLA: CD 1745, fol. 506/506'

Die Amtsbezirke des Haller und Meraner Scharfrichters

In den ältesten Quellen wurde immer nur von einem Scharfrichter für ganz Tirol gesprochen. Im Dienstrevers eines Henkers vom 3. Februar 1427 bestätigte dieser, daß ihn Herzog Friedrich mit der leeren Tasche *„zu einem Züchtiger und Nachrichter in seinem Land an der Etsch"* aufgenommen hatte.[1] Aus einer Urkunde von 1484 ist zu entnehmen, daß der damalige Scharfrichter, Meister Konrad, in Bozen ansässig war.[2]

Auch 1488 wird in der Bestellungsurkunde von Gilg von Rodem erwähnt, *„daß er künftig in allen unseren Gebieten und Ämtern dieses unseres Landes richten soll."*[3] Bemerkenswert an dieser Urkunde ist jedoch folgende Einschränkung: *„Wenn wir aber noch einen bestellten, so soll jedem 50 Gulden rheinisch"* bezahlt werden.

Als nach der Abdankung Erzherzog Sigmunds des Münzreichen 1490, der obige Bestellungsurkunde ausgestellt hatte, Gilg von Rodem vom neuen Landesfürsten, dem späteren Kaiser Maximilian I., in seinem Amt bestätigt wurde, verwendete man die gleichen Redewendungen wie 1488, nahm also die Anstellung eines zweiten Henkers in Aussicht. Darüber hinaus wurde erstmals erwähnt, daß der Scharfrichterlohn vom Zoll an der Töll bei Meran bezahlt werden mußte.[4] Man darf also annehmen, daß Gilg von Rodem zu dieser Zeit bereits in Meran seßhaft war.

Entscheidend für die weitere Entwicklung des Tiroler Scharfrichteramtes und seine Aufteilung auf zwei Henker wurde die Bestellung von Leonhart von Grätz im Jahre 1497. Damit wurde die schon 1488 bzw. 1491 angekündigte Bestellung eines zweiten Henkers verwirklicht. Als Amtssitz wurde diesem die Stadt Hall in Tirol zugewiesen, und seinen Lohn von 80 Gulden rheinisch erhielt er vom dortigen Salzmairamt. In der Frage seines Amtsbezirkes wurde bestimmt, *„daß er in unseren Gerichten im unteren und oberen Inntal bis zu den Gerichten Mals und Landgericht Sterzing richten soll."*[5] Mit Ausnahme der Gerichte Kitzbühel, Kufstein und Rattenberg, die damals noch zu Bayern gehörten, deckte sich also der Amtsbezirk des Haller Henkers mit dem heutigen geographischen Begriff von Nordtirol. Für den Scharfrichter von Meran verblieben somit alle Tiroler Gerichte südlich des Brenners, ausgenommen jene der Hochstifte Brixen und Trient, die erst 1803 zu Tirol kamen.

Die erste Änderung bzw. Erweiterung erfuhr der Amtsbezirk des Meraner Scharfrichters nach dem Tode Graf Leonhards von Görz im Jahre 1500, als die Vordere Grafschaft Görz (Pustertal) an Tirol kam. In der Bestellungsurkunde des Meraner Scharfrichters Franz Wagner aus dem Jahre 1509 wurde deshalb bestimmt, *„daß er allenthalben in den Gerichten in unserem Land an der Etsch, auch im Vinschgau bis zum Gericht Nauders und dazu am Eisack bis zum Landgericht Steinach, auch im Pustertal (!) richten soll."*[6] Trotz dieser eindeutigen Zuweisung von Osttirol an den Meraner Scharfrichter traten in der Folgezeit einige Mißverständnisse auf. 1585 wurde der Haller Henker zur Exekution dreier

Abb. oben: Darstellung des Galgens von Rattenberg („I") und Rottenburg („G") bei den Zillerbrücken bei Bruck im Zillertal auf der Duvivier-Karte aus der Zeit um 1630. (Original im TLA: Karten und Pläne Nr. 5116)

Wiedertäufer nach Lienz geholt.[7] 1603 wiederum waren beide Henker bei einer Hinrichtung in Lienz, wobei fünf Verbrecher dem Haller, zwei dem Meraner zugeteilt wurden.[8] In einem Schreiben der Regierung vom 4. Dezember 1723 wurde Lienz endgültig dem Haller Scharfrichter zugeteilt.[9]

Nach 1504 erfuhr der Amtsbezirk des Haller Henkers eine Erweiterung. Maximilian I. konnte im Rahmen des bayrischen Erbfolgekrieges die bis dahin bayrischen Gerichte Kufstein, Kitzbühel und Rattenberg für Tirol erwerben. Obwohl seit dieser Zeit der Haller Scharfrichter in diesen Gerichten Exekutionen vornahm, wurde erst am 21. Februar 1513 offiziell die Zuständigkeit bestätigt:[10]

Stefan Ruef sollte Hinrichtungen durchführen „*in unseren drei Herrschaften Rattenberg, Kufstein und Kitzbühel, auch allen anderen unseren Gerichten im oberen und unteren Inntal.*"

Trotz der relativ eindeutigen Regelung der Amtsbezirke kam es immer wieder zu Mißverständnissen zwischen den beiden Henkern. 1528 gab die Regierung deshalb ein Verzeichnis aller dem jeweiligen Henker zugeteilten Gerichte heraus. Nach diesem Verzeichnis war der Haller für Kufstein, Rattenberg, Freundsberg, Sonnenburg, Steinach, Ehrenberg, Landeck und Laudegg zuständig, der Meraner für Mals, Schlanders, Meran, Reineck/Sarnthein, Gries/Bozen, Enn und Caldiff, Altenburg/Eppan, Kaltern und Kurtatsch.[11] Bei diesem Verzeichnis fällt auf, daß eine Reihe von Gerichten nicht angeführt werden wie beispielsweise Kitzbühel, Thaur/Hall, Taufers, Heinfels, Lienz usw. Als 1534 ein neues Verzeichnis herausgegeben wurde, schienen allerdings wieder nur die erwähnten Gerichte auf, lediglich Naudersberg wurde zusätzlich erwähnt.[12]

Die beiden Verzeichnisse von 1528 und 1534 entsprachen also keineswegs den tatsächlichen Gegebenheiten bzw. den in den Diensturkunden genannten Amtsbezirken. Schon eher den wahren Umständen entsprach die Landtafel von 1573, die alle Gerichte mit Malefiz- und Blutgerichtsbarkeit aufzählte.[13] Demnach war dem Haller Henker Kitzbühel, Kufstein, Rattenberg, Freundsberg, Rottenburg, Thaur/Hall, Steinach, Nauders und Hörtenberg/Telfs zugeteilt, dem Meraner Henker Meran, Gries/Bozen, Sterzing, Lienz, Glurns, Schlanders, Neumarkt/Enn, Taufers, Welsberg, Heinfels, Ulten, Sarnthein, Gufidaun, Rodeneck, Sonnenburg und St. Michaelsburg. Doch auch diese Liste war nicht vollständig, so fehlte etwa Imst, Ehrenberg, Landeck, Altenburg usw. Ebensowenig vollständig war ein Verzeichnis aus dem Jahre 1708.[14]

Im Laufe der fast 300 Jahre, in denen in Hall und Meran ein Scharfrichter ansässig war, trat manche Änderung des Amtsbezirkes auf. Ab 1552 war auch das Unter- und Oberengadin dem Meraner Henker zugeteilt. Er erhielt pro Hinrichtung 6 Gulden.[15] 1568 wurde die Entlohnung etwas gebessert. Im Unterengadin betrug die Hinrichtungsgebühr nun 8 Gulden, im Oberengadin 10 Gulden. Wurden mehrere Verbrecher gemeinsam gerichtet, reduzierte sich der Betrag auf 5 bzw. 6 Gulden pro Person.[16] Auch im Hochstift Trient, das nicht immer einen eigenen Scharfrichter beschäftigte, mußte der Meraner Henker bisweilen aushelfen, so beispielsweise im Jahre 1737.[17]

Ende des Jahres 1738 gelang es dem Haller Scharfrichter, daß das Gericht Sterzing ihm zugeteilt wurde, was trotz heftiger Proteste seines Meraner Amtskollegen 1742 neuerlich bestätigt wurde.[18] Probleme hatte der Haller Henker bisweilen mit dem Gericht Ehrenberg/Reutte, weil man dort auch den Füssener Henker zu beschäftigen pflegte wie etwa 1682 oder 1749.[19]

Zusammenfassend kann man festhalten, daß der Haller Henker für Nordtirol und der Meraner für Süd- und Osttirol (ausgenommen Brixen und Trient) sowie das Engadin zuständig war. Lienz wurde 1723 und Sterzing 1738 aus dem Meraner Amtsbezirk herausgelöst und dem Haller Scharfrichter zugeteilt.

←

Abb. linke Seite: Hauptaltar des Kapuzinerklosters von Meran mit der Darstellung der Enthauptung des hl. Maximilian, Anfang 17. Jahrhundert.

Anmerkungen:
1. TLA: Urkunde I 1364 (vgl. Anhang I)
2. TLA: Urkunde I 4237
3. TLA: Kopialbuch K, ältere Reihe, fol. 25'
   vgl. Otto Stolz, Geschichte der Gerichte Deutschtirols, in: Archiv für österreichische Geschichte, 102. Band, Wien 1913, S. 228
4. TLA: Kopialbuch N, ältere Reihe, fol. 71/71', 104/104'
5. TLA: Bekennen 1496—1497, fol. 64'
6. TLA: Bekennen 1509, fol. 46'/47 (vgl. Anhang III)
7. TLA: CD 1584—1590, fol. 231'/232
8. TLA: CD 1602—1604, fol. 387'—388'
9. TLA: CD 1723, fol. 436/436'
10. TLA: Embieten und Befehl 1513, fol. 175', 260', 270/270', 400'
11. TLA: Embieten und Befehl 1528, fol. 227'—228'
12. TLA: Embieten und Befehl 1534, fol. 198/198'
13. Otto Stolz, a. a. O., S. 154 ff
14. TLA: CD 1708, fol. 103—106
15. Elias Prieth, Beiträge zur Geschichte der Stadt Meran, Meran 1957, S. 130
16. TLA: Embieten und Befehl 1568, fol. 418/418'
17. TLA: CD 1737, fol. 653'
18. TLA: CD 1738, fol. 816/816'
    CD 1742, fol. 327—329
19. TLA: CD 1682, fol. 205/205'
    CD 1748—1749, fol. 473'/474, 503—504

Abb. oben: Älteste Darstellung des Hochgerichtes (Galgen) des Gerichtes Freundsberg/ Schwaz auf der Karte von Paul Dax aus dem Jahre 1553 (Pfeil).
(Original im TLA, Karten und Pläne Nr. 2669; derzeit als Dauerleihgabe im Landeskundlichen Museum im Zeughaus, Innsbruck)

Die Hochgerichte

Jedes einzelne Gericht, welches die Blutgerichtsbarkeit hatte, verfügte über eine eigene Richtstätte. Diese wurde das Hochgericht genannt und befand sich immer an einer gut sichtbaren Stelle, meist in der Nähe einer Durchzugsstraße. Der Galgen bestand urprünglich aus einer Holzkonstruktion, im 16. Jahrhundert wurde er in vielen Fällen durch einen Galgen mit steinernen Säulen ersetzt. Für die Erhaltung der Hochgerichte waren entweder alle Untertanen eines Gerichtes oder ein bestimmtes Handwerk oder ein bestimmter Weiler bzw. Hof oder aber auch der Gerichtsinhaber zuständig. Die Exekutionen fanden in der Regel öffentlich statt.

Die Richtstätten im Amtsbezirk des Haller Scharfrichters

Das Hochgericht KITZBÜHEL befand sich in der Nähe der heutigen Eisenbahnstation „Schwarzsee". Auf einer Karte des 16. Jahrhunderts von Kitzbühel und Umgebung ist der Galgen zwischen dem Schwarzsee und der Landstraße auf einem Hügel eingezeichnet (Abb. S. 103).[1] Für die Errichtung und Instandhaltung waren alle Weber, die in der Stadt Kitzbühel und im Umkreis einer Meile ansässig waren, zuständig.[2]

Das Hochgericht KUFSTEIN befand sich in der Nähe des Weilers Eichelwang (Gemeinde Ebbs) beim sogenannten Galgenbichl im Fürholzwald an der großen Krümmung der ehemaligen Reichsstraße von Kufstein nach Ebbs.[3] „*Es ist nicht fern vom Hochgericht ein Dörfl, genannt Eichelwang. Es hat sechs Lehen und sitzen darauf acht Haushaben. Es ist befreit von allen Abgaben und bessert oder macht den Galgen*" — ist in einem Schreiben aus dem Jahre 1530 zu lesen.[4] Weiters wird darin berichtet: „*Sie müssen eine gute Leiter haben, Rad, Holz und Roß – wenn man schleift – und, wenn man vierteilt, das Holz für die vier Straßen, woran man die Stücke hängt.*"

Wurde ein Verbrecher verbrannt, hatte der Weiler eine Kette, mit der der Verurteilte auf den Scheiterhaufen gebunden wurde, zu liefern und einen kleinen Sack mit Schießpulver, den man dem Verurteilten auf die Brust band, um so den qualvollen Flammentod zu verkürzen. Der Pfarrer von Kufstein war für den geistlichen Beistand bei Hinrichtungen verantwortlich, wofür er den Zehent von Eichelwang erhielt.

Der Galgen war ursprünglich eine reine Holzkonstruktion, die naturgemäß stark unter Witterungseinflüssen zu leiden hatte. Als man 1591 einige Verbrecher hinrichten wollte, war man wegen der Morschheit des Galgens so in Sorge, daß man sich zum Neubau eines Galgens mit gemauerten Säulen entschied: „*Weil aber dasselbige Hochgericht nur von Holz und etwas verfault ist, so daß es nicht wohl mehr zu gebrauchen ist, wurde deshalb angeordnet, daß ein neues Hochgericht wie zu Innsbruck, Hall und Rattenberg aufgemauert werden soll.*"[5] Als sich die Maurer der Stadt Kufstein weigerten, diese unehrliche Arbeit auszuführen, und darüber hinaus der Hauptmann von Kufstein der Regierung berichtete, daß die Eichelwanger ohnehin schon Lärchenstämme zur Errichtung eines Galgens unaufgefordert hergerichtet hätten, entschied die Regierung, daß vorläufig nur ein Holzgalgen errichtet werden soll.[6] In dem Schreiben an den Kufsteiner Hauptmann wurde weiters der bezeichnende Befehl erteilt: *„Weil die bei euch verhafteten malefizigen Personen etwas schwach sein sollen, werdet ihr umso mehr darauf sehen, daß das Hochgericht altem Herkommen gemäß ehestens wieder aufgerichtet wird, und auch zu verordnen wissen, daß den armen Gefangenen am geistlichen Trost kein Mangel gelassen werde."*

Die letzte Hinrichtung beim Kufsteiner Hochgericht fand im Jahre 1772 statt.[7] Das Urteil lautete: *„Daß der Andreas Weißleitner wegen seiner verübten Verbrechen, anderen aber zum schrecklichen Beispiel und Abscheu an die gewöhnliche Richtstatt geführt, daselbst durch das Schwert zum Tode gerichtet, sodann dessen Kopf auf den Galgen gesteckt und der Körper auf das Rad geflochten werde."*[8]

RATTENBERG hatte zwei Hochgerichte. Das eine befand sich östlich der Zillerbrücke bei der Gemeinde Bruck am Ziller, wie dies die Karte von Hilarius Duvivier (Abb. S. 121) aus der Zeit um 1630 angibt.[9] Seine Erhaltung war Aufgabe der Kienbergerhöfe (südlich von Bruck, Gemeinde Brixlegg). 1530 beschwerten sich die Kienberger über den Rattenberger Richter Bartholomeus Angst, weil ihnen dieser zusätzliche Aufgaben zuteilen wollte:[10] *„Im Landbuch des Gerichtes Rattenberg findet man gar lauter, daß wir arme Untertanen, die Kienberger, das Hochgericht in der Au bei der Zillerbrücke machen sollen, was wir auch ohne Widerrede getan haben."* Da nun der Richter verlangte, daß sie auch bei Hinrichtungen *„außerhalb des Stranges"*, also Verbrennungen, Rädern, Köpfen u. ä. das benötigte Material beibringen sollten, baten sie die Regierung in Innsbruck, sie von dieser Pflicht zu befreien, da nur der Galgen und dessen Erhaltung ihre Aufgabe sei. Tatsächlich gab die Regierung in Innsbruck diesem Gesuch statt.

1683 wurde dieses Hochgericht *„auf der Brucker Seite im Zillertal"* aufgegeben, weil alle Exekutionen entweder in der Stadt oder beim Galgen in der Mauken (östlich von Rattenberg an der Straße nach Kundl) vollzogen wurden.[11] Das zweite Rattenberger Hochgericht befand sich am Maukenbach, wo sich schon früher der Galgen der Schranne Kundl befunden haben soll.[12] Für seine Errichtung und Instandhaltung war das Leinweberhandwerk von Rattenberg zuständig. 1627 suchte dieses Handwerk bei der Regierung an, daß es gegen Bezahlung von dieser Pflicht befreit würde, da sie den Handwerkern *„nachteilig sei und deswegen anderswo nicht gestattet würde, ihnen auch übel nachgeredet und sie für unredlich gehalten würden."* Da die Regierung aber nicht klären konnte, wann das Handwerk mit dieser Pflicht beladen wurde, und überdies eine Übernahme der Erhaltung des Hochgerichtes durch den Landesfürsten wirtschaftlich unrentabel erschien, wurde dieses Gesuch abgelehnt.[13] Erst 1655 wurde das Leinweberhandwerk von Rattenberg gegen Zahlung von 150 fl von der Errichtung bzw. Erhaltung des Hochgerichtes entbunden.[14]

Zweifelhafte Berühmtheit erwarben sich die Rattenberger Hochgerichte dadurch, daß hier am 14. Jänner 1528 der erste Wiedertäufer, Lienhard Schiemer, in Tirol hingerichtet wurde, dem allein in Rattenberg in den folgenden Jahren insgesamt 71 Glaubensgenossen folgten.[15] Hervorzuheben ist auch die Hinrichtung

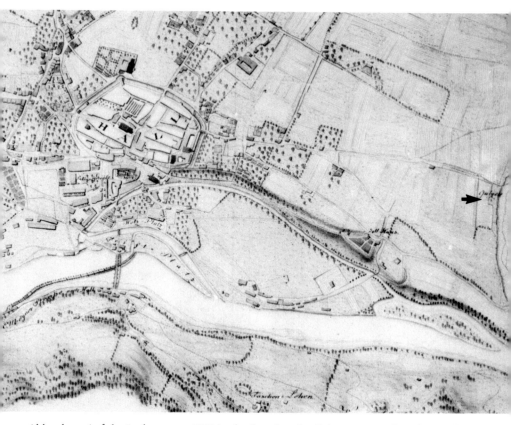

Abb. oben: Auf der Innkarte von 1820 ist der Standort des Galgens von Hall an der Straße nach Mils eingezeichnet (Pfeil). (Original im TLA, Karten und Pläne Nr. 5206)

des Tiroler Kanzlers Wilhelm Bienner im Jahre 1651, die wegen ihrer mysteriösen Umstände und wegen der Berühmtheit des Hingerichteten heute noch in der Bevölkerung bekannt ist.[16] Da diese Hinrichtung in der Nähe des Schlosses Rattenberg vorgenommen wurde und der im Zusammenhang mit dem Galgen an der Zillerbrücke oben erwähnte Bericht des Rattenberger Richters von 1683 aussagt, daß Hinrichtungen auch in der Stadt vorgenommen wurden, darf man schließen, daß so wie im Landgericht Sonnenburg (Innsbruck) das sogenannte *„Köpfplatzl"* in Rattenberg nicht bei einem der beiden Hochgerichte, sondern in der Nähe des Schlosses war.

Das Hochgericht von ROTTENBURG (Rotholz) befand sich in unmittelbarer Nähe des Rattenberger Galgens an der Zillerbrücke. Dort bildete der Ziller durch seine drei Hauptarme zwei Inseln, auf deren östlicher der Rottenburger Galgen stand, wie sowohl eine Karte aus dem 17. Jahrhundert als auch die Duvivier-Karte (Abb. S. 121) aus der Zeit um 1630, und eine Karte vom Beginn des 18. Jahrhunderts, zeigen.[17] Zur Errichtung und Erhaltung des Galgens waren drei Bauern bestimmt, die laut eines Schreibens aus dem Jahre 1530 „*das Hochgericht und die Leiter dazu machen müssen.*"[18]

Das Hochgericht von FREUNDSBERG (Schwaz) lag nördlich des Inn am Fahrweg nach Stans an der Wegzweigung zum Abdeckerhaus. Die erste bildliche Darstellung dieses Galgens befindet sich auf der Karte von Paul Dax aus dem Jahre 1553 (Abb. S. 124).[19] Diese Lagebeschreibung, die sich auf die mündliche Überlieferung und auf das Vorhandensein eines Bildstockes, der das „*Galgenmarterl*" genannt wurde, aber heute nicht mehr erhalten ist, berief, wird durch die Innkarte des Archeninspektors Rangger aus dem Jahr 1747 voll bestätigt.[20] 1524 beschwerte sich der Haller Scharfrichter Stefan Ruef, daß das Hochgericht in Schwaz/Freundsberg völlig verfallen sei, worauf die Regierung dem Richter den Auftrag erteilte, einen Galgen aus hölzernen Säulen errichten zu lassen.[21] Nur wenige Jahre später war das renovierte Hochgericht in reger Verwendung, als nämlich der Hinrichtung des Wiedertäufers Hans Schlaffer am 2. Februar 1528 eine Reihe weiterer Exekutionen von Glaubensgenossen folgte.[22] Als 1557 der Holzgalgen neuerlich morsch und unbrauchbar war, entschied man sich zur Errichtung eines gemauerten Galgens.[23]

Das Hochgericht von HALL/THAUR befand sich östlich der Stadt an der Straße vom Milser Tor nach Mils.[24] Auf der Miller-Karte des Inntales aus dem Jahre 1820 (Abb. S. 127) ist noch genau der Standplatz des Galgens unmittelbar am Übergang der Straße über den Milser Bach, eingezeichnet.[25] Diese Richtstätte wurde erst im Jahre 1458 errichtet, zumal der ursprüngliche Gerichtssitz für die Blutgerichtsbarkeit nicht das Stadtgericht Hall sondern Thaur war. So wird noch in einer Waldbereitung von 1598 in der Nähe des Schlosses Thaur „*ein Schwarzwaldl, genannt auf der Richtstatt*" erwähnt.[26]

Der 1590 anstelle des Holzgalgens errichtete Galgen mit Steinsäulen außerhalb des Milser Tores befand sich 1657 in sehr bedenklichem Zustand und, obwohl die Regierung den Auftrag zu seiner Wiederherstellung erteilt hatte, war dieser schließlich sogar eingestürzt. Erst jetzt wurde ein neuer Galgen errichtet.[27] Als Kuriosum soll an dieser Stelle nur erwähnt werden, daß der Haller Scharfrichter Josef Langmair 1747 an dieser Richtstätte durch den Meraner Henker wegen Mordes „*zum abschreckenden Exempel durch das Schwert vom Leben zum Tode hingerichtet*" worden ist.[28]

Bei Grabungsarbeiten 1938/1939 fand man an der Stelle, wo einst der Galgen gestanden hat, einige Skelette, Glieder von Ketten, Handschellen und den Steinsockel einer Galgensäule. Diese Funde sind allerdings nicht erhalten.[29]

Abb. rechte Seite: Das Hochgericht, Galgen (Pfeil), des Landgerichtes Sonnenburg bei den Allerheiligenhöfen/Innsbruck. Darstellung aus dem Fichereibuch Maximilians I. 1504. (Original in der Österreichischen Nationalbibliothek Wien, Codex 7962, fol. 12)

Das Hochgericht von SONNENBURG (Innsbruck) befand sich ursprünglich in der Nähe der Weiherburg, von wo es um 1330 auf den später so genannten „Galgenbühel" in der Nähe der Allerheiligenhöfe westlich von Innsbruck an der alten Landstraße nach Zirl verlegt wurde.[30] 1524 wurde der Galgen als baufällig bezeichnet und in der Folgezeit aus Holz neu errichtet.[31] Die älteste Ansicht dieser Richtstätte findet sich im Fischereibuch Maximilians I. aus dem Jahre 1504 (Abb. S. 129),[32] eine jüngere stammt aus dem Jahre 1714.[33] Die Erhaltung des Galgens oblag der Gemeinde Hötting, die Leiter hatte die Gemeinde Vill bereitzustellen und das Stadtspital das Brennholz für Verbrennungen.[34] 1554 erhielt der Sonnenburger Richter den Auftrag, möglichst einen Untertanen bei den Allerheiligenhöfen dazu zu gewinnen, die Leiter für den Galgen und das Rad zum Rädern aufzubewahren und schließlich auch noch das Holz für Verbrennungen zu liefern, wofür er mit der Verleihung eines abgabenfreien Grundstückes belohnt werden sollte.[35]

Nach 1524 wurde der hölzerne Galgen im Jahre 1558 erneuert und schließlich um 1590 durch einen gemauerten ersetzt; bei einer weiteren Renovierung 1742 weigerten sich die dazu verpflichteten Handwerker, weil diese Arbeit in ihren Augen unehrlich war.[36]

Ein weiterer Galgen wird in der Nähe des Schlosses Vellenberg, das bis ins 17. Jahrhundert Gerichtssitz war, vermutet, doch läßt sich keine Hinrichtung nachweisen. Lediglich 1524 beschwerte sich der Scharfrichter, daß der Galgen von Vellenberg völlig verfallen und unbrauchbar sei.[37]

Neben dem Galgen bei den Allerheiligenhöfen gab es noch den sogenannten „*Köpfplatz*". Dieser befand sich seit 1591 am unteren Anfang der Weiherburggasse. 1721 wurde auf Anordnung der Regierung westlich der Mariahilf-Kirche am sogenannten Sauanger ein weiterer Köpfplatz, nachdem man vorerst überhaupt an die Zusammenlegung von Köpfplatz und Galgen bei den Allerheiligenhöfen gedacht hatte,[38] errichtet. Der genaue Standort dieser Richtstätte wird durch zwei Karten aus den Jahren 1763 bzw. 1768 (Abb. S. 131) präzisiert.[39]

Ob das Köpfplatzl in der Nähe der Nikolauskirche zu Beginn des 18. Jahrhunderts noch in Betrieb war, läßt sich nicht eindeutig beweisen, ganz sicher aber ist es nach der Errichtung des neuen Köpfplatzes 1721 überflüssig geworden. Gegen einen Kaufpreis von 2o Gulden und die Auflage, die Uferverbauung des vorbeifließenden Fallbaches zu erhalten, wurde „*das Köpfplatzl am Fallbach, wo man auf die Weiherburg geht*", 1731 an einen Privatmann veräußert.[40]

Beim Köpfplatz am Sauanger befand sich ein gemauerter Raum, in dem ab 1738 die Leiter für den Galgen aufbewahrt werden mußte. Bei Hinrichtungen hatte diese der Scharfrichter zum Galgen und dann wieder zurück zu transportieren, wofür er mit 8 Gulden entlohnt wurde.[41] Ein Jahr später bemühten sich die Dorfmeister des Landgerichtes Sonnenburg, die bei Hinrichtungen bisher den Delinquenten als Wache mit Hellebarden begleiten mußten, von dieser Pflicht entbunden zu werden. Im Schreiben an den Sonnenburger Richter vom 14. März 1739 teilte die Regierung aber folgendes mit: „*Was die Convoüerung der Dorfmeister mit den Hellebarden betrifft, verbleibt es in besonderer Erwägung, daß dies ein altes Zeichen einer wehrbaren Bedeckung sei, bei dem alten Herkommen.*"[42]

Nach der Abschaffung der Todesstrafe 1787 wurden alle Richtstätten überflüssig.

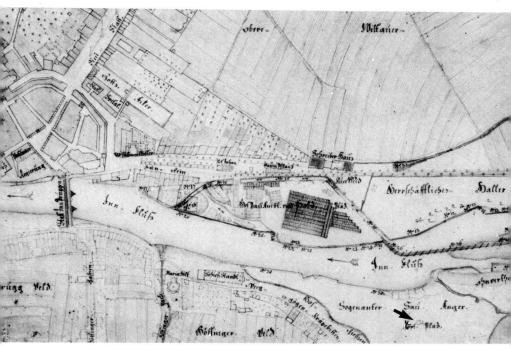

Abb. oben: Ausschnitt aus dem Stadtplan von Innsbruck, 1768, mit der genauen Lagebezeichnung des sogenannten „Köpfplatzes" westlich der Maria-Hilf-Kirche (Pfeil). (Original im TLA, Karten und Pläne Nr. 12)

Nachdem 1795 die Todesstrafe neuerlich eingeführt wurde und auf Grund der neuen Gerichtsorganisation alle Exekutionen entweder in Innsbruck oder Bozen stattfanden, mußte in Innsbruck eine Richtstätte bestimmt werden. Bei der Hinrichtung des Spions J. Koch am 31. Oktober 1800 wurde am Köpfplatzl am Sauanger ein Galgen errichtet, alle weiteren Exekutionen des 19. Jahrhunderts in Innsbruck fanden am Prügelbauplatz nördlich des St. Johannes Kirchleins statt.[43] Die letzte Hinrichtung am Prügelbauplatz fand am 14. Dezember 1861 statt.[44] Alle folgenden Exekutionen, wie etwa die des Muttermörders Johann Kreuzer 1879, fanden im Hof des Gerichtsgebäudes statt.[45]

Abschließend zu den Richtstätten des Landgerichtes Sonnenburg müssen noch zwei Hinrichtungen erwähnt werden, die nicht in der üblichen Richtstätte, sondern am Stadtplatz vor dem Goldenen Dachl stattfanden. Eine der ersten Hinrichtungen an diesem Ort war die Enthauptung der Bauernführer Hans Modlhaimer und Hans Gaismair, einem Bruder von Michael Gaismair, im Jahre 1526. Die Regierung berichtete darüber: *„Diese sind beide zum Tode mit dem Schwert verurteilt und heute hier auf dem Platz in der Stadt vor dem Rathaus auf einer Bühne mit dem Schwert* *gerichtet worden*"[46]. 1536 wurde der wichtigste Anführer der Wiedertäufer, Jakob Huter, vor dem Goldenen Dachl exekutiert. Balthasar Dosser schließlich wurde 1562 auf einer Bühne lebendig gevierteilt[47]. Die Körperviertel wurden anschließend im Umkreis einer Viertelmeile als abschreckendes Mahnmal aufgehängt. Auf Grund einer Fehlinterpretation der Viertelsäule bei Ampass wurde diese immer wieder mit dem Vierteilen von Verbrechern in Verbindung gebracht, bis erst in jüngster Zeit eindeutig nachgewiesen werden konnte, daß die Ampasser Viertelsäule ihren Namen wahrscheinlich von der Familie Viertel, aber sicher nicht vom Aufhängen der Gevierteilten erhielt.[48]

Das Hochgericht von STEINACH befand sich nördlich des Ortes in unmittelbarer Nähe der Sill östlich der Landstraße. Die Erhaltung des Galgens war Pflicht aller Gerichtsuntertanen. Die Leute aus dem Weiler Salfaun (nördlich von Steinach) waren zur Stellung des nötigen Holzes und eines Platzes bei Eschbaum verpflichtet. 1516 war der Galgen völlig verfault und es wurde durch die Regierung *„erlaubt und befohlen, ein neu gemauertes Gericht für die Übeltäter machen zu lassen, denn aus Holz bleibt kein Gericht erhalten, sondern wird umfallen."*[49] Dieses Schreiben scheint jedoch wenig Erfolg gehabt zu haben, denn 1521 wird wiederum das verfaulte Hochgericht von Steinach bemängelt und den Untertanen, denen es von altersher zustand, aufgetragen, einen neuen Galgen zu errichten. Der Pfleger von Steinach sollte dabei achten, daß der Galgen an einem anderen Ort errichtet würde, an dem er vom Hochwasser der Sill künftig verschont bleiben würde.[50] Es dauerte aber noch weitere Jahre, bis endlich ein neuer gemauerter Galgen errichtet wurde, zumal der Haller Scharfrichter 1524 immer noch den schlechten Zustand des Steinacher Hochgerichtes beklagte.[51]

Das Hochgericht von HÖRTENBERG wird urkundlich bereits im 14. Jahrhundert erwähnt; 1338 verrechnet der Richter von Hörtenberg Kosten für eine Hinrichtung mit Galgen und Brand. Um 1750 wird das Hochgericht am Lengeberg bei Oberhofen genannt.[52] Von Hinrichtungen bei diesem Galgen in dem hier behandelten Zeitraum ist nichts bekannt.

Das Hochgericht von IMST befand sich westlich von Imst am Galgenbühel an der Hauptstraße.[53] Eine weitere Ortsbezeichnung „Hochgericht" erwähnt das Urbar des Klosters Stams aus dem Jahre 1312 für Brennwald (Gemeinde Wenns).[54] Auf Grund der älteren Literatur wurde bisher angenommen, daß die Gerichte PETERSBERG und LANDECK, obwohl diese in der hohen Gerichtsbarkeit völlig selbständig waren, ihre Verurteilten zur Hinrichtung nach Imst gebracht hätten.[55] Nach jüngsten Forschungen gilt diese Annahme zumindest für das Gericht Landeck nicht mehr, da hier die Richtstätte, das sogenannte *„Urteil"*, am Kreuzbichel östlich der Pfarrkirche und des Marktplatzes nachgewiesen werden konnte.[56] Noch deutlicher kommt dies in der Formulierung eines Protokolles über die Aufteilung der Gründe auf der Öd aus dem Jahre 1771 zum Ausdruck, wo die Ortsbezeichnung *„unter dem Kreuzbichl bei dem alten Galgenplatz"* verwendet wird.[57]

Daß in Landeck tatsächlich Hinrichtungen stattgefunden haben, geht aus mehreren Quellenbelegen hervor. 1537 erhielt der Pfleger von Landeck den Auftrag, bei Hinrichtungen dem Scharfrichter unentgeltlich das benötigte Handwerkszeug (Nägel, Strick, Brennholz u. ä.) zu stellen und ihn gemäß seiner Instruktion zu bezahlen.[58] Anfang 1629 erhielt der Abdecker von Landeck einen strengen Verweis „*wegen einer von dem Hochgericht gefallenen Mannsperson*", die er begraben hatte, was jedoch Aufgabe des Scharfrichters gewesen wäre.[59] Wenig später werden in einem Schreiben an den Pfleger von Landeck „*zwei unter dem Hochgericht daselbst begrabene Personen*" erwähnt.[60]

Eine weitere Lagebeschreibung des Landecker Galgens findet sich im Urteil eines Prozesses aus dem Jahre 1623, worin die oben im Protokoll 1771 wiedergegebene Lokalisierung bestätigt wird: „*Man soll die Verurteilten dem Freimann zu Hall überantworten, der sie dann zu seinen Handen nehmen, wohlverwahrt halten und der gewöhnlichen Landstraße nach hinaus durch das Dorf auf die Öde zu der Richtstatt führen und daselbst lebendig in das Feuer werfen sollte.*"[61]

Das Hochgericht von LAUDEGG befand sich nördlich von Prutz an der Straße bei der Tullenkapelle. Diese Lokalisierung in der Nähe der Pontlatzerbrücke stützt sich auf die mündliche Überlieferung und wird durch eine Aussage vor Gericht aus dem 16. Jahrhundert untermauert: „*Du bist böser als einer, den man gegen Pontlatz hinausführt und daselbst an den Galgen hängt.*"[62] 1744 wurde der Galgen von Laudegg einer Renovierung unterzogen, dürfte aber in der Folgezeit kaum in Verwendung gewesen sein, da in einem Schreiben vom Jahre 1780 erwähnt wird, daß es „*durch so viele Jahre nicht nötig gewesen war, die Delinquenten in Laudegg hinrichten zu lassen.*"[63]

Das westlichste Hochgericht im Inntal war das Hochgericht von NAUDERSBERG, welches sich südlich des Ortes befand. Bereits 1416 wird die „*Wiese bei dem Galgen*" und 1626 die „*Wiese beim hohen Gericht*" genannt.[64]

Zur Erhaltung des Hochgerichtes von EHRENBERG (Reutte) waren die Nachtwächter und die Arbeiter des Salzstadels von Reutte verpflichtet.[65] Der Galgen befand sich angeblich südlich von Reutte. Auf der Katastermappe von 1856 wird auf den Blättern 23 und 31 eine Ortsbezeichnung „*Sündenbichl*" angeführt, es ist jedoch zweifelhaft, ob damit die alte Richtstätte gemeint ist.[66] Auf Grund der geographischen Lage von Reutte wurde bei Bedarf öfters der Füssener Scharfrichter beschäftigt, doch wurde 1682 ausdrücklich befohlen, daß der Haller Scharfrichter zuständig sei.[67] Als 1749 dasselbe Problem akut wurde, teilte das Gericht Ehrenberg mit, daß hier schon seit Jahren keine Exekution mehr stattgefunden hätte, so daß die Beschwerde des Haller Scharfrichters, er würde im Gericht Reutte nicht beschäftigt, ungerecht und überflüssig sei.[68]

Als letztes sei noch das Hochgericht VILS erwähnt, welches am Galgenberg zwischen dem Musauer Wald und dem Mühlwald lag.[69] Dieses Hochgericht gehörte aber, im Gegensatz zum Ehrenberger Galgen, nicht zum Amtsbezirk des Haller Scharfrichters: „*Der fürstlich Augsburgische Scharfrichter in Füssen muß vermög hoher Anstellung die bei dem daigen Kriminalrichteramt vorkommenden Verrichtungen machen und hat für diese Obligation jährlich 4 Gulden als ein Wartegeld aus der Vilsischen Urbarsgefällenkasse zu erheben.*"[70]

Die Richtstätten im Amtsbezirk des Meraner Scharfrichters

GLURNS verfügte über mehrere Richtstätten. Eine davon befand sich laut einer Beschreibung von 1743 an der Landstraße zwischen Taufers und Münster.[71] Die zweite stand auf dem sogenannten „*Tartscher Bühel*"[72] und die dritte war schließlich in der Ebene bei der Stadt.[73] Von der Richtstätte auf dem Tartscher Bühel bzw. einem kleinen vorgelagerten Hügel existiert eine Ansicht aus der Zeit um 1600.[74]

Der Galgen von SCHLANDERS befand sich zu Schanzen bei Goldrain.[75] In einem Urteil des Jahres 1557 gegen einen Dieb wird bestimmt, der Henker sollte den Verurteilten „*hin gegen Schanzen an die gewöhnliche Richtstatt führen, daselbst ihn in der Höhe des Hochgerichtes, daß die Winde des Himmels oben und unten durchwehen mögen, mit dem Strang vom Leben zum Tode richten.*"[76]

Eines der bedeutendsten Hochgerichte des Landes war jenes von MERAN, zumal insgesamt 12 Gerichte ihre Verbrecher an das Meraner Landgericht abschieben mußten, wie 1674 der Meraner Stadtrat in einem Brief feststellte.[77] Die Richtstätte, und zwar der Galgen, befand sich an der Passer beim sogenannten „*hölzernen Steg.*"[78] Bisweilen wird in der Literatur auch ein Galgen am Sinnichkopf bei Untermais genannt.[79] Eine sehr detaillierte Karte dieses Gebietes aus dem Jahre 1773, als der Galgen also noch existieren hätte müssen, zeigt auf dem Sinnichkopf allerdings nur einen Bildstock, jedoch keine Richtstätte.[80] Außerdem erscheint dieser Platz wegen seiner doch relativ großen Entfernung von der Stadt nicht gerade besonders geeignet. Wie überall in Tirol war das Meraner Hochgericht ursprünglich eine reine Holzkonstruktion, die immer wieder wegen Witterungseinflüssen überholt werden mußte. Am 6. Februar 1551 erteilte die Innsbrucker Regierung dem Meraner Landrichter wieder einmal den Auftrag, auf Kosten seiner Amtskasse einen neuen Galgen errichten zu lassen.[81] „*Obwohl das Hochgericht vorher mit hölzernen Säulen gemacht worden ist*", erhielt dieser in einem weiteren Schreiben den Befehl, es nun „*mit 2 oder 3 gemauerten Säulen, damit es auf ewig erhalten bleibt und die Kosten, die bisher auf das Holzwerk jährlich aufgelaufen sind, erspart*" werden, bauen zu lassen.[82]

Wie in Innsbruck/Sonnenburg und Rattenberg gab es auch in Meran ein Köpfplatzl, wo die Hinrichtungen mit dem Schwert vollzogen wurden. Dieses befand sich vor dem Ultner Tor.[83]

Das Hochgericht von KALTERN befand sich an der Straße von Kaltern nach Tramin in der Nähe des Kalterer Sees, unmittelbar an der Grenze des Gerichtes. Auf einer Karte aus dem Jahre 1645 (Abb. S. 140) ist sein Standort deutlich zu entnehmen und mit dem Beisatz „*Das Hochgericht, welches die Herrschaft Tramin und Kaltern scheidet*" noch weiter präzisiert.[84] Bereits 1538 wird dieser Standort des Galgens angegeben, doch dürfte er merkwürdigerweise in der Folgezeit nicht dort verblieben sein, sondern kurzfristig auf Traminer Boden gestanden haben, dann aber wieder — wie die Karte von 1645 angibt — an seinen ursprünglichen Standort an der Gerichtsgrenze verlegt worden sein. Diese Richtstätte wurde von KALTERN und TRAMIN, wahrscheinlich auch von ALTENBURG/EPPAN verwendet.[85] Die zwei Säulen des Galgens waren aus Kastanienholz.[86]

Abb. oben: Darstellung des Galgens und Rades von Bozen auf einer Karte des Jahres 1541. (Original im TLA: Karten und Pläne Nr. 162; derzeit als Dauerleihgabe im Tiroler Landeskundlichen Museum im Zeughaus, Innsbruck)

Bisher wurde von der Literatur angenommen, daß den Kalterer Galgen auch das Gericht KURTATSCH benützte.[87] In einem Hexenprozeß vom Jahre 1629 wird aber im Urteil bestimmt: *„Die Verurteilte soll dem Freimann oder Nachrichter überantwortet werden, der soll sie annehmen und binden und wohlverwahrt in Begleitung der Gerichtsherrschaft hinab nach Breitbach* (südlich von Kurtatsch) *zur gewöhnlichen Richtstätte bringen, wo die Übel- und Missetaten gestraft werden."*[88] Der Galgen von Kurtatsch stand demnach in der südlich der Gemeinde gelegenen Ortschaft Breitbach. Die letzte Renovierung des hölzernen Galgens, sowie des Prangers von Kurtatsch erfolgte im Sommer des Jahres 1772.[88a]

Das südlichste Hochgericht befand sich in SALURN, und zwar südlich des

Dorfes beim „*Galgenbühel.*"[89] Seine genaue Lage ist auf Blatt 9 der Katastermappe von 1858 zwischen Etsch und Landstraße eingezeichnet.[90]

Der Galgen von ENN und KALDIFF befand sich an der Straße von Neumarkt nach Salurn bei St. Florian.[91] Weiters wird noch ein Galgenhügel an der Straße nach Auer erwähnt. 1749 wird er im Rahmen einer Straßenerweiterung gesprengt.[92]

Das Gericht KARNEID/STEINEGG hatte einen Galgen bei der Breitbachbrücke (Gde. Blumau) und ein Köpfplatzl für Hinrichtungen mit dem Schwert.[93] Im Urbar des Gerichtes aus dem Jahre 1609 ist folgende Eintragung zu finden:[94] *„Es sind nachfolgende Höfe, die das Hochgericht, den Galgen, die Säulen, den Querbaum, die Leiter und dergleichen (ohne Eisenzeug) zu machen schuldig sind: Dyrelhof, Khreblhof, Lächlerhof, Lanndtnayhof."*

Das Hochgericht von BOZEN/GRIES befand sich an der Straße nach Gries am rechten Talferufer in unmittelbarer Nähe der Brücke. Dieser Standort ist bereits für das 14. Jahrhundert urkundlich belegt.[95] Zwei Karten, nämlich die sogenannte Überschwemmungskarte von 1541[96] (Abb. S. 135) und eine Karte aus der Zeit um 1640[97] (Abb. S. 139) bestätigen diese Angabe. Durch verschiedene Überschwemmungen wurde der Galgen wiederholt in Mitleidenschaft gezogen, so daß 1538 die Regierung den Auftrag erteilte, *„das Hochgericht, das verfault und*

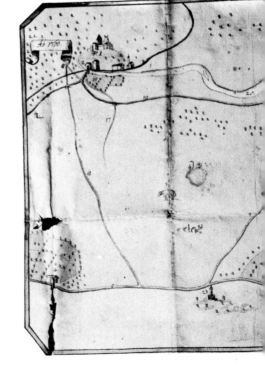

Abb. rechs: Auf einer Karte des Jahres 1760 ist der Galgen (Pfeil) des Gerichtes Neuhaus/Terlan westlich des Ortes an der Straße nach Meran eingezeichnet. Die Galgenstätte trug den Namen „Janegger Bühel".
(Original im Privatbesitz)

umgefallen ist, mit gemauerten Pfeilern an einem Ort, wo es sicher sei, wieder zu machen."[98] Der Landrichter von Gries/Bozen ließ aber lediglich einen Holzgalgen errichten, so daß 1557 wieder *„dem noch stehenden Hochgericht Alters halber nicht zu trauen"* war.[99] Da zu dieser Zeit eine Hinrichtung unmittelbar bevorstand, war Eile geboten und der Landrichter erhielt neuerlich den Auftrag, einen Galgen mit 2 gemauerten Pfeilern, wie dies in Meran vor wenigen Jahren geschehen sei, bauen zu lassen, *„damit derselbe desto länger währt."*[100]

Tatsächlich blieb der Galgen an dieser Stelle bis ins 18. Jahrhundert bestehen. Als 1715 ein Verbrecher zum Tode durch den Strang verurteilt wurde und seine Leiche bis zur Verwesung am Galgen hängen bleiben sollte, bat die Stadt wenige Wochen nach der Hinrichtung, *„daß der Cadaver des jüngst alldort justifizierten Delinquenten von dem Hochgericht herabgenommen und vergraben werden möchte, weil solcher in jetziger warmer Jahreszeit gar übel schmecken sollte"* und so die benachbarten Stadtbewohner belästigte.[101]

Das Hochgericht STEIN am RITTEN stand auf dem Pipperbichl unterhalb Klobenstein, der auch Galgen- und Hexenbichl genannt wurde.[102] Die Körper von mit dem Schwert Hingerichteten wurden manchmal in Rentsch an der Abzweigung des Rittner Weges von der Bozner Landstraße zur Schau gestellt. 1705 wurden die

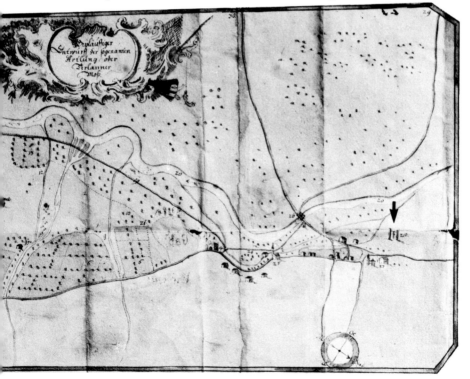

beiden Mörder des Rittener Pflegsverwalters, Georg Plankensteiner, mit dem Schwert gerichtet, anschließend ihre Körper auf das Rad geflochten und jeweils einer am Hochgericht selbst und einer an der Straßengabelung in Rentsch bis zur Verwesung aufgestellt.[103]

Das Hochgericht von NEUHAUS/TERLAN stand laut einer Angabe auf dem heute nicht mehr bekannten „Janegger" Bühel.[104] Nach einer Karte aus dem Jahr 1760 (Abb. S. 136) befand sich dieser westlich des Ortes Terlan an der Straße nach Meran. Auf der Katastermappe, Blatt 7, von 1858 trägt er die Bezeichnung „Rauhenbühel".

Von einer Reihe von Hochgerichten ist nur ihre Existenz nachgewiesen, ihren tatsächlichen Standpunkt kann man heute kaum mehr rekonstruieren. Von der Richtstätte von SARNTHEIN ist bekannt, daß sie in Öttenbach zu lokalisieren ist.[105] Den Galgen von GUFIDAUN hatte das Hochlechengut zu Nafen zu erhalten, der genaue Standort ist unbekannt.[106]

Der Standort des Galgens bzw. der Richtstätte von VILLANDERS wird in einem Todesurteil von 1612 näher präzisiert.[107] Der wegen Diebstahls zum Tode verurteilte Georg Uhrmeister soll dem Scharfrichter übergeben werden, *„welcher ihn gebunden und wohl verwahrt hinab auf die ‚Zargen' an die gewöhnliche Richtstatt führen, daselbst dann mit dem Schwert durch Enthauptung vom Leben zum Tod richten"* soll. Die Richstätte befand sich also an der Mündung des Zargenbaches in den Eisack in unmittelbarer Nähe der Landstraße.

Bei VÖLS am Schlern vermutet man den Standort in der Nähe der Burg Prösels, in WOLKENSTEIN hat man mit Col dala Pelda eine etwas genauere Angabe.[108] Der Galgen von WELSBERG und AMPEZZO befand sich an der Grenze dieser beiden Landgerichte zwischen Schluderbach und Peutelstein, wo er bereits 1307 laut einer Urkunde seinen Standort hatte.[109] Ein weiteres Hochgericht befand sich im Dorfe Niederrasen im Gericht ALTRASEN. 1568 baten die Dorfbewohner, die Richtstätte etwas von ihrem Ort entfernt bei der Landstraße auf dem Gries errichten zu dürfen, was ihnen auch zugestanden wurde, wie aus späteren Lagebeschreibungen zu entnehmen ist.[110]

Der Galgen des Gerichtes HEINFELS stand in Klettenheim, östlich von Sillian und wurde bereits 1307 urkundlich erwähnt. Seine Erhaltung oblag einigen Bauern in Vierschach. Der mündlichen Überlieferung nach hätte seinerzeit ein zum Tode verurteilter Bauer der Hinrichtung dadurch entgehen können, daß er künftig die Richtstätte versorgte und bei Hinrichtungen das nötige Material beistellte.[111] Tatsächlich war aber bei einer Neuverleihung von Gründen als eine der Auflagen bestimmt worden, daß Bauern aus Vierschach *„zu den Malefizexekutionen Haue, Schaufel, Beil, Stuhl, auch Holz zur Richtstatt"* zu stellen hatten.[112] 1652 weigerten sich die Bauern aber, dieser Pflicht nachzukommen, weil dies angeblich nicht ihre Aufgabe sei. Schließlich kam es zu einem Vergleich mit dem Gerichtsherrn. Künftig mußte der Bauer Matthias Valtener, der die Grundstücke „Henkermösele" und „Scheiblau" verliehen bekam, das Hochgericht in Ordnung halten. Nach seinem Tode 1677 bat sein Sohn, der als Schneider arbeitete, von der Erhaltungspflicht entbunden zu werden, da er als Schneider dieser Verpflichtung nicht nachkommen könne. Diesem Gesuch wurde entsprochen, er mußte von den Grundstücken eine

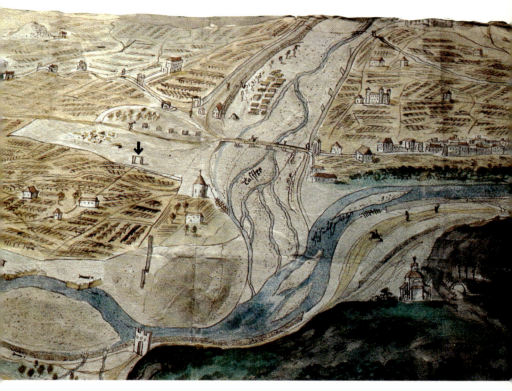

Abb. oben: Darstellung des Galgens von Gries/Bozen auf einer Karte des Jahres 1640 (Pfeil). (Original im TLA, Karten und Pläne 204)

Geldabgabe leisten, und das Hochgericht wurde auf Gerichtskosten in Ordnung gehalten.[113]

Der Galgen des Gerichtes RODENEGG befand sich in Schabs und wurde bereits im 15. Jahrhundert urkundlich erwähnt.[114]

Der Galgen des Landgerichtes St. Michelsburg stand bis 1697 auf einem Hügel in der Nähe von ST. LORENZEN. In diesem Jahr errichteten an seiner Stelle die Dorfbewohner eine Heiliggrabkapelle und der Galgen wurde auf einen anderen in der Nähe liegenden Hügel übertragen. Die Erhaltung des Hochgerichtes war Aufgabe einiger Bauern von Stefansdorf und Reischach, die dafür abgabenfrei einige Äcker nutzen durften. Die letzte nachweisliche Renovierung des immer als Holzkonstruktion ausgeführten Galgens erfolgte 1754.[115]

Zur Instandhaltung des Hochgerichtes in KASTELRUTH waren ähnlich wie in Heinfels verschiedene Bauern verpflichtet. Der Galgen stand auf dem Galgenbichl. Traurige Berühmtheit erhielt diese Richtstätte durch einen der ersten Hexenprozesse in Tirol, in dem zahlreiche Angeklagte hingerichtet wurden.[116] Die

Abb. oben: Darstellung des Galgens von Kaltern auf einer Karte des Jahres 1645 (Pfeil). (Original im TLA, Karten und Pläne Nr. 2735)

letzte Hinrichtung (Verbrennung) fand 1778 statt und wurde vom Haller Scharfrichter ausgeführt.[117]

Die Richtstätte von STERZING stand südlich von Sterzing beim Orte Tschöfs. Auf der Katastermappe von Tschöfs von 1855 ist auf Blatt 12 westlich des Ortes zwischen Landstraße und Eisack die *„Galgenwiese"* eingezeichnet.[118] Bereits 1519 war über die Erhaltung des Galgens ein Streit ausgebrochen, der schließlich damit endete, daß künftig der Saxenhof von Tschöfs den Galgen selbst zu bauen und zu erhalten hatte, während der Mairhof alle zu Hinrichtungen nötigen Dinge bereitstellen mußte. Im Urbar von 1592 wurde diese Regelung neuerlich bestätigt: *„ . . . daß solches Hoch- oder Halsgericht durch die Inhaber des Saxen- und Mairhof zu Tschöfs, im Landgericht Sterzing gelegen, von alters mit Erbauung und Erhaltung desselben versorgt werden muß."*[119]

Die östlichste Richtstätte im Amtsbezirk des Meraner Scharfrichters war in LIENZ. Über dieses Hochgericht ist durch das Urbar der Herrschaft Lienz von

1583 relativ genaue Auskunft zu erhalten: „*Zur Examinierung malefiziger Personen sind nach altem Herkommen die Bewohner des Rindermarktviertels – wer dazu tauglich – sich gebrauchen zu lassen schuldig. Die Edlinger und Alkuser im Landgericht Lienz sind schuldig, das Hochgericht zu machen, auch die arme Person bis zum Verlassen des Schlosses zu bewachen. Der Mair zu Amlach gibt die Leiter zum Hochgericht, was eine Dienstbarkeit dieses Hofes ist. Der Wirt zu Leisach muß dem Züchtiger die Handschuhe geben, darum hat er einen Garten unter dem Haus, genannt Wixlgarten, und einen Grund, die Abrau genannt, inne. Der Aicholzer in Aicholz ob Lengberg muß das Rad geben und hat darum eine Wiese, genannt die Rodwiese, inne. Wann einer enthauptet und der Leichnam im geweihten Erdreich zu bestatten erkannt würde, so sind die Nußdorfer schuldig, denselben Leichnam gegen Nußdorf in den Friedhof zu bringen und zu begraben.*"[120] Über die Hinrichtung selbst ist ebenfalls in diesem Urbar unter Bezug auf ein Urteil aus dem Jahre 1535 zu lesen: „*Der Freimann soll ihn nehmen und führen an die gewöhnliche Richtstatt, wo man mit Eisen und mit Hanf zu richten pflegt, soll ihn hängen zwischen Himmel und Erde an einem liechten Galgen und so lange richten, bis er ihm vom Leben zum Tode bringt, daß Sonne und Mond ober und unter ihm durchscheinen.*"[121] Der Lienzer Galgen befand sich auf der sogenannten „Galgentratte" östlich der Stadt.[122]

Das Hochgericht Lienz war bis zum Beginn des 18. Jh.s eine Holzkonstruktion und mußte ständig erneuert werden. 1702 war die letzte Renovierung gewesen, aber schon 1724 berichtete der Lienzer Richter, daß der Galgen „*schon vor mehr als zwei Jahren völlig verfault und jetzt gänzlich umgefallen ist.*" Die Alkuser und Edlinger, denen die Erhaltung oblag, wollten nun ein gemauertes Hochgericht errichten, falls ihnen eine kleine Unterstützung gewährt würde. Der Landrichter befürwortete dieses Anliegen und führte neben der Haltbarkeit an, daß das hölzerne Hochgericht mit den in allen Feldern stehenden Heutrockengestellen verwechselt werden könnte, was aber nicht bei einem gemauerten geschehen könne, „*welches weit erkennbarer und sichtbarer ist, mithin eine größere Furcht und Abscheu nach sich zieht.*" Dieses Argument für einen gemauerten Galgen konnte wohl nicht widerlegt werden.[123] Von der genauen Lage der Lienzer „Galgentratte" ist ein Situationsplan erhalten, der 1789 vom Waldaufseher Josef Glanzl angefertigt wurde, und für den dieser 1796 um eine Belohnung bat.[124]

Anmerkungen:

[1] Otto Stolz, Politisch-Historische Landesbeschreibung von Tirol (Nordtirol), = Archiv für österreichische Geschichte 107, Wien—Leipzig 1923, S. 87
TLA: Karten und Pläne Nr. 2818
[2] TLA: Pestarchiv VII/1 (1530 II 19)
[3] Franz-Heinz Hye, Die Städte Tirols, Teil I (= Österreichisches Städtebuch 5), Wien 1980, S. 156
Franz Biasi, Unteres Inntal, Innsbruck—Wien—München 1974, S. 54
Otto Stolz, Nordtirol, S. 121/122
Tiroler Grenzbote vom 22. IX. 1956/Nr. 38 (Beilage „Die Heimatglocke" S. 8/9), 1. XII. 1956/Nr. 48 (Beilage S. 11) und 22. XII. 1956/Nr. 5 (Beilage S. 12)
[4] TLA: Pestarchiv VII/1 (1530 II 21); Kataster 5/1, fol. 511 (1675)
[5] TLA: CD 1591—1595, fol. 20'—21'
[6] TLA: CD 1591—1595, fol. 24'—26

[7] Tiroler Grenzbote vom 20. IV. 1957/Nr. 8
[8] Eduard Lippott, Kufsteiner Chronik, in: Schlern-Schriften 157 (= Kufsteiner Buch), Bd. 2, S. 36/37
[9] TLA: Karten und Pläne Nr. 5116
vgl. Franz Biasi, a. a. O., S. 54
[10] TLA: Pestarchiv VII/1 (1530)
[11] Stolz, Nordtirol, S. 144/145
[12] Stolz, Nordtirol, S. 145, Anm. 1
[13] TLA: An die fürstl. Durchlaucht 1627, fol. 127'/128, 246'/247
[14] TLMF: Dip. 901, S. 217 (Hofresolutionen 1521—1713)
[15] Grete Mecenseffy, Täufertum in Kitzbühel, in: Stadtbuch Kitzbühel IV, Kitzbühel 1971, S. 155
Grete Mecenseffy, Geschichte des Protestantismus in Österreich, Graz—Köln 1956, S. 38
Grete Mecenseffy, Täufer in Rattenberg, in: Schlern-Schriften 262 (= Kramsacher Buch), Innsbruck 1972, S. 200, 214
Franz Biasi, Kufstein, Innsbruck—Wien—München 1976, S. 43
Eduard Widmoser, Die Wiedertäufer in Tirol, in: Tiroler Heimat XV, Innsbruck 1952, S. 70
[16] Franz Biasi, Unteres Inntal, S. 154, 190
[17] TLA: Karten und Pläne Nr. 5116, Nr. 19, Nr. 5204 („Galgenkofl" bei Strass; Anfang 19. Jahrhundert)
[18] TLA: Pestarchiv VII/1 (1530 II 21)
[19] Franz-Heinz Hye, Städtebuch, S. 221
Stolz, Nordtirol, S. 239
TLA: Karten und Pläne Nr. 2669 (als Dauerleihgabe im Landeskundlichen Museum, Zeughaus)
[20] TLA: Karten und Pläne Nr. 439
[21] TLA: Embieten und Befehl 1524, fol. 204
[22] Mecenseffy, Geschichte des Protestantismus, S. 38
[23] TLA: Embieten und Befehl 1557, fol. 604, 661/661'
[24] Hans Hochenegg, Kulturbilder aus Solbad Hall und Umgebung (= Veröffentlichungen der Universität Innsbruck 38), Innsbruck 1970, S. 69 ff
Franz-Heinz Hye, Städtebuch, S. 42
[25] TLA: Karten und Pläne Nr. 5206
[26] Stolz, Nordtirol, S. 261/262, 268 und 63
[27] TLA: CD 1656—1658, fol. 340', 587/587', 595'/596, 600
[28] TLA: CD 1747, fol. 32/32', 35/35'
[29] Hans Hochenegg, Rechtsaltertümer aus Hall in Tirol und Umgebung, in: Forschungen zur Rechts- und Kulturgeschichte 4 (= Festschrift Hans Lentze), Innsbruck—München 1969, S. 321
[30] Franz-Heinz Hye, Städtebuch, S. 103
Stolz, Nordtirol, S. 295—296
[31] TLA: Embieten und Befehl 1524, fol. 204
[32] ÖNBW: Codex Vindobonensis 7962, fol. 12'
[33] StAI: Karte Nr. 192
vgl. Franz-Heinz Hye, Zur Geschichte des Höttinger Waldes, in: Veröffentlichungen des Innsbrucker Stadtarchives, NF 5, Innsbruck 1974, S. 139—148, besonders Abb. 4
[34] Stolz, Nordtirol, S. 296
Die Originalurkunde fehlt heute (vgl. Sebastian Hölzl, Die Urkundenreihe des Pfarrarchives Hötting 1286—1852, Tiroler Geschichtsquellen 4, Innsbruck 1977)
[35] TLA: Embieten und Befehl 1554, fol. 277'
[36] Stolz, Nordtirol, S. 296, Anm. 1
[37] Stolz, Nordtirol, S. 296, Anm. 4
TLA: Embieten und Befehl 1524, fol. 204
[38] TLA: Embieten und Befehl 1721, fol. 30'—32
[39] TLA: Karten und Pläne Nr. 154/1 (1763) und Nr. 12 (1768)
[40] Hye, Städtebuch, S. 103
Stolz, Nordtirol, S. 295
TLA: Embieten und Befehl 1731, fol. 118'—119'
[41] TLA: CD 1738, fol. 228/228'

[42] TLA: CD 1739, fol. 177—179
[43] Carl Unterkircher, Chronik von Innsbruck, Innsbruck 1897, S. 216
[44] TLMF: FB 28485/1 und FB 3099
[45] TLMF: FB 3131/8
[46] TLA: A.d.f.D. 1525—1526, fol. 277
[47] Eduard Widmoser, Die Wiedertäufer in Tirol, in: Tiroler Heimat XVI, Innsbruck 1953, S. 107
David Schönherr, Gesammelte Schriften, Bd. 2, Innsbruck 1902, S. 558/559
[48] bei Fritz Steinegger, Chronik von Ampass, Innsbruck 1974;
richtiggestellt von Franz-Heinz Hye, Die Viertel-Säule in Ampass, in: Amraser Bote 11/Nr. 2, Innsbruck 1975, S. 1—5 und Das Dorf Ampass — Grundzüge seiner Geschichte, in: Tiroler Heimatblätter 1978, S. 80—86
[49] Stolz, Nordtirol, S. 381, besonders Anm. 5
Tiroler Weistümer I, S. 285
[50] TLA: Embieten und Befehl 1521, fol. 351
[51] TLA: Embieten und Befehl 1524, fol. 204
[52] Stolz, Nordtirol, S. 446
[53] Stolz, Nordtirol, S. 535
Franz-Heinz Hye, Städtebuch, S. 63
Gemeindearchiv Imst: Urkunde 110 (1585 II 19) erwähnt einen „Galgenbichl"
[54] Werner Köfler, Die mittelalterlichen Stiftsurbare des Bistums Brixen, III. Teil: Stams (= Österreichische Urbare, III. Abt., 5. Bd., III. Teil), Innsbruck 1978, Nr. 911
[55] Stolz, Nordtirol, S. 469, 501, 514
zuletzt Werner Köfler, Geschichte der Stadt Imst, in: Stadtbuch Imst, Imst 1976, S. 11
[56] Franz-Heinz Hye, Städtebuch, S. 170
[57] Den Beweis für ein eigenes Landecker Hochgericht erbrachte erstmals Franz-Heinz Hye, der auf Grund eines Protokolles von 1771 im Stadtarchiv Landeck zu diesem Schluß kam (vgl. Anm. 56)
[58] TLA: Embieten und Befehl 1537, fol. 104'
[59] TLA: CD 1628—1629, fol. 246'
[60] TLA: CD 1628—1629, fol. 266
[61] TLA: Sammelakten B/XVI/4/1
[62] Stolz, Nordtirol, S. 711, Anm. 4
[63] Stolz, Nordtirol, S. 711, Anm. 1; TLA: V. d. k. Mt. i. J. 1779/1780, fol. 349'—350'
[64] Stolz, Nordtirol, S. 770, Anm. 2
[65] Stolz, Nordtirol, S. 635
[66] Original im TLA
[67] TLA: CD 1682, fol. 205/205'
[68] TLA: CD 1748—1749, fol. 473'/474, 503—504
[69] Stolz, Nordtirol, S. 658
Franz-Heinz Hye, Städtebuch, S. 236
[70] TLA: Codex 2446 § 50 (fol. 109)
[71] Otto Stolz, Politisch-historische Landesbeschreibung von Südtirol (= Schlern-Schriften 40), Innsbruck 1937, S. 71 (besonders Anm. 7!)
[72] Stolz, Südtirol, S. 81
[73] Weistümer III, S. 8
[74] Nicolo Rasmo, Der Innsbrucker Kodex III, Trient 1979
Heinz Moser, Tiroler Landesfesten im Süden, in: Südtirol in Wort und Bild, Heft 2/3, Innsbruck 1976
Franz-Heinz Hye, Glurns — Handelsplatz, Festungsstadt, Ackerbürger, Glurns 1977, Abb. 1
[75] Stolz, Südtirol, S. 107
[76] vgl. TLA: Codex 2156, fol. 67' (ähnliche Formulierung auf fol. 3')
[77] Cölestin Stampfer, Geschichte von Meran, Innsbruck 1872, S. 144
[78] Ludwig Rapp, Die Hexenprozesse und ihre Gegner in Tirol, Brixen 1891, S. 61
[79] Stolz, Südtirol, S. 134
C. Stampfer, a. a. O., S. 143/144
[80] TLA: Cameral Cattanea 236
[81] TLA: Embieten und Befehl 1551, fol. 179
[82] TLA: Embieten und Befehl 1551, fol. 278
[83] Stolz, Südtirol, S. 133/134 (Anm. 5)

[84] TLA: Karten und Pläne Nr. 2735
[85] Stolz, Südtirol, S. 186, 200, 208/209, 214
[86] Stolz, Südtirol, S. 200, Anm. 3
[87] Stolz, Südtirol, S. 214
[88] TLA: Sammelakten B/XVI/4/2
  [a] TLA: V.d.k. Mt. i. J. 1771/1772, fol. 356'/357, 441, 470
[89] Stolz, Südtirol, S. 219
[90] Original im TLA
[91] Stolz, Südtirol, S. 231
[92] TLA: Baudirektionsakten 2/21
[93] Stolz, Südtirol, S. 244
  Karl M. Mayr, Aus dunkelster Zeit (Der Karneider Hexenprozeß vom Jahre 1680), in: Der Schlern 29, Bozen 1955, S. 391
[94] TLA: Urbar 43/1, fol. 13/13'
[95] Stolz, Südtirol, S. 257
[96] TLA: Karten und Pläne Nr. 162 (als Dauerleihgabe im Landeskundlichen Museum, Zeughaus)
[97] TLA: Karten und Pläne Nr. 204 (ehem. Leopoldinum E Nr. 34)
[98] TLA: Gemeine Missiven 1538, fol. 102
[99] TLA: Pestarchiv VII/9 (1557 VII 3)
[100] TLA: Embieten und Befehl 1557, fol. 604, 661/661'
[101] TLA: CD 1715, fol. 310, 361
[102] Stolz, Südtirol, S. 305/306
  A. Heyl, Das Scharfrichterwesen am Ritten, Progr. der Realschule Bozen 1883/1884, S. 10
[103] TLA: CD 1705, fol. 35, 62
[104] Stolz, Südtirol, S. 289; den Hinweis auf die Karte von Terlan von 1760 verdanke ich Herrn Landesarchivar Dr. Josef Nössing, Bozen
[105] Stolz, Südtirol, S. 299
[106] Stolz, Südtirol, S. 378
[107] TLA: Codex 2073, fol. 38
[108] Stolz, Südtirol, S. 358/359, 384
[109] Stolz, Südtirol, S. 617, 722
[110] Stolz, Südtirol, S. 597 (Anm. 4)
[111] Aus der Sillianer Chronik, in: Osttiroler Heimatblätter 11, Lienz 1934, 2. Lieferung, S. 2
[112] Stolz, Südtirol, S. 631 (Anm. 2)
[113] TLA: Haller Damenstift XIV/11
  Stolz, Südtirol, S. 631 (Anm. 2)
[114] Stolz, Südtirol, S. 438
[115] Stolz, Südtirol, S. 564/565 (Anm. 1)
[116] Außerer Karl, Castelrotto-Siusi, in: Der Schlern 8, Bozen 1927, S. 244 ff
  Ludwig Rapp, Die Hexenprozesse und ihre Gegner in Tirol, Brixen 1891, S. 58
[117] Karl Außerer, a. a. O., S. 246/247
[118] Original im TLA
[119] TLA: Urbar 48/12, fol. 12'—15
  Stolz, Südtitol, S. 463
[120] TLA: Urbar 59/8, fol. 307'—308; den Hinweis verdanke ich Herrn Dr. W. Beimrohr
[121] TLA: Urbar 59/8, fol. 308'—311
[122] Hye, Städtebuch, S. 188
[123] TLA: Haller Damenstift IX/14
[124] TLA: Akten des Landgerichtes Lienz 1796/III/23 (für den Hinweis danke ich Herrn Dr. Meinrad Pizzinini)

ALPHABETISCHES VERZEICHNIS DER HALLER SCHARFRICHTER

Abrell Johann Jakob (1728—1746)
Abrell Marx Philipp (1718—1728)
Frey Johann (1528—1571)
Frey Melchior (1572—1578)
Fürst Michael (1584—1606)
Grätz, Lienhart von (1497—1503)
Has Hans (1618—1642)
Hödl Heinrich (1642—1645)
Käser Heinrich (1525)
Kenle Jakob (1608—1611)
Krieger Othmar (1645—1671)
Langmayr Josef (1746)

Leiner Andreas (1677—1693)
Oberstetter Sebastian (1606—1608)
Pöltl Kaspar (1693—1698)
Putzer Bartholomeus (1747—1772)
Putzer Johann Georg (1772—1786)
Ruef Stefan (1503—1525)
Schaider Hans (1525—1528)
Tollinger Christof (1578—1584)
Vollmar Jakob (1611—1618)
Waldl Sebastian (1699—1718)
Zäch Jakob (1671—1677)

CHRONOLOGISCHES VERZEICHNIS DER HALLER SCHARFRICHTER

1497—1503 Lienhart von Grätz
1503—1525 Stefan Ruef
1525   Heinrich Käser
1525—1528 Hans Schaider
1528—1571 Johann Frey
1572—1578 Melchior Frey
1578—1584 Christof Tollinger
1584—1606 Michael Fürst
1606—1608 Sebastian Oberstetter
1608—1611 Jakob Kenle
1611—1618 Jakob Vollmar
1618—1642 Hans Has

1642—1645 Heinrich Hödl
1645—1671 Othmar Krieger
1671—1677 Jakob Zäch
1677—1693 Andreas Leiner
1693—1698 Kaspar Pöltl
1699—1718 Sebastian Waldl
1718—1728 Marx Philipp Abrell
1728—1746 Johann Jakob Abrell
1746   Josef Langmayr
1747—1772 Bartholomeus Putzer
1772—1786 Johann Georg Putzer

Biographische Angaben über die Scharfrichter von Hall in Tirol

ABRELL Johann Jakob (1728—1746)
Siehe unter Abrell Johann Jakob als Meraner Scharfrichter

ABRELL Marx Philipp (1718—1728)
Nach der Kündigung des bisherigen Scharfrichters Sebastian Waldl wurde Marx Philipp Abrell (auch Abarell, Abriel, Abrael) neuer Haller Scharfrichter. Schon im Jahre 1608 hatte sich mit Jakob Abrell aus München ein Mitglied dieser bedeutenden Henkerdynastie um den Haller Scharfrichterposten beworben, war aber abgewiesen worden.[1] 1594 läßt sich ein Mitglied dieser Familie in Schongau als Henker nachweisen.[2] Weitere Henker aus dieser Familie waren der schon genannte Jakob Abrell von München (1608), Johann Abrell von Oberdorf (1628), Johann Abrell von Kaufbeuren (1659), Bartholomeus Abrell von Kempten (1659), Andreas Abrell von Memmingen (1665) und Bartholomeus Abrell von Günzburg (1670).[3]
Der neue Haller Scharfrichter Marx Philipp Abrell konnte also auf eine lange Familientradition zurückblicken. Wie bei seinen Vorgängern stellte sich auch bei Abrell die Entlohnung als größtes Problem seiner Tätigkeit heraus. 1719 mußte er um die ordnungsgemäße Bezahlung der Bestattung eines Selbstmörders in Rotholz ansuchen.[4] Belege für ähnliche Vorfälle in der zehnjährigen Amtszeit Abrells sind sehr zahlreich. Vor allem die Bestattungen von Selbstmördern waren immer wieder Anlaß zu Streitigkeiten über die Gebühren, so beispielsweise 1720 in Hall[5] und Kitzbühel,[6] 1723 in Fließ[7] und 1724 in Tösens[8] und Leutasch.[9]
Eine der ersten Exekutionen, die Abrell in Tirol durchführen mußte, war ihm mißlungen: *„Dieser Jakob Summerer ist anno 1719 zu Innsbruck eingelegen, ex capite furti processiert und zu dem Strange verurteilt, auch wirklich am Hochgericht aufgehängt, durch den Bruch des Strickes aber herabgefallen und hierüber vermöge allerhöchster kaiserlicher Resolution pardoniert"* worden — wie später dieses Ereignis beschrieben wurde.[10]
Bei anderen Exekutionen konnte Abrell dieses Mißgeschick vergessen machen. 1721 richtete er in Kufstein die Kindesmörderin Elisabeth Stipler mit dem Schwert hin,[11] im Jahr darauf die beiden Giftmörder Walburga Widauer und Erhard Fröschl. Widauer sollte *„durch den Freimann zu der Richtstatt geführt und daselbst zweimal mit glühenden Zangen gerissen, alsdann mit dem Schwert vom Leben zum Tode hingerichtet"* werden. Ihr Komplize Erhard Fröschl sollte *„durch den Freimann zu der Richtstatt geführt, daselbst durch das Schwert vom Leben zum Tod hingerichtet, sodann der tote Körper an einem sichtbaren Ort bei dem Hochgericht auf das Rad geflochten"* werden.[12]
Ein für den Scharfrichter verdienstmäßig gutes Jahr war 1725, als er drei Exekutionen vornehmen mußte. In Imst waren der wegen Geldfälschung angeklagte Goldschmied Anton Pfister und sein Komplize Johann Seelos zum Tode

verurteilt worden. Pfister wurde geköpft und verbrannt, Seelos nur geköpft und dazu begnadigt, daß sein Leichnam in geweihter Erde bestattet werden durfte.[13] Im selben Jahr köpfte Abrell in Hall den Brudermörder Quintin Lederer. Dessen Körper wurde anschließend auf das Rad geflochten und bis zur Verwesung in der Haller Au „*in loco delicti*" zur Schau gestellt.[14]

Marx Philipp Abrell war bereits relativ alt, als er seinen Dienst in Hall antrat. Sein Sohn Johann Jakob war zu dieser Zeit schon erwachsen und half seinem Vater als Henkersknecht. Als Ende 1723 der Meraner Henker Johann Peter Vollmar gestorben war, bat Marx Philipp Abrell, seinen Sohn als neuen Meraner Scharfrichter einzustellen.[15] Dieser erhielt im Dezember 1723 die provisorische und nach Ablegung eines Meisterstückes, der Hinrichtung von drei Verbrechern in Bozen, die endgültige Bestellung.[16] Als 1728 Marx Philipp Abrell altersbedingt seinen Dienst quittierte, wurde sein Sohn von Meran nach Hall versetzt. Marx Philipp erhielt jährlich eine Rente von 25 Gulden „*ad dies vitae*", also bis zu seinem Lebensende, und 5 Fuder Brennholz. Dies ermöglichte ihm, der weiter bei seinem Sohn in der Scharfrichterbehausung wohnen durfte, einen bescheidenen, aber gesicherten Lebensabend. Am 4. Oktober 1738 verstarb Marx Philipp Abrell in Hall.[17]

FREY Johann (1528—1571)

Johann Frey stammte aus Lamperswilen südlich von Konstanz und wurde am 23. April 1528 zum Haller Scharfrichter ernannt.[18] Wenige Monate später erhielt er ein Verzeichnis der ihm zugeteilten Gerichte, welches Freundsberg, Rattenberg, Kufstein, Ehrenberg, Landeck, Laudegg, Sonnenburg und Steinach umfaßte.[19] 1533 erteilte ihm die Regierung die ausdrückliche Erlaubnis, auch im Unterengadin Exekutionen vorzunehmen, wofür er durch den Pfleger von Nauders entlohnt werden sollte.[20] Ein 1534 neuerlich erstelltes Verzeichnis der ihm zustehenden Gerichte stimmte mit jenem von 1528 überein.[21]

Der Jahreslohn von 100 Gulden wurde Hans Frey bis zum Jahre 1541 zu jedem Quartal mit 25 Gulden bezahlt; am 6. Juli 1542 erhielt der Salzmair den Auftrag, dem Scharfrichter Frey „*in Ansehung seiner vielen kleinen Kinder*" den Jahreslohn in Wochenraten auszubezahlen.[22] 1549 erhielt Johann Frey von König Ferdinand I., einen Geleitbrief, der es ihm ermöglichte, sich unbehelligt in Tirol zu bewegen und seiner Arbeit nachzugehen.[23] 1560 erlaubte die Regierung dem Scharfrichter, unter den Hochgerichten nach versteckten Schätzen zu graben, doch mußte er jeweils die Hälfte dem Landesfürsten abliefern.[24]

Als 1561 der Meraner Henker wegen eines begangenen Todschlages flüchtig war, sollte Frey an seiner Stelle in Bozen zwei Verbrecher hinrichten.[25] Frey lehnte jedoch ab, da er wegen seines hohen Alters und seiner Kränklichkeit eine so weite Reise nicht machen könnte und außerdem in Ehrenberg eine Hinrichtung vorzunehmen hätte. Man sollte an seiner Stelle den Trientiner Scharfrichter bestellen.[26] Eine weitere Hinrichtung in Bozen 1566 hat Hans Frey ebenfalls abgelehnt.[27]

Hans Frey, der Ende 1571 in Hall verstorben ist, war fast 43 Jahre Scharfrichter in Hall. In seine Amtszeit fiel der Kampf gegen die Sekte der Wiedertäufer, der anfänglich äußerst brutal geführt wurde und zu unzähligen Todesurteilen führte.

Fast 200 Hinrichtungen mußte Frey allein an Wiedertäufern vornehmen, wobei der Schwerpunkt seiner Tätigkeit in den Gerichten Rattenberg (71 Hinrichtungen), Kitzbühel (68 Hinrichtungen), Kufstein (22 Hinrichtungen) und Schwaz (20 Hinrichtungen) lag.[28] Eine der größten Massenhinrichtungen, wie man sie bis dahin in Tirol noch nicht gesehen hatte und wie sie sich auch in den künftigen Jahrhunderten nicht wiederholen sollte, fand 1529 in Rattenberg statt. Zum Schutz der Richter und des Henkers vor dem Ansturm der Bevölkerung stellte die Stadt sechs mit Harnischen bewaffnete Wächter.[29] 17 Wiedertäufer fanden durch die Hand des Scharfrichters den Tod.

Wenig später mußte Hans Frey in Kitzbühel bei einer Exekution zehn Wiedertäufer hinrichten.[30] Erwähnenswert ist noch die Hinrichtung eines Innsbrucker Buchhändlers und seiner Frau im Jahre 1529, für die Hans Frey lediglich 1 Gulden 4 Pfund erhielt.[31]

Auch die Hinrichtung der letzten Wiedertäuferführer in Tirol, Hans Mändl zusammen mit zwei Glaubensgenossen im Jahre 1561, und Niclas Geyerbühler 1567, war Aufgabe von Hans Frey. Mändl wurde dabei lebendig verbrannt, seine beiden Leidensgenossen geköpft und dann verbrannt.[32] Zu dieser Zeit war der Haller Scharfrichter schon ein betagter Mann, dem sein Handwerk manchmal recht beschwerlich war, und der seinen Sohn Melchior gerne als Hilfskraft benutzte. Als er im März 1563 in Meran drei Verbrecher richten mußte, weil der Meraner Henker kurz zuvor verstorben war, erhielt der Landrichter den Auftrag, Hans Frey 18 Gulden zu bezahlen, *„weil er nunmehr alt ist und seinen Sohn mitnehmen will."*[33]

Wenn man annimmt, daß neben den Wiedertäufern jährlich 2 bis 3 Exekutionen an Verbrechern im Amtsbezirk des Haller Scharfrichters stattfanden, so hat Hans Frey in den 43 Jahren seiner Scharfrichtertätigkeit rund 300 Menschen hingerichtet.

FREY Melchior (1572—1578)

Siehe unter Melchior Frey als Meraner Scharfrichter!

FÜRST Michael (1584—1606)

Michael Fürst wurde am 30. Juli 1584 mit 104 Gulden Jahressold zum Haller Scharfrichter bestellt.[34] Eine seiner ersten größeren Hinrichtungen fand im Sommer 1585 statt, als er in Lienz drei Wiedertäufer richten mußte.[35] Eine weitere Massenhinrichtung fand in Lienz 1603 statt. Dabei waren fünf Verbrecher vom Haller und zwei Verbrecher vom Meraner Scharfrichter zu exekutieren. Michael Fürst erhielt dafür die stattliche Summe von 65 Gulden, obwohl er ursprünglich sogar die weit überhöhte Gebühr von 100 Gulden verlangt hatte. Da aber auch die 65 Gulden weit über dem Normaltarif lagen, erhielt Fürst eine strenge Verwarnung durch die Regierung in Innsbruck.[36]

Auf Grund einer schweren Erkrankung des Meraner Scharfrichters mußte Michael Fürst im Jahre 1604 zwei Verbrecher in Meran und zwei Verbrecher im Gericht Welsberg hinrichten.[37] Schon 1591 hatte Fürst in Meran eine Exekution

vorgenommen, weil der damalige Meraner Scharfrichter seinen eigenen Sohn im Streit schwer verletzt hatte und geflohen war.[38]
Die Dienstauffassung von Michael Fürst blieb jedoch nicht immer frei von Kritik. 1592 beschwerte sich der Kitzbühler Stadt- und Landrichter, daß Fürst nur dann Exekutionen vorzunehmen bereit war, wenn er überhöhte Gebühren erhielt. Anderenfalls weigere er sich, nach Kitzbühel zu kommen.[39] Dieser Streit konnte beigelegt werden, und am 24. Mai 1594 verbrannte Michael Fürst die als Hexe zum Tode verurteilte Ursula Zanger in Kitzbühel.[40] Das Problem der überhöhten Gebührenforderung wurde 1603 neuerlich akut, doch wurde Fürst auf seine Dienstinstruktionen verwiesen.[41] 1604 gab es Schwierigkeiten, weil zur Hinrichtung des Hans Egger in Taufers irrtümlich auch Michael Fürst bestellt worden war, obwohl eigentlich der Meraner Scharfrichter zuständig und auch gekommen war.[42]
Das Verhalten von Michael Fürst anläßlich von Gerichtsverhandlungen und Exekutionen erregte öfters das Mißfallen der Regierung. 1593 wurde er sogar vorübergehend gefangengenommen, weil er sich beim Malefizprozeß gegen Thomas Ragger im Haller Rathaus schlecht aufgeführt hatte.[43] 1604 wurde Fürst eindringlich verwarnt, sich gegenüber den Verurteilten nicht mehr grob zu verhalten,[44] wie dies etwa bei der Hinrichtung zweier Verbrecher in Kufstein 1602 geschehen war.[45] Zu Jahresbeginn 1605 wollte Michael Fürst wegen seiner Schwierigkeiten auf das Haller Scharfrichteramt verzichten,[46] doch ließ er in der Folge diesen Plan wieder fallen. Ein interessantes Detail am Rande, welches ein bezeichnendes Licht auf die Persönlichkeit Fürsts wirft, war die Anordnung der Regierung in Innsbruck vom 26. September 1605, binnen Monatsfrist zu beichten und zu kommunizieren und den Beichtzettel der Regierung vorzulegen.[47]
Michael Fürst starb im September 1606 nach 22 Dienstjahren. Die Bestattung im Haller Friedhof stieß bei den Bürgern und Vertretern der Stadt auf Widerstand, so daß schließlich die Regierung streitschlichtend einschreiten mußte.[48] Michael Fürst hatte zahlreiche Söhne, die ebenfalls das Scharfrichterhandwerk erlernt hatten. Hans Fürst war 1592 trotz seiner Minderjährigkeit kurzfristig für die *"schlechten und geringen Exekutionen"* zum Meraner Henker bestellt worden.[49]
Wolfgang Fürst vorübergehend ab 1605 und ab 1621[50] und Georg Fürst bis 1621[51]. Ein späterer Nachfahre der Familie, Jakob Fürst, war von 1690 bis 1694 Henker in Meran. Während die Söhne Hans und Wolfgang schon vor 1584 geboren worden waren, kam Georg erst am 9. Mai 1589 zur Welt. Zwei weitere Söhne, nämlich Kaspar (1587 I 4) und Michael (1591 I 31), und eine Tochter, Anna (1593 VII 24), kamen ebenfalls in Hall zur Welt. Die erste Ehefrau Michael Fürsts starb am 1. April 1596 und nur einen Monat später, am 2. Mai 1596, heiratete Fürst seine zweite Frau, Elisabeth Engelmayr. Aus dieser Ehe stammt der Sohn Michael (1597 III 3) und die Tochter Katharina (1598 XI 11).[52]

GRÄTZ, Lienhart von (1497—1503)

Meister Lienhart von Grätz stammt aus Graz/Steiermark und wurde zum ersten Haller Scharfrichter bestellt.[53] Sein Grundgehalt betrug 80 Gulden rheinisch und wurde vom Salzmairamt in Hall in vier Raten zu je 20 Gulden ausbezahlt.

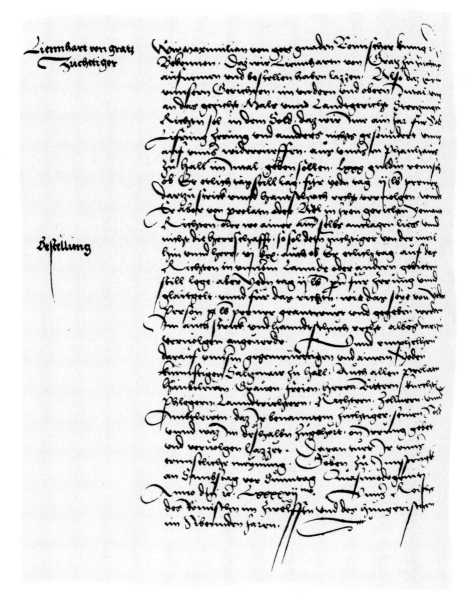

Abb. oben: Bestellung Meister Lienharts von Grätz zum ersten Haller Scharfrichter, 1497.
(Original im TLA, Bekennen 1496/1497, fol. 64')

HAS Hans (1618—1642)

Hans Has ersetzte im Jahre 1618 seinen Vorgänger Jakob Vollmar, der wegen seines schlechten Lebenswandels nicht mehr länger tragbar gewesen war, ohne allerdings vorerst eine Bestellungsurkunde zu erhalten. Erstmals eindeutig als Haller Scharfrichter wird er in einem Schreiben vom 5. November 1621 bezeichnet, worin seine überhöhten Forderungen für die Bestattung der Selbstmörderin Anna Prantmair im Gericht Rottenburg trotz heftiger Proteste auf 10 Gulden gekürzt wurden.[54]

Daß allerdings auch Hans Has so wie sein Vorgänger zur Gewalttätigkeit neigte, ist an zwei Beispielen aus dem Jahre 1623 zu zeigen. Has und seine Tochter, die ihren Vater bei seiner Arbeit unterstützte, wurden im März dieses Jahres zehn Tage bei Wasser und Brot gefangengesetzt, weil sie sich bei einer Hinrichtung in Kufstein gegen den Verurteilten brutal verhalten hatten.[55] Im selben Jahr reiste Hans Has nach Reutte und nötigte den dortigen Richter unter Gewaltandrohung zur Zahlung einer Summe als Entschädigung dafür, daß dieser zur Bestattung eines Selbstmörders den Füssener Henker bestellt hatte.[56]

Ein dritter Vorfall im Jahre 1623 veranlaßte schließlich die Regierung in Innsbruck, Has und seine Gattin verhaften und durch den Sonnenburger Richter verhören zu lassen. Beide hatten sich nämlich als Wunderheiler ausgegeben und erfreuten sich großen Zuspruchs. Als die Untersuchung des Sonnenburger Richters *„die schwere Vermutung eines zauberischen Unwesens"* ergab, wurde dem Scharfrichter und seiner Frau jede weitere Betätigung als Wunderheiler untersagt.[57] Vorerst dürfte Has diese Anordnung auch befolgt haben, dies umso mehr, als er bei zwei Hinrichtungen in diesem Jahr unmittelbar miterlebte, wohin eine Verurteilung wegen Zauberei führte. In Landeck waren nämlich zwei Frauen wegen Hexerei verurteilt worden, daß sie der Scharfrichter *„auf die Öde zu der Richtstätte führen und daselbst lebendig in das Feuer werfen und zu Pulver und Asche verbrennen sollte"*.[58]

Die oben erwähnte Tochter von Hans Has war mit dem Henkersknecht Michael Pichler verheiratet. Als die Meraner Scharfrichterstelle 1623 neu besetzt werden sollte, setzte sich Has vehement dafür ein, daß sein Schwiegersohn angestellt wurde.[59] Has selbst wollte 1625 auf Grund seiner ständigen Schwierigkeiten kündigen, ließ dieses Vorhaben aber wieder fallen.[60]

Auch die folgenden Jahre waren für Has von ständigen Schwierigkeiten gekennzeichnet, zumal er immer wieder zu hohe Gebühren verrechnete. Diesem Übel konnte auch eine neue Dienst- und Gebührenordnung von 1628 nicht abhelfen.[61] 1629 beschwerte sich der Kufsteiner Richter über zu hohe Forderungen für eine Prangerstellung mit Rutenstrafe,[62] während Has sich seinerseits über den Landecker Wasenmeister beschwerte, der eine Selbstmörderin begraben und ihn um den Lohn geprellt hatte.[63] Dann klagte wieder der Haller Goldschmied Jakob Witz, daß Has 1629 für die Bestattung seiner Dienstmagd, die Selbstmord begangen hatte, zuviel gefordert hatte.[64] Diese wenigen Beispiele aus dem Jahre 1629 zeigen, wie schwierig der Umgang mit Hans Has war. Eine Reihe weiterer überhöhter Lohnforderungen, wie beispielsweise 1630 in Rottenburg[65] und 1636 seine Weigerung, wegen der seiner Meinung nach zu niedrigeren Gebühren in Kitzbühel eine Hinrichtung vorzunehmen,[66] runden dieses Bild weiter ab. Außerdem hatte er 1638 wiederum den Verkauf von Armesünderfett und Galgenstricken aufgenommen und sich auch der Kunst gerühmt, verlorene oder gestohlene Dinge kraft seiner hellseherischen Begabung wiederzufinden. Eine ernste Verwarnung durch die Landesfürstin, Erzherzogin Claudia von Medici, war die Folge.[67]

Eine zweite Tochter von Hans Has war mit dem Scharfrichter im Veltlin verheiratet, für den er 1631 nach dem Tode seines Schwiegersohnes Michael Pichler die vakante Meraner Scharfrichterstelle beantragte.[68] Bis zur endgültigen Entscheidung darüber mußte Hans Has auch in Südtirol Hinrichtungen vornehmen, so etwa im Februar 1632 im Sarntal.[69] Die „Probehinrichtung" durch seinen Schwiegersohn scheint jedoch schlecht verlaufen zu sein, denn neuer Meraner Scharfrichter wurde der aus Marquartstein/Bayern stammende Leonhard Oberdorfer.[70]

Am 7. April 1639 war die Ehefrau von Hans Has, Elisabeth, gestorben,[71] er selbst ist am 5. Juni 1645 zu Tode gestürzt. Da man ohnehin wegen seines hohen Alters seine Kündigung in Erwägung gezogen hatte,[72] hinterließ sein Rücktritt 1642 keine allzu große Lücke, zumal die Regierung in Heinrich Hödl schon einen Ersatz gefunden hatte.

HÖDL Heinrich (1642—1645)

Schon im Jahre 1638 hatte sich Hans Jakob Mohrhaupt als Haller Scharfrichter beworben, war aber abgewiesen worden.

Im August des Jahres 1642 bewarb sich Heinrich Hödl um die Nachfolge von Hans Has, da dieser altersbedingt seinen Beruf aufgeben wollte.[72a] Wenige Wochen später hatte seine Bewerbung Erfolg, und Hans Has wurde in den Ruhestand versetzt.[72b] Sein einziger Mitbewerber um den Posten eines Haller Scharfrichters, der Henker Hans Leonhard Heppl, hatte auf dem Weg nach Hall in Zell am Ziller den dortigen Abdecker Josef Stainer ermordet, war in Hall gefangen und zum Tode verurteilt worden. Seine Exekution war die erste Arbeit Heinrich Hödls als Haller Scharfrichter.[72c] Wenig später mußte er auf Befehl der Innsbrucker Regierung in Arco nördlich vom Gardasee eine Hinrichtung durchführen.[72d]

Auch 1643 hatte Hödl eine Reihe von Exekutionen auszuführen, deren bedeutendste die Enthauptung des Haller Salzgadners Zacharias Pompanin war.[72e] Kurz nach der Hinrichtung eines Diebes mit dem Strang in Rattenberg,[72f] faßte die Regierung mit Sixtus Vischer einen neuen Kandidaten als Haller Scharfrichter ins Auge, zumal Hödls Lebenswandel nicht den Vorstellungen seiner Vorgesetzten entsprach.[72g] Schließlich wurde er zu Jahresbeginn wegen erwiesenen Ehebruchs entlassen und verließ am 19. März 1645 das Scharfrichterhaus.[72h] Als Nachfolger wurde Othmar Krieger im Herbst 1645 bestimmt, nachdem Michael Kappler, ein Schwager von Hans Has, abgewiesen worden war.[72i]

KÄSER Heinrich (1525)

Siehe unter Heinrich Käser als Meraner Scharfrichter!

KENLE Jakob (1608—1611)

Jakob Kenle stammte von Leubus, einem heute polnischen Ort (Lubiaz) an der Oder in Niederschlesien und wurde am 14. August 1608 anstelle von Sebastian Oberstetter mit einem Jahresgehalt von 104 Gulden angestellt.[73] Er wurde dabei Jakob Abrell aus der Münchner Henkerdynastie vorgezogen, der sich ebenfalls beworben hatte.[74] Jakob Kenle war nur kurze Zeit in Tirol tätig und verließ bereits zu Jahresbeginn 1611 wieder das Land. In seine Amtsperiode fallen nur wenige Hinrichtungen.

KRIEGER Othmar (1645—1671)

Othmar Krieger stammte aus Bregenz/Vorarlberg und wurde am 4. Dezember 1645 als Haller Scharfrichter eingestellt.[75] Seine Entlohnung betrug zwei Gulden pro Woche, jährlich acht Fuder Brockenholz und freie Wohnung im Scharfrichterhaus im Gritschenwinkel. 1648 erhielt er wegen der ausgesprochen schlechten wirtschaftlichen Lage eine einmalige Zahlung von 15 Gulden.[76] Wie sein Vorgänger Hans Has versuchte auch Krieger, seinen Lohn durch den Verkauf von Armesünderfett und Galgenstricken, sowie durch Kurpfuscherei, aufzubessern. 1665 wurde ihm aufgetragen, alle jene Personen, die *„sich unterstehen, bei ihm zu Hall ungebührliche Mittel und Hilfe zu suchen"*, abzuweisen und bei der Regierung in Innsbruck zur Anzeige zu bringen.[77]

Othmar Krieger verursachte 1663 jene merkwürdige, fehlgeschlagene Hinrichtung, die damals als Wunder bezeichnet und in der Folgezeit publizistisch ausgeschlachtet wurde. Der Raubmörder Thomas Hanns sollte im Gericht Heinfels durch Rädern getötet werden. Trotz größter Bemühungen Kriegers und seines Sohnes, der ihm als Henkersknecht diente und dann selbst von 1675 bis 1679 Meraner Henker war, überlebte der Geräderte lediglich mit einem Bruch des linken Schienbeines. Der Richter von Heinfels, der diesem Wunder mißtraute, verweigerte dem Scharfrichter die Bezahlung und die Regierung unterzog diesen einem ausgiebigen Verhör.[78] Schließlich beruhigten sich die Gemüter, der Heinfelser Richter zahlte die Hinrichtungsgebühr, der wundersam Errettete trat in den Servitenorden ein, lediglich die Regierung befahl dem Scharfrichter, *„den Malefikanten die geweihten Sachen"* künftig immer vor der Hinrichtung abzunehmen, da ein Skapulier letztlich die Ursache dafür gewesen war, daß der Nagel, der in die Brust dringen und den Todeskampf verkürzen hätte sollen, abprallte, und so die Hinrichtung fehlschlug.[79]

Abgesehen von dieser Hinrichtung übte Krieger sein Handwerk zur vollen Zufriedenheit aus. Schon am 17. Juli 1651 hatte er erstmals Aufsehen erregt, als er in Rattenberg dem Tiroler Kanzler Wilhelm Bienner mit einem wuchtigen Schlag nicht nur den Kopf, sondern auch die zum Gebet gefalteten Hände, abschlug.[80] 1658 hatte er in Rattenberg ebenfalls zur Zufriedenheit seiner Vorgesetzten die Verbrecherin Elisabeth Riedl geköpft.[81] Im selben Jahr wie die vergebliche Hinrichtung von Heinfels erhielt er für die Prangerstellung und das Hängen eines Verbrechers in Kufstein die stattliche Summe von 17 Gulden.[82] Ein verdienstmäßig besonders gutes

Jahr für den Scharfrichter Krieger war 1665, als er in Kufstein drei Hinrichtungen[83] und in Rattenberg zwei Hinrichtungen wegen Mordes[84] durchführen mußte. In manchen Jahren dagegen fanden nur wenige Hinrichtungen statt, so daß der Scharfrichter entsprechend weniger verdiente, wie beispielsweise 1655, als nur eine einzige Exekution in Innsbruck stattfand.[85] Im Durchschnitt wurden im Amtsbereich des Haller Scharfrichters jährlich zwei bis drei Verbrecher zum Tode verurteilt, so daß Krieger während seiner rund 25jährigen Dienstzeit ca. 70 bis 80 Menschen exekutieren mußte.

Neben den Hinrichtungen waren das Bestatten der Selbstmörder und die Vornahme der Tortur die wichtigsten Einnahmequellen. Die Gebühr für das Begraben von Selbstmördern war relativ hoch und betrug manchmal das Fünffache der Exekutionsgebühr. 1663 mußte Krieger eine Selbstmörderin aus dem Fernsteinsee bergen und bestatten, wofür er 30 Gulden erhielt.[86]

Im Jänner 1671 kündigte sich schon ein Wechsel im Haller Scharfrichteramt an[87], und am 25. Februar 1671 gab Krieger seinen Dienst altersbedingt auf.[88] Kurze Zeit später, am 18. Mai 1671, starb Othmar Krieger und wurde — wie es in einer Beschwerdeschrift der Stadt Hall hieß — *„hinterrücks mitten unter ehrlichen Leuten"* bestattet. Um künftige Beschwerden dieser Art zu vermeiden, schuf man in der Nähe der ehemaligen St. Veitskapelle eine eigene Begräbnisstätte für Scharfrichter.[88 a]

Othmar Krieger war insgesamt viermal verheiratet. Aus seiner ersten Ehe mit Anna Mair stammen die Söhne Leonhard, der vor 1645 geboren wurde, Kristof I (1647 XII 23; als Kind verstorben) und Kristof II (1651 III 19). Nach dem Tod seiner ersten Frau heiratete Krieger die Witwe des Haller Wasenmeisters Matthias Haimrecht (1654 IV 20), die ihm den Sohn Othmar (1655 XI 16) und die Tochter Maria (1664 IV 29) gebar. 1664 starb die zweite Frau Kriegers, der nun seine Stieftochter Barbara, die Tochter seiner zweiten Frau aus deren Ehe mit dem Wasenmeister, heiratete (1664 XI 2). Als auch seine dritte Frau starb, heiratete Krieger am 2. Mai 1667 die Witwe des Füssener Scharfrichters Jakob Bayer sen., Barbara Bayer.[89]

LANGMAYR Josef (1746)

Am 28. Juni 1746 wurde Josef Langmayr, der aus Graz/Steiermark stammte, für den wegen Unfähigkeit entlassenen Scharfrichter Johann Jakob Abrell Haller Scharfrichter. Abrell erhielt den Auftrag, die Scharfrichterbehausung binnen 14 Tagen zu räumen und den neuen Scharfrichter Langmayr bei seiner Amtsausübung nicht zu hindern.[90] Trotz wiederholter Mahnungen konnte Langmayr Ende Juli 1746 die Scharfrichterbehausung noch immer nicht beziehen.[91]

Die Karriere von Josef Langmayr als Haller Scharfrichter dauerte jedoch nur wenige Monate. Bereits Ende Jänner 1747 suchte man einen Nachfolger. Langmayr hatte nämlich einen Mord begangen, und am 20. Februar 1747 bestätigte die Regierung in Innsbruck das Prozeßurteil, wonach Langmayr *„zum abschreckenden Exempel durch das Schwert vom Leben zum Tode hingerichtet werden"* mußte.[92] Der Meraner Scharfrichter Johann Georg Kober wurde einen Tag später verständigt, daß er die Hinrichtung an Josef Langmayr vorzunehmen hätte.[93]

LEINER Andreas (1677—1693)

Andreas Leiner (auch Leimer, Lünner) wurde am 9. Oktober 1677 zum Haller Scharfrichter bestellt. Er war so wie zahlreiche seiner Vorgänger gewalttätig und benahm sich bei Hinrichtungen ziemlich brutal gegen die Verurteilten. 1681 wurde er streng verwarnt, weil er bei der Exekution von Zigeunern in Kufstein stark alkoholisiert war. Leiner und sein Henkergeselle sollten künftig bei strenger Strafandrohung die Hinrichtungen nüchtern vornehmen.[95]

Schwierigkeiten hatte Leiner auch mit dem Ehrenberger Richter, der sowohl die Bestattung von Selbstmördern als auch die Exekutionen von Verbrechern vom Füssener Scharfrichter durchführen ließ.[96] Anläßlich der Bestattung eines Ehrwalder Bauern, der Selbstmord begangen hatte, erhielt der Ehrenberger Richter den Auftrag, Leiner „als Scharfrichter in Tirol" anzuerkennen und zu beschäftigen.[97] Große Probleme hatte Leiner mit der Regierung, weil er vorgab, bei Diebstahl durch Hellseherei den Täter entlarven zu können.[98] Als die Schwierigkeiten Leiner zu groß zu werden schienen, wollte er im Sommer 1686 kündigen. Als Nachfolger war bereits Johann Schlechuber, der von 1673 bis 1675 Meraner Henker gewesen war, in Aussicht genommen.[99]

Leiner zog schließlich seine Kündigung zurück und riskierte weiter die Probleme mit Richtern und Regierung. 1688 wurde er verwarnt, weil er für die Exekution der Ursula Reithaller in Steinach mit 30 Talern (= 60 Gulden) eine weit überhöhte Lohnforderung gestellt hatte.[100] Nicht zufrieden mit seiner Entlohnung war Leiner vor allem bei weiter entfernten Gerichten, wie beispielsweise Kufstein, wo er sich weigerte, Exekutionen vorzunehmen. Deshalb mußte er öfters durch die Regierung eigens dazu aufgefordert werden.[101]

Eine der bemerkenswertesten Hinrichtungen des Scharfrichters Leiner fand am 17. März 1690 in Innsbruck statt, als er den wegen Unterschlagung und Brandlegung zum Tode verurteilten kaiserlichen Münzwardein hinrichtete. Dieser war zum Tode durch das Schwert und anschließender Verbrennung des Leichnams verurteilt, auf Ansuchen der Medizinischen Fakultät der Universität Innsbruck aber von der Verbrennung begnadigt worden. Der Leichnam des Gerichteten sollte als erstes Studienobjekt für den neu eingerichteten Lehrstuhl für Anatomie dienen.[102] Auf dieses Ereignis gründete sich die fast 100 Jahre dauernde Beziehung des Haller Scharfrichters zur Medizinischen Fakultät, weil Leiner und seine Amtsnachfolger zahlreiche Leichen gegen Kostenersatz dorthin lieferten.

Andreas Leiner war mit Regina Mänl (auch Mantl) verheiratet. Aus dieser Ehe stammten die Söhne Johann Jakob (1678 VII 1), Johann I (1682 I 28) und Johann II (1692 VI 19), sowie die Töchter Sabina (1680 IX 30), Anna Maria (1684 V 7), Anna (1686 III 9), Anna Katharina (1687 IX 30) und Anna Rosina (1689 VII 25). Andreas Leiner wurde 1693 von Kaspar Pöltl als Haller Scharfrichter abgelöst.[103]

OBERSTETTER Sebastian (1606—1608)

Sebastian Oberstetter stammte aus Großmehring bei Ingolstadt in Oberbayern und bewarb sich nach dem Tode des Haller Scharfrichters Michael Frey am 19. September 1606 um dessen Stelle.[104] Am 30. Oktober 1606 wurde er mit einem

Jahresgehalt von 104 Gulden eingestellt.[105] Bald stellte sich heraus, daß Oberstetter einen sehr schlechten Lebenswandel führte. Am Tage seiner offiziellen Anstellung hatte er mit dem Sohn des Innsbrucker Wasenmeisters gezecht und im Dorf Zirl bei Innsbruck während der Nacht randaliert und die Bewohner in Schrecken versetzt.[106]

Als im Jahre 1608 Oberstetter und seine Frau wieder einmal mit dem Pfarrer von Hall in Streit geraten waren, ließ die Regierung beide gefangennehmen und der Tortur unterwerfen.[107] Am 23. August 1608 wurde das Scharfrichterehepaar Oberstetter des Landes verwiesen.[108]

PÖLTL Kaspar (1693—1698)

Nach der Kündigung von Andreas Leiner wurde Kaspar Pöltl am 30. Juni 1693 zum neuen Haller Scharfrichter bestellt.[109] In den fünf Jahren als Haller Scharfrichter ist Kaspar Pöltl nicht besonders in Erscheinung getreten, er dürfte auch relativ wenig Exekutionen durchgeführt haben. 1695 mußte er lediglich einen Mörder in Rotholz hinrichten,[110] wenig später wurde ihm ein Verbrecher übergeben, den er in Kufstein an den Pranger stellen und mit Rutenhieben bestrafen mußte.[111]

Im September 1698 war die Haller Scharfrichterstelle wieder unbesetzt und Hans Pöltl, Sohn des bisherigen Haller Henkers, bewarb sich darum. Er wurde aber abgewiesen, weil er *„ein sehr unruhiger und nicht genügend tauglicher Mann"* war.[112] Er konnte dann in Bayern vorübergehend eine Scharfrichterstelle bekommen, beging aber einen Mord und mußte mit seiner Lebensgefährtin fliehen. 1715 kam er wieder nach Tirol und bestritt seinen Unterhalt durch Verkauf von Heilsalben. Die Regierung ließ vergeblich nach ihm fahnden, offensichtlich hatte Hans Pöltl vor seiner Verhaftung wieder aus Tirol fliehen können.[112a]

PUTZER Bartholomeus (1747—1772)

Nach der Entlassung des untauglichen Henkers Johann Jakob Abrell 1746 mußte rasch für einen Nachfolger gesorgt werden.[113] Als der in Aussicht genommene Josef Langmayr im März 1747 wegen Mordes hingerichtet wurde, war die Haller Scharfrichterstelle erneut vakant. Der Meraner Scharfrichter Johann Georg Kober bat deshalb, bei den bevorstehenden zwei Exekutionen mit dem Strang in Kufstein die zweite seinem Stiefsohn, Bartholomeus Putzer, *„zu Machung seines Probestückes"* zu überlassen, da er sich als Scharfrichter bewerben wollte.[114] Nach der erfolgreichen Ablegung der Probe seines Könnens wurde Bartholomeus Putzer am 29. März 1747 zum neuen Haller Henker bestellt.[115]

Bartholomeus Putzer erhielt am 4. August 1750 eine ausführliche Amtsinstruktion, die in insgesamt 47 Punkten die Entlohnung für die unterschiedlichsten Tätigkeiten aufzählte.[116] Trotzdem glaubte sich Putzer immer wieder benachteiligt. 1747 beschwerte er sich darüber, daß der Kufsteiner Gerichtsdiener einen Delinquenten gebrandmarkt und an den Pranger gestellt hatte.[117]

1748 forderte er die ausständige Gebühr für die Bestattung eines Selbstmörders in Kitzbühel.[118] 1749 wurde seine Klage, er würde in Ehrenberg nicht beschäftigt und statt seiner der Füssener Scharfrichter angefordert, abgewiesen, da dort nachweislich seit Jahren keine Exekution durchgeführt worden war.[119] 1750 bat er um die Bezahlung von zwei Gulden, da er dem Sonnenburger Richter zweimal die Daumenschrauben für eine Tortur geliehen hatte. Gleichzeitig bat er, daß ihm dieser auch jene zwei Nägel ersetzen sollte, die er bei der letzten Enthauptung zum Aufstecken der Köpfe benötigt habe.[120] 1753 beschwerte er sich, daß er den Selbstmörder Karl Arnold von Volders nicht begraben durfte, wodurch er einen Verdienstentgang erlitten hatte.[121] Eine ähnliche Klage betraf 1755 die Bestattung eines Selbstmörders in Sterzing.[122]

Bartholomeus Putzer mußte während seiner Amtsperiode wiederholt Massenhinrichtungen vornehmen. 1755 wurden von ihm drei Kirchenräuber in Innsbruck exekutiert. Das Urteil bestimmte, *„daß besagte drei Inquisiten wegen verübter Gottesrauberei ... miteinander zur Richtstatt hinausgeführt, daselbst ihnen die rechte Hand und daraufhin der Kopf abgehauen wird, der Anfang mit Matthias Goller, dann Josef Leymann und zuletzt Bartholomeus Gasser gemacht wird, darüber hinaus alle drei Leiber zu Staub und Asche verbrannt und diese danach in den Innstrom geworfen werden sollen".*[123] Die zweite Massenhinrichtung fand ebenfalls in Innsbruck statt und betraf die drei Rädelsführer des Meraner Aufstandes von 1764. Adalbert Hahn wurde geköpft und Martin Bernmeister sollte erst unmittelbar vor seiner Hinrichtung, wenn seine beiden Komplizen schon getötet waren, davon in Kenntnis gesetzt werden, daß er zu sechs Jahren Festungshaft, Brandmarkung und ewiger Landesverweisung begnadigt worden war. Der Hauptangeklagte Josef Tschaupp wurde geköpft, geviertteilt und die Körperteile drei Tage am Hochgericht zur Schau gestellt.[124]

Neben den zivilen Exekutionen mußte Bartholomeus Putzer auch Militärexekutionen durchführen. 1760 wurde bestimmt, daß dabei dieselben Gebührensätze gelten sollten wie bei Zivilexekutionen.[125]

1760 wurde Bartholomeus Putzer in Anbetracht seiner großen Kinderschar eine zusätzliche Entlohnung von 36 Kreuzer pro Woche genehmigt. 1762 wurde diese Gnadengabe bestätigt und 1765 neuerlich verlängert, da Bartholomeus Putzer *„mit vielen Kindern beladen ist und bei in manchen Jahren sich ergebenden wenigeren Exekutionen"* schwer sein Auslangen fand. Kaiserin Maria Theresia hatte dieses Gesuch persönlich genehmigt und mit dem für sie charakteristischen Satz *„Bin in allem verstanden"* gekennzeichnet.[126]

1765 hatte Bartholomeus Putzer eine Tortur auszuführen, die er aber sehr ungeschickt durchführte. *„Da nun dieses aus der geringen Erfahrung des Freimanns herrühret"*, wurde Putzer auf Staatskosten zur Ausbildung ins Ausland gesandt.[127] Dies dürfte jedoch entweder nicht geschehen sein oder zumindest keinen Erfolg gehabt haben, denn 1767 wurde Putzer wegen seiner Ungeschicklichkeit bei Torturen neuerlich gerügt.[128] Mitte des Jahres 1772 sollte sein Sohn Johann Georg die Stelle des Haller Scharfrichters übernehmen. Bartholomeus Putzer wurde deshalb nach Meran versetzt, wo er seinem Bruder Martin, der auch Wasenmeister in Niederlana war, nachfolgte.[129] Am 5. Juli 1777 wurde Bartholomeus Putzer pensioniert und sein Sohn Franz Michael zum neuen Meraner Scharfrichter bestellt.[130] Kurz vorher hatte Bartholomeus Putzer noch um 5o Gulden Unterstützung angesucht, damit auch sein dritter Sohn Josef Bartholomeus das

Scharfrichterhandwerk erlernen könnte.[131] Nach einer Notiz, die beim Scharfrichterschwert gefunden wurde, hat Bartholomeus Putzer ungefähr 40 Personen mit dem Schwert gerichtet.[131a] Die Vornahme der Tortur und des Erhängens der Verbrecher gehörte nicht zu seinen Stärken, da 1767 ein Bericht feststellen mußte, daß er sich dabei *„zum Anstoß des Publikums nicht allzu glücklich und fähig verhielt."*[131b]

Bartholomeus Putzer war mit Rosina Lindemayr verheiratet. Aus dieser Ehe stammten die Söhne Johann Georg (1749 IV 21), Franz Michael (1750 VIII 14), Josef Bartholomeus (1754 III 18) und Michael Matthias (1755 IX 18), sowie die Töchter Anna Theresa (1752 IX 24), Maria Elisabeth (1757 VII 1), Maria Johanna (1759 IV 21) und Maria Anna (1761 XII 27).[132] Um die Person Bartholomeus Putzers rankten sich eine Reihe von Legenden, die 1860 sogar in einem Zeitungsaufsatz *„Der letzte Scharfrichter von Meran"* ihren Niederschlag fanden.[133] Bartholomeus Putzer starb in Meran am 30. Dezember 1788.[134]

PUTZER Johann Georg (1772—1786)

Johann Georg Putzer wurde am 21. April 1749 als Sohn der Rosina Lindemayr und des Bartholomeus Putzer, der von 1747 bis 1772 Haller Scharfrichter war, in Hall geboren.[135] Bereits 1768 wurde bestimmt, daß er als Nachfolger seines Vaters vorgesehen sei und deshalb das Scharfrichterhandwerk erlernen sollte.[136] Wenig später ging er auf Wanderschaft und erhielt 80 Gulden als staatliche Unterstützung zur Erwerbung von *„zwei Meisterstückbriefen."*[137] Seine Wanderschaft dauerte drei Jahre und die beiden Meisterbriefe konnte er in Schwabmünchen/Hochstift Augsburg und Szegedin/Ungarn erwerben, wo er jeweils vom dortigen Scharfrichter in diesem Handwerk unterwiesen wurde. Im Oktober 1771 erhielt er 50 Gulden für die Rückreise nach Hall.[138]

Anfang 1772 versetzte man Bartholomeus Putzer nach Meran und Johann Georg Putzer wurde neuer Haller Scharfrichter.[139] Wenige Wochen nach seiner Bestellung zum Haller Scharfrichter mußte Johann Georg Putzer in Kufstein die Hinrichtung des Doppelmörders Andreas Weisleitner vornehmen. Obwohl dieser noch nicht volljährig war, bestimmte das Urteil, *„daß der Andreas Weisleitner wegen seiner verübten Verbrechen, anderen aber zum schrecklichen Beispiel und Abscheu an die gewöhnliche Richtstatt geführt, daselbst durch das Schwert zum Tode gerichtet, sodann dessen Kopf auf den Galgen gesteckt und der Körper auf das Rad geflochten werde."*[140] Grundsätzlich fanden zu dieser Zeit aber relativ wenige Exekutionen statt und meist wurden Todesurteile nicht mehr vollstreckt. 1781 wurde der vom Sonnenburger Richter wegen Münzfälschung zum Tode verurteilte Severin Lanbach zu acht Jahren Zuchthaus begnadigt.[141] 1778 mußte Johann Georg Putzer allerdings in Kastelruth eine Hinrichtung (Verbrennung) anstelle des Meraner Scharfrichters durchführen.[142]

Bemerkenswert war auch die Hinrichtung des sogenannten *„Vinschger Moidele"* am 5. Mai 1780, welches als Dienstmädchen in Innsbruck gearbeitet und ihrer Dienstgeberin ein Halsband entwendet hatte. Das Todesurteil, das tatsächlich vollstreckt wurde, erregte damals wegen seiner großen Härte besonderes Aufsehen.[142a]

Wegen der eher seltenen Exekutionen hatte Johann Georg Putzer größte Schwierigkeiten, mit seinem Jahresgehalt von 135 Gulden 12 Kreuzer das Auslangen zu finden. 1775 wurde sein Ansuchen um eine Erhöhung auf 234 Gulden abgelehnt.[143] Auch 1777 fand Johann Georg Putzer mit seinem Anliegen kein Gehör.[144] Außerdem wurde gleichzeitig festgelegt, daß Putzer auch bei Militärexekutionen nur die üblichen Gebühren verrechnen durfte.[145] 1781 wurde schließlich zum drittenmal Putzers Gesuch um eine Gehaltserhöhung abgewiesen.[146] Zu diesen Schwierigkeiten mit seinem Jahresgehalt hatte Putzer auch Probleme mit der Gebührenabrechnung, so beispielsweise im Jahre 1784 im Oberinntal.[147] Eine kleine Besserung in den wirtschaftlichen Verhältnissen des Haller Henkers trat ein, als ihm 1784 einige Gründe in der Haller Au verliehen wurden.[148]

Ursache für seine schlechte wirtschaftliche Lage war seine große Kinderschar. Er war mit Katharina Wolgemuth verheiratet, die ihm die Söhne Josef Johann (1774 III 9), Johann Georg (1775 III 27), Stefan Anton (1776 XII 26), Franz Anton (1781 V 30) und Johann Baptist Leopold (1785 V 30), sowie die Töchter Maria Katharina Franziska (1778 VI 28), Maria Anna (1780 I 25) und Maria Klara Katharina (1783 VI 22) gebar.[149] Johann Georg Putzer starb im Alter von 37 Jahren am 1. November 1786 als letzter Haller Scharfrichter. Da im Jahr darauf die Todesstrafe aufgehoben wurde, wurde auch kein Nachfolger mehr bestimmt.[150]

Die Witwe suchte anfangs 1787 um eine Pension an. Außerdem wollte sie einen Henkersknecht beschäftigen.[150a] Die Pension in der Höhe von rund 135 Gulden jährlich wurde ihr bewilligt, außerdem durfte sie weiter im Scharfrichterhaus wohnen und erhielt das nötige Brennholz von der Saline. Bereits 1792 stellte jedoch die Saline den Antrag, das Scharfrichterhaus versteigern zu lassen und die Witwe mit ihren beiden noch lebenden Kindern in einer anderen Wohnung einzuquartieren.

Noch während der Verhandlungen starb am 11. April 1793 die Scharfrichterswitwe an Auszehrung und hinterließ den fast volljährigen Sohn Johann Georg und die 13jährige Tochter Maria Anna. Der Vormund, Josef Sauberer, ersuchte die Regierung um eine staatliche Unterstützung, da das Erbe nur bei 120 Gulden betragen habe und die Kinder wegen des Vorurteiles der Bevölkerung keine Arbeit finden könnten. Am 30. Jänner 1794 gewährte das Gubernium in Innsbruck den Waisen eine jährliche Unterstützung von rund 135 Gulden, bis der Sohn volljährig sei und für beide Geschwister sorgen könne. Als interessantes Detail sei noch erwähnt, daß sich die Tante der beiden, die in Meran lebende Johanna Putzer, um den Scharfrichterdienst in Hall bewarb und in Aussicht stellte, nötigenfalls einen Henkersknecht heiraten zu wollen. Dieses Gesuch war allerdings sinnlos, zumal bereits 1787 — wie mehrfach erwähnt — die Todesstrafe abgeschafft worden war und man keinen Scharfrichter mehr benötigte.[150b]

RUEF Stefan (1503—1525)

Stefan Ruef wurde am 1. Juli 1503 zum Haller Scharfrichter ernannt. Sein in vier Raten zu zahlender Jahreslohn betrug insgesamt 100 Gulden.[151] Bereits im

September 1503 erwarb der Haller Salzmair ein Haus im sogenannten Gritschenwinkel, welches künftig das Wohnhaus des Haller Scharfrichters war.[152] Im Jahre 1505 wurden die letzten grundherrlichen Abgaben, die auf diesem Haus lasteten, abgelöst.[153]

Eine der bedeutendsten Hinrichtungen Ruefs fand bereits im Jahre 1504 statt. In Kufstein mußte er im Oktober 1504 den Kufsteiner Festungskommandanten Hans Pienzenauer und weitere elf Mann hinrichten; diese Hinrichtung ist auf einem zeitgenössischen Holzschnitt dargestellt[154] (Abb. S. 87).

Im Jahre 1513 erhielt Stefan Ruef eine neuerliche Bestellungsurkunde als Haller Scharfrichter mit einem etwas besseren Jahresgehalt von 115 Gulden, wobei sein Wirkungsbereich ausdrücklich auf die Gerichte Kitzbühel, Kufstein und Rattenberg ausgedehnt wurde.[155] Gleichzeitig wurde ihm folgender Geleitbrief ausgestellt:[156] *„Wir Maximilian bekennen, daß wir Stefan Ruef, Züchtiger, unsere freie Sicherheit und Geleit hiemit wissentlich kraft dieses Briefes gegeben haben, daß er künftig allenthalben in unserem Land, der Grafschaft Tirol, handeln, wandeln, den Rechten und Urteilen nach die Übeltäter richten mag gemäß seiner Bestellungsurkunde. Und empfehlen darauf allen Hauptleuten, Grafen, Freiherrn, Rittern, Knechten, Pflegern, Landrichtern, Richtern und sonst allen unseren Untertanen und Getreuen ernstlich und wollen, daß sie den genannten Züchtiger auf Grund dieses Geleitbriefes schützen und schirmen, ihm nichts antun und anderen es nicht zu tun gestatten."*

Im Jahre 1519 geriet der Scharfrichter Ruef mit dem Pfleger von Naudersberg in einen Streit wegen der Bezahlung einer Tortur, wobei schließlich der Pfleger den Auftrag erhielt, die entsprechende Gebühr gemäß der Gebührenverordnung vom 15. IV. 1513 zu bezahlen.[157] Ganz allgemein wurde 1521 bemängelt, daß auf Grund der Gerichtsrechnungen festgestellt werden konnte, daß der Scharfrichter zu hohe Gebühren zu verrechnen pflegte. Dieser Mißstand sollte umgehend abgestellt werden.[158] Eine der letzten Nachrichten über den Scharfrichter Ruef stammt vom 18. Juli 1524, als er sich über den schlechten Zustand der Hochgerichte von Sonnenburg, Vellenburg, Freundsberg und Steinach beschwerte.[159]

SCHAIDER Hans (1525—1528)

Nach einer nur wenige Monate dauernden Amtsperiode von Heinrich Käser wurde Hans Schaider am 28. März 1525 zum Haller Scharfrichter ernannt.[160] Sein Jahresgehalt wurde mit 100 Gulden festgelegt. 1527 stellte Schaider eine zu hohe Rechnung für eine Hinrichtung in Steinach und wurde damit abgewiesen.[161]

Mit Jahresende 1527 dürfte Schaider aus seinem Amt ausgeschieden oder verstorben sein, denn am 29. Februar 1528 wurde der bisherige Meraner Scharfrichter Hans Schwarzhuber zu einer Hinrichtung nach Rattenberg bestellt, da die Haller Scharfrichterstelle vakant war.[162]

TOLLINGER Christof (1578—1584)

Christof Tollinger stammte von Regensburg. Zum Beweis seines Könnens mußte er am 10. Juli 1578 an einigen Delinquenten in Kufstein die Hinrichtung vornehmen; erst nach dieser gut bestandenen Probe wurde er als Nachfolger des entlassenen Melchior Frey zum Haller Scharfrichter ernannt.[163] Sein Jahresgehalt betrug 104 Gulden und mußte vom Salzmairamt in Hall bezahlt werden.[164]

Im Herbst 1579 verließ Tollingers Frau während einer Dienstreise ihres Mannes Hall, nachdem sie zuvor noch den gesamten Hausrat verkauft hatte. Tollingers Bitte, auf Grund dieses Umstandes eine Haushälterin nehmen zu dürfen, gestattete die Regierung.[165] Tatsächlich hat Tollinger jedoch eine Reihe recht zweifelhafter Frauen in sein Haus aufgenommen und betrieb im Haus im Gritschenwinkel ein Bordell. Im Sommer 1583 schienen die Umstände allerdings allzu arg geworden zu sein, denn die Regierung erteilte dem Haller Stadtrichter den Auftrag, zu untersuchen, warum Tollinger *„nicht mit seinem Eheweib, sondern mit Vetteln"* zusammenlebe.[166] Die Untersuchung ist sicher nicht zugunsten Tollingers ausgefallen, denn ein Jahr später wurde bereits ein neuer Haller Scharfrichter bestellt.[167]

VOLLMAR Jakob (1611—1618)

Jakob Vollmar (auch Vollmair, Fallmair) stammte aus der Öttinger Scharfrichterdynastie und hatte bis zu seiner Berufung nach Hall als Scharfrichter in Bregenz gearbeitet.[168] Am 18. Mai 1611 wurde er als Nachfolger von Jakob Kenle Haller Scharfrichter mit 104 Gulden Jahresgehalt.[169] Eine seiner ersten Tätigkeiten war die Hinrichtung mehrerer Verbrecher im Gericht Ehrenberg/Reutte im Juli 1611.[170] Relativ bald wurde auch bei Jakob Vollmar ein altes Problem der Haller Scharfrichter akut, nämlich die überhöhten Forderungen für Exekutionen. Im Sommer 1613 wurde er nachdrücklich auf die Gebührensätze in seinem Arbeitsvertrag verwiesen.[171]

Zur selben Zeit wurde Vollmar auch für einige Tage in das Gefängnis geworfen. Er hatte nämlich bei dem traditionellen Henkersmahl nach einer Hinrichtung in Innsbruck nicht nur im Beisein seiner Henkersgesellen laut randaliert und geflucht, sondern er war *„auch mit entblößtem Richtschwert über die Innbrücke hinausgerannt."*[172] Das Maß zum Überlaufen brachte er schließlich damit, daß er, *„als er heimgeritten, der Tochter des Martin Fezis, Eva genannt, in der Haller Au mit bloßem Schwert entgegentrat und, wenn nicht Leute dazugekommen wären, er wahrscheinlich auch Hand an sie gelegt haben möchte."*[173] Abgesehen von der oben erwähnten Gefängnisstrafe hatte dieser Vorfall allerdings keine weiteren Folgen für Vollmar, der weiter sein Amt ausüben durfte.

1615 wurde er wieder einmal wegen überhöhter Gebühren für die Hinrichtung des wegen Sodomie in Rattenberg zum Tode verurteilten Martin Holrieder abgewiesen.[174] 1616 erhielt er die Erlaubnis, im Unterengadin anstelle des Meraner Scharfrichters etliche Personen zu exekutieren.[175]

Letztlich häuften sich aber die Beschwerden gegen Vollmar derart, daß an seine Ablöse gedacht werden mußte. 1617 war er mit dem Pfarrer von Reith im Alpbachtal in Streit geraten, weil dieser eine Selbstmörderin von Bruck im Zillertal in geweihter Erde begraben hatte lassen.[176] Ende 1618 sollte Vollmar auf Veranlassung der Regierung in Innsbruck in der Nacht heimlich verhaftet und in den Innsbrucker

Kräuterturm (Gefängnis) gesperrt werden. Er stand nämlich im dringenden Verdacht, trotz mehrfacher Ermahnung gewildert zu haben.[177] Nach einer Woche Haft wurde er nach dem Gelöbnis, nicht mehr wildern zu wollen, wieder entlassen.[178] Vollmar wurde 1618 durch Hans Has ersetzt. Nachkommen von Vollmar sind in der Folgezeit als Scharfrichter in Donauwörth, Dillingen (1639), Lauingen (1652), Öttingen (1644) und Nördlingen (1644) nachweisbar.[179] Ein Johann Peter Vollmar war von 1694 bis 1723 Scharfrichter in Meran.

WALDL Sebastian (1699—1718)

Sebastian Waldl wurde am 30. Juni 1699 anstelle von Kaspar Pöltl als Haller Scharfrichter angestellt.[180] Anläßlich seiner Bestellung wurde bestimmt, daß künftig das einfache Prangerstellen ohne Rutenstrafe von den jeweiligen Gerichtsdienern ausgeführt werden durfte. Das Begraben von Selbstmördern blieb jedoch weiter ausdrücklich Aufgabe der Henker.[181] Eine endgültige Regelung bezüglich der Bestattung von Selbstmördern wurde 1704 getroffen. Aus dem Nachlaß jedes Selbstmörders durfte der Henker 45 Gulden Bestattungsgebühr kassieren, bei mittellosen Personen mußte jene Gemeinde, in welcher der Selbstmord begangen wurde, 20 Gulden entrichten.[182]

Bereits vor seiner offiziellen Anstellung hatte Waldl in Tirol Exekutionen vorgenommen; so etwa hatte er in Sterzing einem Verbrecher eine Hand abgehackt und, als dieser hierauf Selbstmord beging, auch dessen Leichnam bestattet.[183] Bei derselben Dienstreise hatte er in Mühlbach einen Müller, der sich erhängt hatte und in geweihter Erde bestattet worden war, exhumieren und außerhalb des Friedhofs erneut bestatten müssen.[184] Beide Exekutionen bzw. Bestattungen fanden nicht in seinem späteren Amtsbezirk, sondern in dem des Meraner Scharfrichters statt. Auch später wurde Waldl zu Exekutionen anstelle des Meraner Henkers herangezogen. Als 1700 dieser im Pustertal einen Delinquenten erst mit dem fünften Streich töten konnte und vor der Volkswut flüchten mußte, wurde Sebastian Waldl 1701 dazu bestellt, einen Verurteilten in Toblach zu rädern.[185]

Große Probleme hatte Waldl wie fast alle seine Vorgänger mit der Abrechnung der Exekutionsgebühren. Für eine Hinrichtung in Rattenberg im Jahre 1700 hatte er angeblich 25 Gulden vom Richter erpreßt, die ihm nicht zugestanden waren. Als Rechtfertigung gab Waldl an, daß er sich den „Schinderkarren" und das Werkzeug für das Begraben des Verbrechers vom Rotholzer Abdecker Christof Krieger, einem Sohn des Meraner Henkers Leonhard Krieger, ausleihen hatte müssen.[186]

Sebastian Waldl hatte durchschnittlich zwei bis drei Hinrichtungen pro Jahr durchzuführen. In der Regel wurde dabei der Delinquent mit dem Schwert oder durch den Strang hingerichtet, in seltenen Ausnahmefällen durch das Rad. 1705 mußte er in Rattenberg eine Hinrichtung mit dem Schwert durchführen[187] und in Hall den Kirchenräuber Hans Föger mit dem Strang exekutieren.[188] 1713 erfolgte ebenfalls mit dem Strang eine Hinrichtung in Kitzbühel an Margarethe Gugg,[189] und 1715 an Hans Pacher in Schwaz.[190]

Im Jahre 1715 führte Sebastian Waldl insgesamt vier Hinrichtungen durch. In Innsbruck wurde ein Verbrecher geköpft, der Leichnam auf das Rad geflochten und dieses *„auf dem sogenannten Bergisel bei der Landstraße aufgestellt."*[191] Wenig später erfolgte die Hängung eines Verbrechers in Schwaz.[192] Besonders bemerkenswert war die Hinrichtung eines Ehepaares in Steinach am Brenner. Der Ehemann wurde zum Tode durch das Schwert mit anschließendem Aufstecken des Kopfes am Galgen verurteilt, wobei wegen seines durch die Tortur geschwächten Gesundheitszustandes bestimmt wurde, er solle von Waldl *„auf einem Wagen auf die Richtstatt geführt und dort auf einen Stuhl gesetzt"* und dann geköpft werden. Ähnlich gnadenlos war das Urteil gegen die schwangere Frau, die bereits zwei Kinder hatte. Die Vollstreckung sollte bis zur Geburt aufgeschoben, aber dann sofort vollzogen werden.[193]

Trotz der in manchen Jahren umfangreichen Tätigkeit, wie etwa 1715, gab es immer wieder Probleme bei der Entlohnung. 1704 regelte man großzügig die Gebühr für die Bestattung der Selbstmörder und 1705 erhielt Sebastian Waldl die Erlaubnis, aus den Leichen der Hingerichteten das sogenannte Armesünderfett gewinnen zu dürfen, womit er seinen Unterhalt ebenfalls aufbessern konnte.[194] 1708 schließlich wurde eine gedruckte Amtsinstruktion für den Haller und den Meraner Scharfrichter herausgegeben, die auch alle Gebührensätze eindeutig regelte.[195]

Trotz alledem kam es immer wieder zu Unstimmigkeiten bei der Abrechnung von Exekutionsgebühren. 1713 erhielt Waldl die strenge Anordnung, nur Gebühren zu verlangen, die in seiner Amtsinstruktion angeführt seien.[196] Ähnliche Schwierigkeiten gab es auch 1715. Bezeichnend für die wirtschaftlichen Verhältnisse des Scharfrichters ist eine Passage in seinem Rechtfertigungsschreiben, worin er um Bezahlung seiner Forderungen bat, *„da ich mit Weib und vier Kindern mich ehrlich verhalte und nicht im Alter wie meine Vorfahren von Almosen leben möchte."*[197] Waldl wollte also nicht nur seine laufend anfallenden Lebenskosten decken, sondern auch für sein Alter vorsorgen.

Sebastian Waldl war für den 2. März 1716 zum Regiment nach Innsbruck bestellt worden, wo man offensichtlich dieses Problem lösen wollte.[198] Statt dessen war aber ein Streit entstanden, in dessen Verlauf Waldl seine Vorgesetzten wüst beschimpfte und sich auch sonst *„unsittlich"* benahm.[199] Als Waldl in der Folgezeit dafür bestraft wurde und nun keine Aussicht mehr bestand, daß sich seine wirtschaftliche Lage bessern würde, beschloß Sebastian Waldl — der Scharfrichter, der im Alter nicht betteln gehen wollte — seinen Dienst in Hall zu quittieren und sich eine bessere Stelle zu suchen. Am 22. März 1718 wurde Waldl zu seiner letzten Exekution in Tirol, und zwar beim Militärdirektorat in Innsbruck, bestellt.[200]

Sebastian Waldl war in erster Ehe mit Margarethe Egger, einer Scharfrichterstochter aus Pienzenau/Bayern, verheiratet. Diese Frau gebar ihm in Hall den Sohn Ignaz (1705 III 27). Nach dem Tod seiner ersten Frau am 26. Dezember 1705 heiratete er am 15. Februar 1706 die Witwe des Scharfrichters Johann Neuner von Immenstadt/Bayern, Anna Katharina. Aus dieser zweiten Ehe stammten die Söhne Josef (1709 IV 14) und Johann Georg (1714 V 6), sowie die Töchter Anna Barbara (1707 IV 5), Maria (1710 X 5) und Maria Magdalena (1712 VI 26).[201]

ZÄCH Jakob (1671—1677)

Jakob Zäch wurde im Februar 1671 zum Haller Scharfrichter bestellt.[202] Sein Jahresgehalt betrug 104 Gulden.[203] Sofort nach seinem Amtsantritt beschwerte er sich darüber, daß die Witwe eines Fassermeisters in Hall, die Selbstmord begangen hatte, von einem anderen Fassermeister und dessen Gesellen begraben worden war, wodurch er um seinen Lohn geprellt wurde.[204] 1672 hatte der Kufsteiner Landrichter vergessen, den Scharfrichter zur Bestattung einer Selbstmörderin, die sich im Hintersteinersee ertränkt hatte, anzufordern. Da sich auch sonst niemand für diese Arbeit bereitfand, blieb die Leiche insgesamt 13 Wochen im See liegen, bis endlich der Scharfrichter davon erfuhr.[205]

Als 1672 und 1673 der Meraner Scharfrichter erkrankt war, mußte Jakob Zäch für ihn bei insgesamt vier Hinrichtungen in Toblach,[206] Meran[207] und zwei in Glurns[208] einspringen. Allerdings scheint darüber ein Streit zwischen dem Meraner und Haller Scharfrichter entstanden zu sein, den die Regierung im Sommer 1674 beizulegen versuchte.[209]

Auch sonst ist von etlichen Schwierigkeiten Zächs zu berichten. 1675 beschwerte sich der Dekan von Matrei am Brenner, daß Zäch bei der Bestattung einer Selbstmörderin „*Gewalttätigkeit wider den im Friedhof begrabenen Körper*" begangen habe.[210] Bei der Abnahme eines Soldaten, der sich im Gasthof Mondschein in Innsbruck erhängt hatte, verschaffte sich Zäch durch Gewaltandrohung widerrechtlich Kostenersatz für die Bestattung.[211]

Wegen der relativ schlechten Verdienstmöglichkeiten — so fand beispielsweise im Jahre 1675 keine einzige Hinrichtung in seinem Amtsbezirk statt — bat Jakob Zäch am 16. Oktober 1677 um seine Entlassung und schlug als Nachfolger Andreas Leiner vor.[212] Diesem Ansuchen wurde stattgegeben.

Anmerkungen:
1. TLA: CD 1605—1608, fol. 744
2. Hans Hochenegg, Kulturbilder aus Solbad Hall und Umgebung. S. 72
3. Schuhmann, Der Scharfrichter, S. 148, 149, 151, 222
4. TLA: CD 1719, fol. 241'/242
5. TLA: CD 1720, fol. 376'/377, 384/384'
6. TLA: CD 1720, fol. 471
7. TLA: CD 1723, fol. 429/429'
8. TLA: CD 1724, fol. 8'/9
9. TLA: CD 1724, fol. 197/197', 210/210', 234
10. TLA: CD 1730, fol. 445 ff
11. TLA: Codex 2096
12. TLA: Codex 2088, 2130, 2134, 2135
13. TLA: CD 1725, fol. 93—94
14. TLA: CD 1725, fol. 389, 461
15. TLA: CD 1723, fol. 436/436'
16. TLA: CD 1723, fol. 462/462'
    CD 1724, fol. 324/324'
17. H. Hochenegg, a. a. O., S. 72
18. TLA: Bekennen 1528, fol. 63
19. TLA: Embieten und Befehl 1528, fol. 227'—228'
20. TLA: Bekennen 1533, fol. 52
21. TLA: Embieten und Befehl 1534, fol. 198/198'
22. TLA: Embieten und Befehl 1542, fol. 49/49'

[23] TLA: CD 1549—1555, fol. 5'/6
[24] TLA: Embieten und Befehl 1560, fol. 791/791'
[25] TLA: Embieten und Befehl 1561, fol. 503/503'
[26] TLA: Embieten und Befehl 1561, fol. 506/506', 555'
[27] TLA: Embieten und Befehl 1566, fol. 241'
[28] Eduard Widmoser, Die Wiedertäufer in Tirol, in: TH XV, Innsbruck 1952, S. 45—90
[29] Grete Mecenseffy, Quellen zur Geschichte der Täufer XIII, Österreich II, Gütersloh 1972, S. 228, Nr. 328
[30] Grete Mecenseffy, a. a. O., S. 231, Nr. 336
[31] Grete Mecenseffy, a. a. O., S. 350—352, Nr. 513
   Wolfgang Pfaundler, Die schönsten Bilder von Innsbruck, Innsbruck 1972, S. 24
[32] Eduard Widmoser, Die Wiedertäufer in Tirol, in: TH XVI, Innsbruck 1953, S. 109
   Grete Mecenseffy, Täufertum in Kitzbühel, in: Stadtbuch Kitzbühel 1971, Band IV, S. 161
[33] TLA: Gemeine Missiven 1563, pr. p., fol. 255
[34] TLA: Bekennen 1584, fol. 215'—216'
[35] TLA: CD 1584—1590, fol. 231'/232
[36] TLA: CD 1602—1604, fol. 387'—388'
[37] TLA: CD 1602—1604, fol. 469'/470, 474—475, 487
[38] TLA: CD 1591—1595, fol. 55, 56
[39] TLA: CD 1591—1595, fol. 97/97'
[40] Ludwig Rapp, Die Hexenprozesse und ihre Gegner in Tirol, Brixen 1891, S. 59
[41] TLA: CD 1602—1604, fol. 387/387'
[42] Georg Mutschlechner, Die Kosten einer Hinrichtung in Taufers 1604, in: Der Schlern 55/9, Bozen 1981, S. 474/475
[43] TLA: CD 1591—1598, fol. 180/180'
[44] TLA: CD 1602—1604, fol. 528/528'
[45] TLA: CD 1602—1604, fol. 165'
[46] TLA: CD 1605—1608, fol. 19
[47] TLA: CD 1605—1608, fol. 149
[48] TLA: CD 1605—1608, fol. 391
[49] TLA: CD 1591—1595, fol. 95/95', 99'/100
[50] TLA: CD 1620—1623, fol. 331
   CD 1605—1608, fol. 185/185'
[51] TLA: CD 1620—1623, fol. 331
[52] PfA Hall i. T.: sog. Geschlechterbuch (= Generalindex zu den Matrikenbüchern)
[53] TLA: Bekennen 1496/1497, fol. 64'
[54] TLA: CD 1620—1623, fol. 325/325'
[55] TLA: CD 1620—1623, fol. 481'/482
[56] H. Hochenegg, a. a. O., S. 69
[57] TLA: CD 1620—1623, fol. 602
[58] TLA: Sammelakten B/XVI/4/1
[59] TLA: CD 1620—1623, fol. 607'/608, 613, 624
[60] TLA: CD 1624—1627, fol. 287'
[61] TLA: Bekennen 1625—1628, fol. 344—345
   H. Hochenegg, a. a. o., S. 69/70
[62] H. Hochenegg, a. a. O., S. 69
[63] TLA: CD 1628—1629, fol. 246'
[64] TLA: CD 1628—1629, fol. 256/256'
[65] TLA: CD 1630—1632, fol. 120'
[66] TLA: CD 1633—1636, fol. 767'/768
[67] TLA: CD 1637—1641, fol. 218/218', 229'
   H. Hochenegg, a. a. O., S. 69
[68] TLA: CD 1630—1632, fol. 423'
[69] TLA: CD 1630—1632, fol. 467
[70] vgl. Kapitel über die Meraner Scharfrichter
[71] H. Hochenegg, a. a. O., S. 70
[72] TLA: CD 1642—1645, fol. 826'
[72a] TLA: CD 1642—1645, fol. 102, CD 1637—1641, fol. 224'

[72b] TLA: CD 1642—1645, fol. 102, 141, 150'
[72c] TLA: CD 1642—1645, fol. 102, 117', 140,148
[72d] TLA: CD 1642—1645, fol. 164
[72e] TLA: CD 1642—1645, fol. 269, 257, 275'
[72f] TLA: CD 1642—1645, fol. 402
[72g] TLA: CD 1642—1645, fol. 455'
[72h] TLA: CD 1642—1645, fol. 644', 685'
[72i] TLA: CD 1642—1645, fol. 712
[73] TLA: Bekennen 1608, Fol. 65—66
[74] TLA: CD 1605—1608, fol. 744
[75] TLA: CD 1642—1645, fol. 826'
[76] H. Hochenegg, a. a. o., S. 70
[77] TLA: CD 1654—1655, fol. 363/363'
[78] TLA: CD 1662—1663, Fol. 666, 712, 725', 750', 765
vgl. H. Hochenegg, a. a. O., S. 75 ff
[79] TLA: CD 1662—1663, fol. 796'/797
CD 1664—1665, fol. 2—3
[80] H. Hochenegg, a. a. O., S. 76
[81] TLA: CD 1656—1658, fol. 595
[82] TLA: CD 1662—1663, fol. 765', 792'
CD 1664—1665, fol. 2—3
[83] TLA: CD 1664—1665, fol. 452'/453
[84] TLA: CD 1664—1665, fol. 534'
[85] TLA: CD 1654—1655, fol. 476'
[86] TLA: CD 1662—1663, fol. 721', 727'/728, 733/733'
[87] TLA: CD 1671—1672, fol. 15/15', 56
[88] TLA: CD 1671—1672, fol. 70'/71
[88a] H. Hochenegg, a. a. O., S. 70
Faistenberger Josef, Aus der guten alten Zeit (Eine Plauderei über Häuser und Bewohner von Hall), Hall i. T. o. J., S. 86/87
Georg Kienberger, Beiträge zur Geschichte der Stadt Hall, in: Schlern-Schriften 103 (= Haller Buch), Innsbruck 1953, S. 221 (Anm. 2)
[89] PfA Hall i. T.: sog. Geschlechterbuch
Schuhmann, Der Scharfrichter, S. 59 (Jakob Bayer jun., Stiefsohn von Othmar Krieger ist Füssener Scharfrichter!)
[90] TLA: CD 1746, fol. 158'—160
[91] TLA: CD 1746, fol. 185'/186, 194/194'
[92] TLA: CD 1747, fol. 32/32'
[93] TLA: CD 1747, fol. 35/35'
[94] TLA: Bekennen 1677—1679, fol. 73—74
[95] TLA: CD 1681, fol. 115'
[96] TLA: CD 1682, fol. 190'
[97] TLA: CD 1682, fol. 205/205'
[98] TLA: CD 1686, fol. 112'
[99] TLA: CD 1686, fol. 330/330'
[100] TLA: CD 1688, fol. 41'
[101] TLA: CD 1689—1690, fol. 291'
[102] Heinz Moser/Heinz Tursky, Die Münzstätte Hall in Tirol 1665—1809, Rum bei Innsbruck 1981, S. 29/30
[103] PfA Hall i. T.: sog. Geschlechterbuch
[104] TLA: CD 1605—1608, fol. 391
[105] TLA: Bekennen 1606, fol. 105'—106'
[106] TLA: CD 1605—1608, fol. 411/411'
[107] TLA: CD 1605—1608, fol. 738'/739
[108] TLA: CD 1605—1608, fol. 759/759'
[109] TLA: Bekennen 1692/1693, fol. 152'—154
[110] TLA: CD 1695—1696, fol. 62'
[111] TLA: CD 1695—1696, fol. 132'
[112] TLA: CD 1697—1698, fol. 691

[112a] TLA: CD 1715, fol. 214'
[113] TLA: CD 1747, fol. 27'/28
[114] TLA: CD 1747, fol. 48/48'
[115] TLA: CD 1747, fol. 59/59'
[116] TLA: CD 1750, fol. 244 1/2
[117] TLA: CD 1747, fol. 210/210'
[118] TLA: CD 1748—1749, fol. 185/185'
[119] TLA: CD 1748—1749, fol. 473'/474, 503—504
[120] TLA: CD 1750, fol. 20'—21'
[121] TLA: CD 1753, fol. 199—200
[122] TLA: CD 1754—1755, fol. 442/442'
[123] TLA: CD 1754—1755, fol. 669—670
[124] TLA: V. d. k. Mt. i. J. 1764—1765, fol. 168—170'
Cölestin Stampfer, Geschichte von Meran, Meran 1889, S. 185/186
[125] TLA: V. d. k. Mt. i. J. 1759—1761, fol. 324'/325
[126] TLA: V. d. k. Mt. i. J. 1762—1763, fol. 112'/113, 180'
V. d. k. Mt. i. J. 1764—1765, fol. 396'/397, 475/476
[127] TLA: V. d. k. Mt. i. J. 1764—1765, fol. 566—567
[128] TLA: V. d. k. Mt. i. J. 1767—1768, fol. 68/68'
[129] TLA: V. d. k. Mt. i. J. 1771—1772, fol. 278, 349/349', 436/436'
[130] TLA: V. d. k. Mt. i. J. 1777—1778, fol. 140'—141'
[131] TLA: V. d. k. Mt. i. J. 1777—1778, fol. 458/458'
[131a] wie Anmerkung 133
[131b] wie Anmerkung 128
[132] PfA Hall i. T.: sog. Geschlechterbuch
[133] J. L., Der Scharfrichter von Meran, in: Linzer Zeitung 1860, Nr. 191—193; Constant v. Wurzbach, Biograph. Lexikon 24, Wien 1872, S. 114
[134] PfA Meran: Sterbebuch Vol. IV, pag. 146
[135] PfA Hall i. T.: sog. Geschlechterbuch
[136] TLA: V. d. k. Mt. i. J. 1767—1768, fol. 444'
[137] TLA: V. d. k. Mt. i. J. 1767—1768, fol. 551'/552
[138] TLA: V. d. k. Mt. i. J. 1771—1772, fol. 155
[139] TLA: V. d. k. Mt. i. J. 1771—1772, fol. 349/349', 436/436'
[140] Tiroler Grenzbote vom 24. IV. 1957, Nr. 8 und Nr. 16 (Beilage: Die Heimatglocke)
[141] TLA: V. d. k. Mt. i. J. 1781, fol. 36'—37'
[142] Karl Außerer, Castelrotto-Siusi, in: Der Schlern 8/7, Bozen 1927, S. 246/247
Leo Santifaller, Zur Geschichte von Kastelruth (Der letzte Scheiterhaufen zu Kastelruth 1778), in: Der Sammler, Blätter f. tirol. Heimatkunde u. Heimatschutz II, 1908, S. 215/216
[142a] Hans Fink: Der „Schinterbichl" und das Vinschger Moidele, in: Dolomiten 1965 XII 1, Nr. 275, S. 3
Hans Hörtnagl, Die Hinrichtung des Vinschger Moidele in Innsbruck, in: Innsbrucker Nachrichten 1926, Nr. 102
[143] TLA: V. d. k. Mt. i. J. 1775—1776, fol. 129/129'
[144] TLA: V. d. k. Mt. i. J. 1777—1778, fol. 173'/174
[145] TLA: V. d. k. Mt. i. J. 1777—1778, fol. 280'—281'
[146] TLA: V. d. k. Mt. i. J. 1781, fol. 235
[147] TLA: Gubernium, Hauptindex HI/7, Nr. 21, 86, 122, 189, 598, 725, 911, 931
[148] TLA: Gubernium, Forst 1784, Nr. 37 (Originalakt nicht auffindbar!)
[149] PfA Hall i. T.: sog. Geschlechterbuch
[150] PfA Hall i. T.: sog. Geschlechterbuch
vgl. Ernst Hellbling, Österreichische Verfassungs- und Verwaltungsgeschichte, Wien 1956, S. 316
[150a] TLA: Gubernium, Kassa 1787, Nr. 3379
[150b] TLA: Gubernium, Salz 1792, Nr. 16127; Salz 1793, Nr. 9441; Kassa 1794, Nr. 2029
[151] TLA: Bekennen 1502—1505, fol. 179'
[152] TLA: Embieten und Befehl 1503, fol. 68'
[153] TLA: Embieten und Befehl 1505, fol. 343'
[154] Erich Egg/Wolfgang Pfaundler, Maximilian und Tirol, Innsbruck 1969, S. 38/39

[155] TLA: Embieten und Befehl 1513, fol. 175', 260', 270/270', 400'
[156] TLA: Embieten und Befehl 1513, fol. 261
[157] TLA: Bekennen und Befehl 1519, fol. 479', 502'
[158] TLA: Embieten und Befehl 1521, fol. 350'/351
[159] TLA: Embieten und Befehl 1524, fol. 204
[160] TLA: Bekennen 1525, fol. 77'
Embieten und Befehl 1525, fol. 66/66'
[161] TLA: Embieten und Befehl 1527, fol. 253/253'
[162] TLA: Embieten und Befehl 1528, fol. 569'
Embieten und Befehl 1529, fol. 662'
[163] TLA: CD 1578—1583, fol. 42'/43
[164] TLA: Bekennen 1578, fol. 146—147
[165] TLA: CD 1578—1583, fol. 200'
[166] TLA: CD 1578—1583, fol. 586
[167] TLA: Bekennen 1584, fol. 215'—216'
[168] Schuhmann, Der Scharfrichter, S. 149/150
[169] TLA: Bekennen 1611, fol. 33—34
[170] TLA: CD 1609—1612, fol. 375'
[171] TLA: CD 1613—1616, fol. 90'/91
[172] TLA: CD 1613—1616, fol. 91/91'
[173] TLA: CD 1613—1616, fol. 103/103'
[174] TLA: CD 1613—1616, fol. 397'/398
[175] TLA: CD 1613—1616, fol. 574
[176] TLA: CD 1617—1619, fol. 43
[177] TLA: CD 1617—1619, fol. 340/340'
[178] TLA: CD 1617—1619, fol. 354
[179] Schuhmann, Der Scharfrichter, S. 149, 150, 151, 221
[180] TLA: Bekennen 1698—1700, fol. 165—166
[181] TLA: CD 1699, fol. 104
[182] TLA: Bekenne 1698—1700, fol. 165'
[183] TLA: CD 1699, fol. 197'
[184] TLA: CD 1699, fol. 149
[185] TLA: CD 1701, fol. 98, 233—234'
[186] H. Hochenegg, a. a. O., S. 186
[187] TLA: CD 1705, fol. 520
[188] TLA: CD 1705, fol. 646
[189] TLA: CD 1715, fol. 213
[190] TLA: CD 1714, fol. 225
[191] TLA: CD 1715, fol. 56'
[192] TLA: CD 1715, fol. 209'
[193] TLA: CD 1715, fol. 773', 820'
[194] TLA: CD 1705, fol. 520
[195] TLA: CD 1708, fol. 103—106
[196] H. Hochenegg, a. a. O., S. 71
[197] zitiert nach H. Hochenegg, a. a. O., S. 71
[198] TLA: CD 1716, fol. 90
[199] TLA: CD 1716, fol. 478/478'
[200] TLA: CD 1718, fol. 165'/166
[201] PfA Hall i. T.: sog. Geschlechterbuch
[202] TLA: CD 1671—1672, fol. 70'/71
[203] TLA: Bekennen 1670—1671, fol. 141'—143
[204] TLA: CD 1671—1672, fol. 182'/183
[205] TLA: CD 1671—1672, fol. 585'/586, 660
[206] TLA: CD 1671—1672, fol. 426
[207] TLA: CD 1673, fol. 225/225'
[208] TLA: CD 1673, fol. 399/399'
[209] TLA: CD 1674—1675, fol. 150
[210] TLA: CD 1674—1675, fol. 463/463'
[211] TLA: CD 1674—1675, fol. 466/466', 606/606'
[212] TLA: CD 1677, fol. 354'/355

ALPHABETISCHES VERZEICHNIS DER MERANER SCHARFRICHTER

Abrell Johann Jakob (1723—1728)
Altsee, Lorenz von (1515—1521)
Frey Melchior (1563—1572)
Fürst Georg (? — 1621)
Fürst Hans (1592)
Fürst Jakob (1690—1694)
Fürst Wolfgang (1605—1623)
Gatz Jakob (1524)
Helmschmied Wolfgang (1536—1552)
Käser Heinrich (1522—1525)
Kober Johann Georg (1728—1748)
Krieger Konrad Leonhard (1675—1679)
Leonhard Mattheus (1575—1601)
Müller Hans Jakob (1679—1684)
Oberdorfer Leonhard (1632—1672)
Pichler Michael (1623—1631)
Puechamer Wolfgang (1601—1605)
Putzer Bartholomeus (1772—1777)
Putzer Franz Michael (1777—1787)
Putzer Martin (1748—1772)
Reichl Thomas (1572—1575)
Reif Heinrich (1515, 1521—1522)
Riemer Hans (1510—1515)
Rodem, Gilg von (1488—1509)
Säbele Hans (1672)
Schlechuber Johann (1673—1675)
Schwarzhuber Hans (1525—1536)
Schwingsmesser Hans (1562)
Seckler Klaus (1510)
Vogl Martin (1552—1561)
Vollmar Johann Peter (1694—1723)
Wacker Johann Georg (1684—1690)
Wagner Franz (1509)

CHRONOLOGISCHES VERZEICHNIS DER MERANER SCHARFRICHTER

1488—1509	Gilg von Rodem
1509	Franz Wagner
1510	Klaus Seckler
1510—1515	Hans Riemer
1515	Heinrich Reif
1515—1521	Lorenz von Altsee
1521	Heinrich Reif
1522—1523	Heinrich Käser
1524	Jakob Gatz
1525	Heinrich Käser
1525—1536	Hans Schwarzhuber
1536—1552	Wolfgang Helmschmied
1552—1561	Martin Vogl
1562	Hans Schwingsmesser
1563—1572	Melchior Frey
1572—1575	Thomas Reichl
1575—1592	Mattheus Leonhard
1592	Hans Fürst
1592—1601	Mattheus Leonhard
1601—1605	Wolfgang Puechamer
1605—(?)	Wolfgang Fürst
(?) —1621	Georg Fürst
1621—1623	Wolfgang Fürst
1623—1631	Michael Pichler
1632—1672	Leonhard Oberdorfer
1672	Hans Säbele
1673—1675	Johann Schlechuber
1675—1679	Leonhard Konrad Krieger
1679—1684	Hans Jakob Müller
1684—1690	Johann Georg Wacker
1690—1694	Jakob Fürst
1694—1723	Johann Peter Vollmar
1723—1728	Johann Jakob Abrell
1728—1748	Johann Georg Kober
1748—1772	Martin Putzer
1772—1777	Bartholomeus Putzer
1777—1787	Franz Michael Putzer

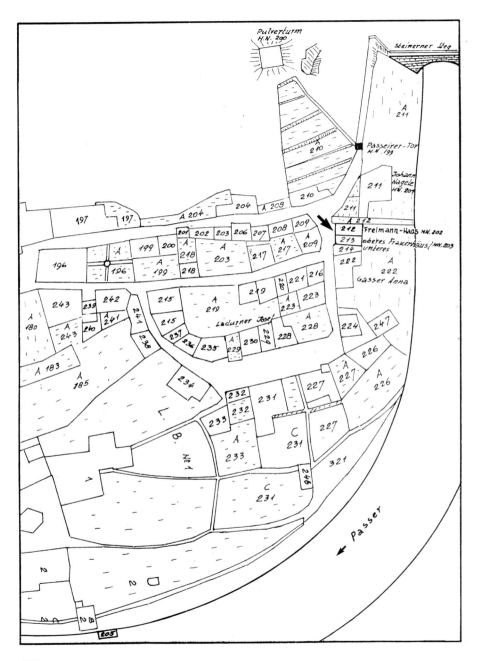

Biographische Angaben über die Scharfrichter von Meran

ABRELL Johann Jakob (1723—1728)

Johann Jakob Abrell war der Sohn (geboren vor 1718) des Haller Henkers Marx Philipp Abrell und hatte bei seinem Vater das Scharfrichterhandwerk erlernt. Nach dem Tode des Meraner Henkers Johann Peter Vollmar trat Marx Philipp Abrell dafür ein, daß sein Sohn die freie Stelle bekam.[1] Tatsächlich wurde dieser wenig später, am 22. Dezember 1723, zum provisorischen Henker von Meran ernannt, doch mußte er vor der endgültigen Bestellung noch eine Probe seines Könnens ablegen.[2] Gelegenheit bot sich dazu im Sommer 1724, als in Bozen drei Verbrecher gerichtet werden mußten. Die Regierungsräte bestätigten hierauf, daß Johann Jakob Abrell *„zu Bozen an drei vom Leben zum Tode mit dem Schwert hingerichteten Delinquenten in Anwesenheit vieler hundert Personen seine Probestreiche ganz glücklich vollbracht"* hatte,[3] womit seiner definitiven Anstellung nichts mehr im Wege stand. Die Hinrichtungen mit dem Schwert beherrschte Johann Jakob Abrell sehr gut, wie sich auch bei der Exekution der wegen Diebstahls zum Tode verurteilten Dorothea Waldner im Gericht Altenburg 1725 zeigte.[4]

Als 1728 sein Vater als Haller Scharfrichter pensioniert wurde, versetzte man Johann Jakob Abrell nach Hall. Sofort nach seiner Ankunft hatte er eine große Anzahl von Hinrichtungen. In Rattenberg mußte er eine Frau und drei Männer köpfen, wobei die Leichname der Männer noch auf das Rad geflochten wurden.[5] In Innsbruck waren ebenfalls drei Verbrecher hinzurichten. Martin Egger und seine Schwester Maria, die wegen schweren Raubes angeklagt worden waren, wurden mit dem Schwert gerichtet, der Leichnam des Mannes auf das Rad geflochten, der Frau unter dem Galgen verscharrt, die Köpfe beider am Galgen aufgesteckt. Ihr Komplize Ulrich Holzer wurde geköpft und geviertelt, die Körperteile beim Meilbrunnen an der Straße nach Zirl, beim Gärberbach hinter dem Bergisel, in der Haller Au und bei der Zillerbrücke zur Schau gestellt.[6] Besonders hervorzuheben ist, daß der Sohn Holzers und die Ehegattin Martin Eggers, auf ausdrücklichen Befehl der Regierung, der Exekution beiwohnen mußten.

Johann Jakob Abrell hatte überhaupt auffallend viele Hinrichtungen in seiner Zeit als Haller Scharfrichter. 1735 beispielsweise hatte er in Kufstein den Musketier Sebastian Nagl, der seinen Feldwebel ermordet hatte, und Maria Theresia Prugger wegen wiederholten Diebstahles mit dem Schwert hinzurichten.[7] 1733 ersuchte Abrell sogar darum, ihm einen Wagen und ein Pferd zu bezahlen, womit er die

←

Abb. linke Seite: Katastermappe (Ausschnitt) von Meran aus dem Jahre 1777: Das Scharfrichterhaus befand sich in der Nähe des Passeirertores (Nr. 212) in unmittelbarer Nachbarschaft des unteren und des oberen Frauenhäusels.
(Original im Staatsarchiv Bozen).

zahlreichen Delinquenten zur Richtstätte führen könnte. Der Wagen wurde ihm gestattet, das Pferd mußte er sich aber bei Bedarf vom Innsbrucker Stadtspital ausborgen.[8] Jahre wie beispielsweise 1745, in denen Johann Jakob Abrell keine Exekution durchführen mußte, waren selten, wurden aber seit dem Regierungsantritt Maria Theresias immer häufiger, weil man Todesurteile meist zu „*opus publicum*" (Zwangsarbeit) oder noch mehr in Militärdienst umwandelte.

Soweit Johann Jakob Abrell die Verurteilten mit dem Schwert richtete, übte er sein Handwerk zur vollen Zufriedenheit der Vorgesetzten aus. Nur eine einzige Hinrichtung mit dem Schwert mißlang ihm. 1739 mußte er in Innsbruck Bankraz Jordan köpfen, wobei allerdings so viele Schaulustige sich um ihn drängten, daß er den Verurteilten nur „*ganz unvollkommen mit dem Schwert*" richten konnte.[9]

Probleme gab es für Abrell auch, wenn er den Verbrecher vorher widerrechtlich Schmuckgegenstände abnahm und sich aneignete. 1736 wurde er deswegen drei Wochen in Innsbruck ins Kräuterhaus gesperrt und vom „*Höttinger Blutschergen*" bewacht.[10] Schwierigkeiten hatte er auch bei der Lieferung von Leichnamen mit der medizinischen Fakultät, da er nicht immer pro Leiche die vorgeschriebenen sechs Gulden erhielt.[11]

1738 gelang es Johann Jakob Abrell, daß das Gericht Sterzing dem Amtsbezirk des Haller Scharfrichters zugeteilt wurde. Er konnte somit in diesem Jahr nicht nur Gabriel Eisendle in Sterzing köpfen, sondern es wurden ihm auch alle weiteren Sterzinger Hinrichtungen zugeteilt.[12] 1742 wurde diese Entscheidung anläßlich eines Streites mit dem Meraner Scharfrichter neuerlich bestätigt.[13]

Größtes Problem für Johann Jakob Abrell waren Exekutionen mit dem Strang, die er nur ungern ausführte, da sie ihm nicht besonders gut gelangen und die Verurteilten meist unnötig gequält wurden. Hatte sich die Regierung bisher stets mit einer Verwarnung begnügt, so war 1746 das Maß endgültig voll. Als 1746 bei einer Militärexekution das Erhängen eines Soldaten wieder nicht schnell und präzise gelang, schickte man am 18. April 1746 Johann Jakob Abrell die Kündigung.[14] Außerdem mußte er binnen 14 Tagen das Scharfrichterhaus räumen.[15] Da Abrell schon relativ alt war und kaum Aussicht auf eine neue Anstellung hatte, bat er um eine Gnadenpension, wie sie auch seinem Vater gewährt wurde.[16] Sein Gesuch wurde aber abschlägig beschieden. In seinem Dienstzeugnis wurde vermerkt, daß er „*bei den vorgefallenen Exekutionen mit dem Schwert jederzeit glücklich, mit dem Strang aber meistens unglücklich war und deswegen seines Dienstes entlassen worden ist.*"[17]

Johann Jakob Abrell traf diese Entlassung besonders hart, da er eine große Familie zu ernähren hatte. In erster Ehe war er mit der Abdeckerstochter Maria Lautter (gestorben 1731) und in zweiter Ehe mit Maria Euphrosina Pirckl (auch Piechl) verheiratet. Aus seiner ersten Ehe stammte die Tochter Anna (1730 VII 24), aus seiner zweiten Ehe die Söhne Franz Anton (1739 X 9), Johann Jakob (1742 XI 21), Johann Georg (1744 IV 24), Ignaz Anton (1750 II 17), Josef Alois (1753 III 23) und Johann Franz (1754 IV 3), sowie die Töchter Maria Barbara (1732 V 19), Maria Susanna (1733 X 8), Maria Theresia (1735 V 2), Maria Ursula (1736 XII 10) und Anna Maria (1748 VIII 25).[18] Obwohl Johann Jakob Abrell auch nach seiner Kündigung weiter in Hall blieb, wie sich aus den Geburtsdaten seiner Kinder entnehmen läßt, ist sein Todesdatum nicht feststellbar.

ALTSEE, Lorenz von — (1515—1521)

Lorenz von Altsee wurde am 7. Dezember 1515 als Nachfolger von Heinrich Reif Meraner Scharfrichter.[19] In seiner Bestellungsurkunde wurde ausdrücklich darauf hingewiesen, daß er zu denselben Bedingungen wie seinerzeit Franz Wagner eingestellt wurde. Lorenz von Altsee blieb nur rund fünf Jahre in Tirol und verließ Anfang 1521 wieder Tirol.

FREY Melchior (1563—1572)

Melchior Frey war der Sohn des Haller Scharfrichters Johann Frey. Nach dem Tode von Hans Schwingsmesser mußte er seinen Vater zu einer Hinrichtung nach Meran begleiten, wobei dieser seinen Sohn für die Meraner Scharfrichterstelle vorschlug. Der Landrichter von Meran erhielt darauf den Befehl, Melchior Frey bei der Hinrichtung zu beobachten und seine Geschicklichkeit als Henker zu testen.[20] Melchior Frey wurde am 28. Mai 1563 zum Meraner Scharfrichter ernannt.[21] Der Zöllner an der Töll erhielt den Auftrag, aus den Zolleinnahmen jährlich 80 Gulden an den Henker Frey zu bezahlen.[22] Über die Tätigkeit Melchior Frey's als Meraner Henker ist wenig bekannt, allerdings erwarb er sich den Ruf, daß er sehr geldgierig sei und Exekutionen erst dann vorzunehmen pflege, wenn er vorher bezahlt worden war. Besonders befreundet war er mit dem Pfarrer des Spitals von Meran, was man aber bei der Regierung nicht gerne sah. 1572 beklagte sie sich, daß *„der Pfarrer sich leichtfertig verhält und besonders der Züchtiger sein Zechgeselle und Du-Bruder sein soll".*[23]

Nachdem schon sein Vorgänger, Hans Schwingsmesser, Exekutionen im Engadin durchführen hatte dürfen, erhielt Melchior Frey 1568 die offizielle Bestätigung, daß das Engadin künftig zum Amtsbezirk des Meraner Scharfrichters gehören sollte. Im Unterengadin betrug die Hinrichtungsgebühr acht Gulden, im Oberengadin zehn Gulden. Wurden mehrere Verbrecher gleichzeitig gerichtet, reduzierte sich der Betrag auf fünf bzw. sechs Gulden.[24]

Nach dem Tode seines Vaters, des Haller Henkers Johann Frey, wurde Melchior Frey nach Hall versetzt.[25] Der Regierung war das Haller Scharfrichteramt wichtiger, weshalb dieses nicht vakant sein sollte, während das Meraner weniger wichtig war und einige Zeit auch verwaist sein konnte. Allerdings sollte bald in die *„Schwäbischen Herrschaften"* geschrieben werden, um auch für Meran wieder einen Henker zu bekommen.[26] Tatsächlich fand man mit Thomas Reichl, der bisher für den Trientiner Bischof tätig gewesen war, rasch einen Nachfolger.[27] Am 27. Juni 1572 wurde das Anstellungsdekret für Melchior Frey als Haller Scharfrichter ausgestellt.[28]

Melchior Frey verhielt sich als Haller Scharfrichter keineswegs so, wie es sich die Regierung vorgestellt hatte, sondern wurde seinem Ruf als geldgieriger und roher Mensch, den er sich in Meran erworben hatte, gerecht. 1577 beging er mit der Frau des Haller Tuchscherers Hans Giesinger Ehebruch und wurde daraufhin des Landes verwiesen. Er kehrte aber nach Tirol zurück und verletzte im Streit seinen Nachfolger, Christof Tollinger, schwer am Arm. Hierauf flüchtete er neuerlich, trieb sich im Pustertal herum, wo er steckbrieflich gesucht wurde, und gründete schließlich eine Räuberbande, die auf Jahrmärkten in Süd- und Nordtirol ihr Unwesen trieb und durch ein gedrucktes Mandat zur Verhaftung ausgeschrieben wurde.[29]

FÜRST Georg (? —1621)

Georg Fürst wurde am 9. Mai 1589 in Hall als Sohn des dortigen Scharfrichters Michael Fürst geboren.[30] Wann Georg Fürst seinen älteren Bruder als Meraner Scharfrichter, was dieser ab 1605 war, ablöste, ist nicht bekannt. Möglicherweise dürfte dies erst nach 1610 geschehen sein. Sicher ist lediglich, daß am 27. November 1621 wiederum sein Bruder Wolfgang als Meraner Scharfrichter eingesetzt wurde.[31] In der Folgezeit dürfte sich Georg Fürst in Imst niedergelassen haben. Am 12. November 1632 wurde ihm dort der Sohn Martin geboren,[31a] der auch das Scharfrichterhandwerk erlernte und im Jahre 1660 versuchte, das Scharfrichteramt in Meran zu erhalten, indem er den dortigen Henker bei der Regierung wegen seiner Ungeschicklichkeit bei Exekutionen anschwärzte.[31b]

FÜRST Hans (1592)

Hans Fürst war der Sohn des Haller Scharfrichters Michael Fürst und war vor dessen Bestellung zum Haller Scharfrichter 1584 geboren worden. Trotz seiner Minderjährigkeit wurde er als Nachfolger des wegen Mordversuches an seinem Sohn flüchtigen Mattheus Leonhard ins Gespräch gebracht.[32] Vorerst war er zwar abgewiesen worden, aber ein weiteres Gesuch hatte Erfolg, und er wurde interimsmäßig *„zu den schlechten und geringen Exekutionen"* ohne Dienstvertrag angestellt.[33] Wenig später kehrte jedoch Mattheus Leonhard zurück, söhnte sich mit seinem Sohn aus und übernahm wieder das Henkeramt.

Hans Fürst war in der Folgezeit Scharfrichter in Trient, verlor jedoch auch diese Stelle. Am 19. Oktober 1606 starb in Hall die Ehefrau von Hans Fürst, *„gewesener Scharfrichter"* von Trient.[34]

FÜRST Jakob (1690—1694)

Jakob Fürst stammt aus der Henkerdynastie Fürst, die schon eine Reihe Scharfrichter in Tirol gestellt hatte. Michael Fürst war von 1584 bis 1606 Henker in Hall, seine drei Söhne Hans, Georg und Wolfgang Henker in Meran.

Nach der Entlassung von Johann Georg Wacker stellte man nun Jakob Fürst am 22. November 1690 als Meraner Scharfrichter ein.[35] Er entsprach aber ebensowenig wie sein Vorgänger den Anforderungen und wurde zu Jahresbeginn 1694 gekündigt.[36]

FÜRST Wolfgang (1605—1623)

Nach dem Tode Wolfgang Puechamers Anfang 1605 bewarb sich sowohl der Sohn des verstorbenen Münchner Scharfrichters[37] als auch der Sohn des Haller Scharfrichters Michael Fürst, Wolfgang Fürst, um die freie Stelle. Obwohl

Maister Melchior gewesster Nachrichter zu Hall betzt. Vnns
gelangt glaublichen an/wie das der gewest Zichtiger zu Hall
Maister Melcher/ welchem dann vmb seiner verbrachten
Missethaten willen/verschiner zeit diß Land der Fürstlichen
Graffschafft Tyrol verbotten/sich wider herumb ziehen / vnd
jetzt hinein in das Pusterthal begeben haben solle. Dieweil
aber sonst auch allerlay böse Zichten auff jne gehen/ So ist in
namen der Fürstlichen Durchleuchtigkait/ Ertzhertzog Fer=
dinanden zu Osterreich rc. vnsers gnedigisten Herrn/ vnser
beuelch an Euch/ das jr alßbald in aller still vnnd gehaim/
Ewer fleissige spech vnd erkundigung in Ewrer verwaltung
auff jne bestellen vnnd halten lasset / ob jr jne mit ehistem zu
sencknuß / vnnd verdienten straff bringen möchtet / Daran
volziecht jr anstat hochermelter Fürst. Drt. vnser mainung.
Datum Jnßpzugg/den dreyzehenden tag Monats Aprilis/
Anno rc. Achtzig.

Fürst. Durchleuchtigkait Ertzhertzog Ferdinande zů Oster=
reich rc. Regenten vnd Räthe/Oberösterreichischer Lande.

Abb. oben: Der Scharfrichter Melchior Frey war 1563—1572 Meraner und 1572—1577 Haller Scharfrichter. Nach einem Ehebruch mit der Frau eines Haller Handwerkers wurde er des Landes verwiesen, kehrte aber wieder zurück und gründete eine Räuberbande, die in Nord- und Südtirol ihr Unwesen trieb. Melchior Frey selbst wurde steckbrieflich (Bild) gesucht. (Original im TLA: CD 1578—1583, fol. 281)

Wolfgang Fürst bereits am 7. Juli 1605 sein Anstellungsdekret erhielt,[38] mußte er Ende November 1605 nachdrücklich aufgefordert werden, seinen Dienst in Meran anzutreten.[39] Wie lange Wolfgang Fürst Meraner Scharfrichter blieb, läßt sich merkwürdigerweise nicht genau feststellen. Jedenfalls dürfte er nach 1610 von seinem jüngeren Bruder Georg Fürst abgelöst worden sein. Denn erst als dieser 1621 wieder aus dem Amt schied, wurde Wolfgang Fürst neuerlich eingestellt.[40] Seine zweite Amtsperiode in Meran dauerte vom November 1621 bis zum November 1623.[41]

GATZ Jakob (1524)

Jakob Gatz stammte aus Pinggau/Steiermark und wurde am 20. April 1524 mit 80 Gulden Jahreslohn zum Meraner Henker ernannt.[42] Zu Jahresbeginn 1525 verließ er Tirol und seine Stelle übernahm Heinrich Käser.[43]

HELMSCHMIED Wolfgang (1536—1552)

Wolfgang Helmschmied stammte aus München und wurde am 21. Dezember 1536 als Nachfolger Johann Schwarzhubers neuer Meraner Scharfrichter.[44] Er erhielt aus dem Zoll an der Töll 80 Gulden jährlich.[45] Bald nach seinem Amtsantritt wurde das Scharfrichterhaus auf Kosten des Meraner Kelleramtes renoviert.[46]

Während seiner Amtsperiode wurden das Hochgericht Gries/Bozen 1538[47] und Meran 1551[48] neu erbaut. Über die Tätigkeit Helmschmieds sind relativ wenige Hinweise erhalten. Jedenfalls dürfte er wie sein Vorgänger ständig Schwierigkeiten bei der Abrechnung der Exekutionsgebühren gehabt haben. 1548 hatte er für die Bestattung zweier Selbstmörder in Bozen und Meran zu viel verlangt, wofür er streng verwarnt wurde.[49]

Herausragendstes Ereignis der Tätigkeit Helmschmieds war die Hinrichtung der berühmten *„Sarntaler Hexe"* Barbara Pachler, die er 1540 *„zum Oettenbach an die gewöhnliche Richtstätte führen und vom Leben zum Tode durch Verbrennen richten und ihren Leib bis zu Pulver und Asche verbrennen"* mußte.[50]

Da man aber mit der Tätigkeit Helmschmieds im großen und ganzen nicht einverstanden war, erteilte die Regierung am 17. Mai 1552 dem Meraner Richter den Auftrag, Wolfgang Helmschmied Ende Juni 1552 zu entlassen.[51] Dieser blieb weiter in Meran, konnte aber wegen seiner unehrlichen Vergangenheit den Stadtrat nicht dazu bewegen, ihm *„ein kleines Gewerbe mit offenem Laden"* zu gestatten.[52]

KÄSER Heinrich (1522—1525)

Nach der nur wenige Monate dauernden Amtsperiode von Heinrich Reif wurde Heinrich Käser am 18. Mai 1522 neuer Meraner Scharfrichter.[53] Er stammte aus Themar, einer Stadt südöstlich von Meiningen. Am 20. April 1524 wurde Heinrich Käser durch Jakob Gatz ersetzt[54] und am 18. Jänner 1525 zum Haller Henker mit 100 Gulden Jahressold ernannt.[55] Nach nur drei Monaten wurde er aber wieder gekündigt und durch Hans Schaider ersetzt.[56] Da Jakob Gatz inzwischen Meran wieder verlassen hatte, bestellte man am 28. März 1525 Käser wieder zum Meraner Scharfrichter,[57] ersetzte ihn aber am 22. November 1525 durch Hans Schwarzhuber.[58]

KOBER Johann Georg (1728—1748)

Johann Georg Kober war ein Sohn des Scharfrichters Wilhelm Kober sen. von Oberdorf/Hochstift Augsburg. Sein Bruder Johann Michael Kober war ab 1720 Scharfrichter in Donauwörth, sein zweiter Bruder Nikolaus Kober (geb. 1687, gest. 1763) folgte seinem Vater in Oberdorf, und schließlich war sein Neffe Wilhelm Kober jun. (geb. 1710, gest. 1787) ebenfalls in Oberdorf Henker.[59] Johann Georg Kober wanderte nach Tirol aus und wurde nach der Versetzung Johann Jakob Abrells 1728 nach Hall neuer Meraner Scharfrichter.

Neben seiner Tätigkeit als Scharfrichter übte Kober die Baderei und Kurpfuscherei aus. Dabei führte er auch manchen unerlaubten Eingriff aus. 1736 war drei Tage nach einer Abtreibung das Mädchen an inneren Blutungen gestorben, Kober kam jedoch ungeschoren davon, nur die Kurpfuscherei wurde ihm untersagt.[60]

1738 wurde auf Betreiben des Haller Henkers das Gericht Sterzing aus dem Amtsbezirk des Meraner Henkers herausgelöst[61] und trotz heftiger Gegenwehr Kobers wurde diese Regelung 1742 neuerlich bestätigt.[62] Durch dieses Ereignis gewarnt, war Kober sehr auf der Hut, keine weiteren Einbußen zu erleiden, und reagierte sehr empfindlich auf alle diesbezüglichen Bestrebungen. 1738 bat er um 45 Gulden für die Bestattung eines Mörders in Mühlbach[63] und 1742 wurde auf ausdrücklichen Wunsch Kobers dem Pfleger der Mühlbacher Klause aufgetragen, im Bedarfsfalle nur den Meraner und keinesfalls den bischöflich-brixnerischen Scharfrichter zu bestellen.[64]

Zur Aufbesserung seines Gehaltes hatte Kober wiederholt auch in Trient für den dortigen Bischof Exekutionen ausgeführt. Weil er dies aber immer machte, ohne die Regierung in Innsbruck davon zu verständigen, wurde ihm aufgetragen, künftig vorher immer die Erlaubnis seiner Vorgesetzten einzuholen.[65]

Eine der bemerkenswertesten Hinrichtungen Kobers war jene an seinem Amtskollegen Josef Langmayr in Hall, der 1746 zum Henker bestellt worden war, wenige Monate später aber wegen Mordes selbst dem Scharfrichter zum Opfer fiel.[66] Während der kurzen Vakanz des Haller Scharfrichteramtes mußte Kober zwei Verbrecher in Kufstein erhängen, wobei die zweite Hinrichtung seinem Stiefsohn Bartholomeus Putzer „*zu Machung seines Probestückes*" als neuem Haller Scharfrichter überlassen werden sollte.[67]

Johann Georg Kober hatte am 24. August 1734 in erster Ehe die Henkerstochter Anna Vollmar geheiratet,[68] die am 6. Juli 1737 die Tochter Margaritha gebar.[69] Seine zweite Gattin brachte in die Ehe die Söhne Bartholomeus und Martin Putzer mit, die bei ihrem Stiefvater das Scharfrichterhandwerk erlernten.[70] Johann Georg Kober starb am 16. Dezember 1748 in Meran.[71]

KRIEGER Konrad Leonhard (1675—1679)

Leonhard Krieger war ein Sohn des Haller Scharfrichters Othmar Krieger und vor dessen Amtsantritt in Hall im Jahre 1645 geboren worden. Er hatte bei seinem Vater das Henkershandwerk gelernt und war auch bei der merkwürdigen Hinrichtung des Thomas Hanns in Heinfels 1663 dabei, bei der der Geräderte angeblich durch ein Wunder überlebt hatte. Leonhard Krieger wird bei dieser Gelegenheit von Zeitgenossen als *„starker und frischer Mann"* beschrieben.[72]
Nach der Entlassung von Hans Schlechuber wurde er am 13. Februar 1675 zum Meraner Scharfrichter ernannt.[73] Wie sein Vorgänger war auch er nur sehr kurz im Amte. Im März 1679 wurde er von einem Soldaten, mit dem er in Streit geraten war, erschlagen.[74] Sein Sohn Christof wurde später Abdecker in Rotholz.[75]

LEONHARD Mattheus (1575—1601)

Mattheus Leonhard stammte aus Schorndorf/Württemberg und wurde im Februar 1575 anstelle des des Landes verwiesenen Thomas Reichl zum Meraner Scharfrichter ernannt.[76] Er kam seiner Tätigkeit zur vollen Zufriedenheit der Regierung in Innsbruck nach, bis er Ende 1591 im Verlauf eines Streites seinen Sohn lebensgefährlich verletzte. Daraufhin ergriff er die Flucht, und der Meraner Stadtrichter wurde angewiesen, nach einem Nachfolger Umschau zu halten. Bis ein solcher gefunden war, sollte der Haller Scharfrichter Michael Fürst alle Exekutionen durchführen.[77]
Der damals noch minderjährige Sohn des Haller Henkers, Johann Fürst, bewarb sich im April 1592 um die vakante Stelle, wurde aber vorerst abgewiesen, weil der Sohn von Mattheus Leonhard inzwischen genesen war und man auf eine Versöhnung mit dem Vater hoffte.[78] Als Johann Fürst im Juli 1592 neuerlich um die freie Stelle ansuchte[79] und der flüchtige Mattheus Leonhard noch nicht gefunden war, entschied die Regierung in Ermangelung eines richtigen Scharfrichters, Johann Fürst als provisorischen Henker *„zu den schlechten und geringen Exekutionen"* anzustellen. Wegen seiner Minderjährigkeit und wegen der nur provisorischen Anstellung erhielt er keinen Dienstvertrag.[80]
Mattheus Leonhard, der von der Genesung seines Sohnes und der Aussicht, nach Aussöhnung mit diesem wieder Meraner Henker werden zu können, gehört hatte, kehrte nach Tirol zurück und wurde nach über einem halben Jahr Unterbrechung wieder eingestellt.[81]
Der Lebenswandel von Mattheus Leonhard entsprach aber in der Folgezeit nicht den Vorstellungen seiner Vorgesetzten, und Ende 1601 entschied die Regierung, ihn durch einen anderen Scharfrichter zu ersetzen.[82]

MÜLLER Hans Jakob (1679—1684)

Nach dem gewaltsamen Ende von Leonhard Krieger wurde Johann Jakob Müller, der aus Feldkirch stammte, am 25. Mai 1679 zum Meraner Henker bestellt.[83] Eine seiner ersten Tätigkeiten war die Exekution eines 14jährigen Hirtenbuben aus dem Zillertal, der im Passeier gearbeitet hatte und zusammen mit

drei weiteren Personen wegen Zauberei und Wettermachens hingerichtet werden sollte.[84] Im Jahr darauf mußte er Thomas Jöchl und Valentin Ramler ebenfalls wegen Zauberei und Wettermachens enthaupten und verbrennen. Ein dritter Angeklagter, Nikolaus Doggol, war wegen seines geringen Alters von 7 (!) Jahren vom Tode begnadigt worden.[85]
    1682 beschwerte sich H. J. Müller über den Abdecker von Taufers, der einen Selbstmörder widerrechtlich begraben und ihn so um den Lohn geprellt hatte.[86] H. J. Müller wurde Mitte des Jahres 1684 aus seinem Amte entlassen.[87]

OBERDORFER Leonhard (1632—1672)

    Leonhard Oberdorfer stammte aus Marquartstein/Bayern und hatte zuletzt als Scharfrichter im Veltlin gearbeitet. Am 11. September 1632 wurde er zum Meraner Scharfrichter ernannt.[88] Er war mit der Tochter des Haller Henkers, Ursula Has, verheiratet, und sein Schwiegervater hatte ihn für dieses Amt vorgeschlagen.[89] Offensichtlich hatte dabei das Ergebnis einer Probehinrichtung, der sich Oberdorfer unterziehen mußte, den Ausschlag gegeben.[90] Probleme hatte Oberdorfer aber schon zu Beginn seiner Amtsperiode, weil er zu hohe Gebühren verrechnete, wie beispielsweise 1633 für die Bestattung zweier Selbstmörder.[91]
    Dank seines guten Benehmens und seines bescheidenen Auftretens konnte L. Oberdorfer sich das Vertrauen seiner Vorgesetzten erwerben und wurde mit seinen fast 40 Dienstjahren der am längsten in Meran dienende Scharfrichter. Nur 1660 gab es vorübergehend Probleme, als ihn der stellungslose Scharfrichter Martin Fürst, der von Imst gebürtig war, bei der Regierung verklagte, *„daß der jetzige Scharfrichter von Meran seine Justifikationen ganz unmanierlich tue, indem er zu Neumarkt und an den Welschen Confinen Malefizpersonen ganz abscheulich exekutiert haben solle, wie es mit einer Malefizperson zu Tartsch* (= Hochgericht der Stadt Glurns) *genauso hergegangen sei, daß er dieselbe mit drei Schnitzern abscheulich enthauptet haben soll.“*[92]
    Über Mangel an Arbeit brauchte sich L. Oberdorfer aber im übrigen nicht zu beklagen, zumal gerade während seiner Amtszeit eine neue Welle von Hexenprozessen über Tirol hereinbrach. So berichtete Lorenz Baumgartner, der von 1664 bis 1681 Benefiziant zu St. Leonhard war, daß in manchen Jahren fast monatlich eine Hexe oder ein Zauberer hingerichtet wurde.[93] In manchen Jahren allerdings gab es nur wenige Hinrichtungen, dementsprechend gering war auch der Verdienst. 1655 beispielsweise mußte er nur einen Mörder in Kronmetz enthaupten.[94] 1665 wurden zwar drei Todesurteile in seinem Amtsbezirk verhängt, und zwar zwei in Meran und eines in Kaltern. Aber jenes von Kaltern wurde in ewige Landesverweisung umgewandelt,[95] eines von Meran wegen Sodomie zu zehn Jahren Galeerenstrafe;[96] allerdings mußte der Scharfrichter zumindest das beteiligte Kalb töten und heimlich unter dem Galgen vergraben, wofür er eine kleine Entschädigung erhielt. Nur ein Todesurteil mußte tatsächlich vollstreckt werden, wobei der Delinquent enthauptet wurde.[97]
    L. Oberdorfer wurde bisweilen auch zu Exekutionen in das Fürstbistum Trient gerufen. 1665 hätte er wiederum drei Exekutionen in Trient vornehmen sollen, doch mußte er krankheitshalber absagen.[98] Aus seiner Ehe mit der Haller Henkerstochter

Ursula Has wurde laut den Meraner Taufbüchern nur eine Tochter am 9. März 1641 geboren.[99] In den 40 Jahren seines Dienstes dürfte Oberdorfer schätzungsweise an die 100 Todesurteile vollstreckt haben. Im Winter 1671/1672 wurde Oberdorfer altersbedingt seines Dienstes enthoben.

PICHLER Michael (1623—1631)

Nach dem Ausscheiden von Wolfgang Fürst Ende 1623 bewarben sich der Henkersknecht Christof Ortner und der Schwiegersohn des Haller Scharfrichters Hans Has, Michael Pichler, um die freie Stelle.[100] Am 14. November 1623 wurde schließlich Michael Pichler eingestellt, ohne daß er allerdings einen Dienstvertrag erhielt.[101] Pichlers Verhalten erregte bald öffentliches Ärgernis und am 6. Juni 1624 wurde der Stadt- und Landrichter von Meran angewiesen, Pichler solange einzusperren, bis er sich auf ein besseres Benehmen besinne.[102]

Schwierigkeiten gab es mit Pichler auch deshalb, weil er bisweilen überhöhte Tarife verlangte. So erhielt unter anderem der Landrichter von Gries/Bozen 1625 die Anordnung, Pichler nur gemäß seines Dienstvertrages zu bezahlen.[103] Pichler hatte aber bis dahin abgelehnt, einen solchen zu unterzeichnen. Er befand sich damit in Gesellschaft seines Schwiegervaters, der zwar schon 1618 Haller Scharfrichter war, aber erst 1628 den Dienstvertrag unterschrieb. Pichler zögerte allerdings nicht so lange und unterzeichnete bereits am 31. Juli 1626.[104] Ende 1631 starb Michael Pichler und sein Schwiegervater ersuchte die Regierung, Leonhard Oberdorfer, seinen zweiten Schwiegersohn, der im Veltlin gearbeitet hatte, als Nachfolger zu bestellen.[105]

PUECHAMER Wolfgang (1601—1605)

Wolfgang Puechamer stammte aus Dachau/Bayern und war mit einer Tochter des Münchner Scharfrichters verheiratet. Er wurde anstelle des gekündigten Mattheus Leonhard angestellt.[106] Auf Grund der schlechten Erfahrungen mit seinen Vorgängern wurde in seinen Dienstvertrag vom 5. Dezember 1601 ein besonderer Passus über sein Benehmen aufgenommen.[107] Er sollte „*sich in den Städten und auf dem Land, auch in den Wirtshäusern allenthalben gegen jedermann bescheiden, schicklich und tadelfrei zeigen und niemanden in keiner Weise behindern, damit niemand über ihn zu klagen habe.*"

Allzu bescheiden dürfte sich W. Puechamer aber nicht verhalten haben. 1604 beispielsweise hatte er wegen einer Hinrichtung in Taufers Probleme mit dem Haller Scharfrichter Michael Fürst, da dieser ebenfalls angereist war und seinen Teil an der Exekutionsgebühr verlangte.[108] Beide wurden auf Grund dieses Vorfalles verwarnt und ihnen neuerlich eingeschärft, nur Gebühren gemäß ihrer Instruktion zu verlangen.[109] Daß dieser Verweis durch die Regierung nicht unbegründet war, geht auch aus einer Exekutionsrechnung von 1603 hervor, wobei der Haller Scharfrichter fünf, der Meraner Scharfrichter zwei Menschen hinrichten mußten und beide jeweils 100 Gulden verlangten.[110]

Zu Jahresbeginn 1604 erkrankte W. Puechamer sehr schwer, so daß wiederholt Michael Fürst aus Hall an seiner Stelle Exekutionen durchführte.[111] Merkwürdigerweise häufen sich nach der Wiedergenesung W. Puechamers die Klagen über das grobe und brutale Verhalten des Henkers gegen seine Opfer. Schließlich trug ihm dies sogar eine Verwarnung durch die Regierung ein.[112]

Die Krankheit, die W. Puechamer schon 1604 vorübergehend an seiner Amtsausübung gehindert hatte, trat im Winter 1604/1605 neuerlich auf und zu Jahresbeginn 1605 starb W. Puechamer in Meran. Seine Schwiegermutter, die Witwe eines Münchner Scharfrichters, bat hierauf, einen ihrer Söhne als Nachfolger zu bestimmen.[113] Die Witwe Puechamers zog in das Gericht Altenburg und wurde dort in der Folgezeit wegen Kurpfuscherei, womit sie ihren Lebensunterhalt verdiente, mehrmals verwarnt.[114]

PUTZER Bartholomeus (1772—1777)

Siehe unter Putzer Bartholomeus als Haller Scharfrichter!

PUTZER Franz Michael (1777—1787)

Franz Michael Putzer war der zweitälteste Sohn (geb. 1750 VIII 14) des Haller Scharfrichters Bartholomeus Putzer und der Bruder von Johann Georg Putzer. Am 5. Juli 1777 wurde Bartholomeus Putzer pensioniert und Franz Michael zum Meraner Henker bestellt.[115] Laut einer Notiz, die beim Meraner Scharfrichterschwert im 19. Jahrhundert erhalten war, hätte er insgesamt 28 Exekutionen mit dem Schwert durchgeführt.[116] Diese Zahl dürfte aber keineswegs stimmen, zumal ab 1781 in Tirol bis zur Aufhebung der Todesstrafe 1787 kein Todesurteil vollstreckt wurde. Eine der letzten Hinrichtungen im Amtsbezirk des Meraner Henkers fand 1778 in Kastelruth statt, doch mußte sie von Johann Georg Putzer, dem Bruder des Meraner Henkers, durchgeführt werden.[117]

Franz Michael Putzer blieb bis zur Aufhebung der Todesstrafe 1787 offiziell im Amt. Während der bayerischen Besatzung 1805—1814 wurde das Scharfrichterhaus, das sich im Staatsbesitz befand, verkauft und Fr. M. Putzer entschädigt.[118] Gegen eine Anleihe von 550 Gulden erhielt Putzer ab 1817 aus dem städtischen Armenfond eine wöchentliche Rente von 1 Gulden 30 Kreuzer. 1825 starb schließlich der letzte Meraner Scharfrichter im Alter von 75 Jahren.[119]

PUTZER Martin (1748—1772)

Martin Putzer war der Bruder des Haller Scharfrichters Bartholomeus Putzer und der Stiefsohn des Meraner Henkers Johann Georg Kober. Nach dem Tode seines Vaters wurde er 1748 provisorisch und 1752 definitiv auf Grund der *„attestierten Proben seiner sowohl mit dem Strang als Schwert richtig und klaglos verrichteten Exekutionen"* zum Meraner Scharfrichter bestellt.[120] Wenig später wurde eine gedruckte Gebührenverordnung erlassen, wobei er interessanterweise bei einer Reihe von Tätigkeiten wie Pfählen, Vierteilen, Verbrennen der Leichname u. ä. wesentlich niedrigere Gebühren erhielt als der Haller Henker.[121]

M. Putzer übte nebenberuflich auch das Wasenmeisteramt aus und konnte so seinen Lebensunterhalt, der nur selten durch Exekutionsgebühren aufgebessert wurde, leichter bestreiten. Um diese mußte er oft kämpfen, so beispielsweise 1758,

Abb. oben: Darstellung des Hochgerichtes Sonnenburg nahe den Allerheiligenhöfen bei Innsbruck (Pfeil) auf einer Karte des Jahres 1714. (Original im Stadtarchiv Innsbruck, Karte Nr. 192)

Abb. rechte Seite: Enthauptung des Johannes d. T., Fresko in der Stiftskirche Wilten, Innsbruck; von Kaspar Waldmann um 1710.

als er Maria Plattner in Meran an den Pranger stellte und vorher sogar noch eine neue Grube für die Prangersäule ausheben mußte.[122]

Schon 1767 wollte man M. Putzer entlassen,[123] doch mußte er noch bis 1772 im Amte bleiben, bis sein Bruder ihn ablösen konnte, der seinerseits durch seinen Sohn Johann Georg in Hall ersetzt worden war.[124] M. Putzer bekam neben der Wasenmeisterei in Niederlana auch jene von Meran, obwohl sich auch sein Bruder darum beworben hatte und darüber ein regelrechter Familienstreit ausgebrochen war.[125]

REICHL Thomas (1572—1575)

Thomas Reichl war als Scharfrichter in Trient tätig, bis er 1572 auf die nach der Versetzung von Melchior Frey nach Hall freigewordene Scharfrichterstelle in Meran berufen wurde.[126] Sein Anstellungsdekret trug das Datum 4. November 1572 und der Zöllner an der Töll erhielt den Auftrag, Reichl jährlich 80 Gulden Lohn zu zahlen.[127] Reichls Tätigkeit in Meran dauerte jedoch nur knapp zwei Jahre, da er Ende 1574 *„um seiner Mißhandlungen wegen"* des Landes verwiesen wurde.[128]

REIF Heinrich (1515 und 1521—1522)

Heinrich Reif stammte aus Stockach und wurde am 27. April 1515 zum Nachfolger des bisherigen Henkers Hans Riemer bestellt.[129] Mit Jahresende 1515 quittierte er aber den Dienst,[130] und ging nach Stockach zurück. Am 4. Juni 1521 wurde Heinrich Reif neuerlich nach Meran berufen,[131] blieb aber wiederum nur wenige Monate im Amt und verließ zu Beginn des Jahres 1522 neuerlich Tirol.[132]

RIEMER Hans (1510—1515)

Hans Riemer war Henkersknecht und hatte in Würzburg gearbeitet. Er wurde am 21. September 1510 zum Meraner Scharfrichter bestellt.[133] Die Lohnzahlungen aus dem Zollamt an der Töll trafen jedoch nicht immer pünktlich ein, so etwa 1513, als der Rückstand schon 80 Gulden betrug.[134]

Gleich zu Beginn seiner Amtszeit hatte Hans Riemer in Völs am Schlern an neun wegen Hexerei zum Tode verurteilten Frauen die Exekution zu vollziehen.[135] H. Riemer scheint mit den Verdienstmöglichkeiten in Tirol keineswegs zufrieden gewesen zu sein, denn zu Jahresbeginn 1515 gab er sein Amt auf.

RODEM, Gilg von (1488—1509)

Im Jahre 1488 wurde Gilg von Rodem (Roden/Niederlande?) von Erzherzog Sigmund dem Münzreichen zum Scharfrichter in Tirol bestellt, *„daß er in allen unseren Gerichten und Ämtern unseres Landes hinrichten soll."* Solange er der einzige Scharfrichter Tirols bleiben würde, sollte er den bisher üblichen Jahressold von 100 Gulden erhalten, wenn *„wir aber noch einen bestellten, so soll jedem 50 Gulden"* gegeben werden.[136] Gilg von Rodem blieb vorläufig der einzige Tiroler Scharfrichter und dürfte damals bereits seinen Wohnsitz in Meran gehabt haben, da seine Bestellung dem Landrichter von Meran gemeldet wurde. 1491 wurde Gilg von

Rodem von Maximilian I. neuerlich in seinem Amt bestätigt, wobei dieselben Bedingungen wie 1488 genannt wurden. Seinen Sold erhielt der Henker zu dieser Zeit bereits aus den Zolleinnahmen von Töll.[137] Mit der Bestellung von Lienhart von Grätz 1497 als Haller Scharfrichter beschränkte sich der Amtsbereich von Gilg von Rodem auf die Tiroler Gerichte südlich des Brenners, außerdem verringerte sich sein Lohn auf 50 Gulden.

Durch die Reduzierung des Lohnes war Gilg von Rodem versucht, durch überhöhte Exekutionsgebühren den verringerten Lohn auszugleichen. 1502 beispielsweise erhielt der Zöllner an der Töll die Anweisung, zwei Gulden vom Henkerslohn zurückzubehalten, die G. v. Rodem zu viel verrechnet hatte.[138] Erst kurz vor seinem Tode wurde das Jahresgehalt auf 60 Gulden angehoben.[139] Bei einem der ersten Tiroler Hexenprozesse, bei dem tatsächlich Todesurteile verhängt und exekutiert wurden, mußte G. v. Rodem im Fleimstal zwischen 1501 und 1505 eine Reihe von Angeklagten verbrennen oder ertränken.[140]

SÄBELE Hans (1672)

Hans Säbele stammte aus München und wurde nach dem Tode Leonhard Oberdorfers am 23. Juni 1672 zum Meraner Scharfrichter bestellt.[141] Seine Amtsperiode betrug aber nur wenige Monate, da bereits 1673 sein Nachfolger bestellt wurde.

SCHLECHUBER Johann (1673—1675)

Johann Schlechuber wurde Ende 1673 anstelle von Hans Säbele nach Meran berufen, ohne daß er allerdings einen Dienstvertrag erhalten hatte. Bis zu diesem Zeitpunkt hatte der Haller Henker bei Exekutionen in Südtirol aushelfen müssen.[142] Im Mai 1674 richtete J. Schlechuber in Meran den wegen Diebstahls zum Tode durch den Strang verurteilten Christian Götsch von Sautens.[143] Im selben Jahr wurde das Scharfrichterhaus auf Kosten des Gerichtes renoviert.[144]

Wegen der oben erwähnten Tätigkeit des Haller Scharfrichters in Südtirol, gerieten die beiden Henker in Streit und als trotz der Aufforderung der Regierung, diesen beizulegen, Schlechuber nicht nachgab, wurde er 1674/1675 entlassen und durch den Sohn des Haller Henkers, Leonhard Krieger, ersetzt.[145]

SCHWARZHUBER Hans (1525—1536)

Hans Schwarzhuber wurde am 22. November 1525 anstelle von Heinrich Käser zum Meraner Scharfrichter bestellt und erhielt aus den Einnahmen der Zollstätte an der Töll 80 Gulden jährlich.[146] Als Scharfrichterbehausung diente ein Haus in der Nähe des Passertores, welches dem landesfürstlichen Kelleramt gehörte und dem jeweiligen Scharfrichter unentgeltlich zur Verfügung gestellt wurde. 1528 wurde dieses Haus für Hans Schlechuber wegen Baufälligkeit auf Kosten des Kelleramtes renoviert.[147] Im selben Jahr erhielt Schwarzhuber eine Liste aller Gerichte seines Amtsbezirkes, die Meran, Mals, Schlanders, Sarnthein, Gries/Bozen, Enn/Caldiff, Altenburg, Kaltern und Kurtatsch umfaßte.[148] Eine gleichlautende Liste erhielt er auch im Jahre 1534.[149] Beide waren aber nachweislich nicht vollständig, der tatsächliche Wirkungsbereich war wesentlich größer.

Die Amtsperiode Schwarzhubers fiel mit dem Kampf gegen die Wiedertäufer zeitlich zusammen. Im November 1528 mußte er in Meran drei Frauen als Wiedertäufer hinrichten, und obwohl das Wiedertäufertum *„nicht als gemeine malefizige Übeltat"* galt, durfte er nur die übliche Exekutionsgebühr verrechnen.[150] Erst nach mehreren Bitten wurde die Gebühr etwas erhöht,[151] wobei bestimmt wurde, die erhöhten Kosten aus dem Nachlaß der exekutierten Wiedertäufer zu bezahlen.[152] Als die Verfolgung der Wiedertäufer begann, war gerade die Haller Scharfrichterstelle vakant, so daß Schwarzhuber zur Hinrichtung etlicher Wiedertäufer nach Rattenberg bestellt wurde.[153] Die beiden ersten Opfer des Glaubenskampfes, Lienhard Schiemer und Hans Schaffer, fanden den Tod durch die Hand des Meraner Henkers Hans Schwarzhuber.[154]

Die Verrechnung der Exekutionsgebühren für die Nordtiroler Hinrichtungen führte zu längeren Verhandlungen, bis sich Schwarzhuber schließlich mit sechs Gulden für sich und seinen Henkersknecht zufriedengeben mußte.[155] Von den in den Jahren bis 1539 im Amtsbezirk des Meraner Scharfrichters hingerichteten 140 Wiedertäufern dürfte den Großteil Schwarzhuber, der bis 1536 im Amt war, exekutiert haben.[156]

Aber nicht nur mit der Exekutionsgebühr für Wiedertäufer gab es Schwierigkeiten. 1531 war in Kaltern Wolfgang Klar zum Tode durch Enthaupten verurteilt, mit dem Pferd des Pflegers zur Richtstätte geschleift und geköpft worden. Als dem Scharfrichter der gebotene Lohn für die Exekution zu gering erschien, behielt er kurzerhand das Pferd. Der Zöllner von Töll erhielt hierauf den Befehl, solange die Lohnzahlungen einzustellen, bis Schwarzhuber das Pferd zurückgegeben habe oder andernfalls der Wert abgegolten wäre.[157] 1532 schließlich entdeckte die Regierung, daß Schwarzhuber bisher für jede Exekution drei Pfund Berner anstelle der vorgeschriebenen zwei Pfund Berner verrechnet hatte. Daraufhin wurden alle Gerichte angwiesen, nur mehr zwei Pfund Berner zu bezahlen.[158]

Ende 1536 verließ Johann Schwarzhuber Meran. In den elf Jahren seiner Henkertätigkeit in Tirol dürfte er schätzungsweise 120 bis 150 Menschen hingerichtet haben.

SCHWINGSMESSER Hans (1562)

Nach der Flucht des Meraner Scharfrichters Martin Vogl bewarb sich Hans Schwingsmesser um die freie Stelle. Bevor er jedoch aufgenommen wurde, mußte er Zeugnisse vorlegen, wo er sein Handwerk gelernt und wo er bisher gearbeitet hatte.[159] Am 16. Jänner 1562 wurde schließlich sein Anstellungsdekret ausgefertigt, da er alle Anforderungen erfüllt hatte.[160] Zu seinen Aufgaben gehörte es unter anderem auch, im Engadin bei Bedarf Exekutionen vorzunehmen. Am 7. Oktober 1562 starb dort Peter Pichler von seiner Hand.[161]

Größere Schwierigkeiten ergaben sich bei der Abrechnung für die Hängung der an der Dosser'schen Empörung beteiligten Jakob Mittermayr und Balthasar Erb in Taufers, wofür der Zöllner von Töll 34 Gulden vom Jahreslohn abziehen mußte.[162] Hans Schwingsmesser starb völlig überraschend Ende 1562 in Meran.[163]

SECKLER Klaus (1510)

Klaus Seckler stammte aus Würzburg und war der Sohn des dortigen Henkers Thomas Seckler. Er wurde am 28. Juli 1510 zum Meraner Scharfrichter bestellt.[164] K. Seckler dürfte aber nie nach Meran gekommen sein, denn bereits zwei Monate später wurde ein Nachfolger bestimmt.

VOGL Martin (1552—1561)

Martin Vogl wurde am 9. Juni 1552 zum Meraner Henker bestellt.[165] Als er 1557 in Bozen einen Dieb hängen sollte, war der 1538 renovierte Galgen bereits so verfault, daß ein Neubau mit zwei gemauerten Säulen beschlossen wurde.[166] M. Vogls Karriere als Meraner Scharfrichter wurde jäh unterbrochen, als er im Sommer 1561 im Streit Christian Windisch von Meran erschlug. Vogl verkleidete sich als Mönch und flüchtete nach Nordtirol, wo er kurzfristig im Kloster Stams auf Grund seiner Verkleidung Unterschlupf fand und sogar mit dem dortigen Abt gespeist hatte.[167] Dann tauchte er bei seinem Schwager, dem Haller Henker Johann Frey, unter, doch mußte er schließlich, als sein Gnadengesuch abgelehnt worden war, Tirol endgültig verlassen. Sein Vermögen wurde eingezogen und an die Kirchen bzw. das Siechenhaus in Meran verteilt.[168]

VOLLMAR Johann Peter (1694—1723)

Am 5. Mai 1694 wurde Johann Peter Vollmar zum Scharfrichter bestellt und damit endlich wieder ein Mann gefunden, der den Anforderungen besser als seine Vorgänger entsprach und wieder für längere Zeit dieses Amt bekleidete.[169] Vollmar stammte aus einer alten Henkersfamilie und einer seiner Vorfahren war von 1611 bis 1618 Scharfrichter in Hall in Tirol.

Die Tätigkeit Vollmars begann verdienstmäßig nicht gerade verheißungsvoll, denn das einzige Todesurteil im Jahre 1695 wurde ausgesetzt und der Verurteilte später sogar noch begnadigt.[170] Daß Vollmar bei Hinrichtungen mit dem Schwert nicht immer gut arbeitete, beweist ein Vorfall im Jahre 1700. Nach einer schlecht verlaufenen Enthauptung erhielt er keine Exekutionsgebühren *„wegen so schlecht vollbrachter Exekution an dem mit dem Schwert erst durch den fünften Streich vom Leben zum Tode hingerichteten Peter della Capicola".*[171] Diese mißlungene Enthauptung schadete dem Ruf Vollmars sehr und 1701 wurde an seiner Stelle der Haller Henker Sebastian Waldl zu einer Hinrichtung mit dem Rad nach Toblach bestellt.[172]

Relativ viele Exekutionen mußte Vollmar 1705 durchführen. Die zwei angeblichen Mörder des Rittener Pflegsverwalters Georg Plankensteiner, Gregor Steiner und Georg Schwaiger, mußte er rädern und enthaupten und ihre Leichname auf das Rad flechten. Ein Leichnam wurde an der Richtstätte, der andere an der Straßengabelung bei Rentsch bis zur Verwesung ausgestellt.[173] Den Räuber Simon Gartenbacher aus dem Sarntal sollte er mit dem Rad richten, doch traf bei der Hinrichtung am 8. Juni 1705 der Regierungsbefehl ein, Gartenbacher zu enthaupten, den Leichnam bis zur Verwesung auf das Rad zu flechten und den Kopf am Galgen aufzustecken.[174]

Ein ähnliches Urteil hatte Vollmar auch 1715 an einem Mörder in Bozen zu vollziehen,[175] doch bat die Stadt Bozen wenige Tage später, *„daß der Cadaver des jüngstlich dort justifizierten Delinquenten von dem Hochgericht herabgenommen und vergraben werden möchte, weil solcher in jetziger warmer Jahreszeit gar übel schmecken soll."*[176]

1708 wurde für Vollmar eine gedruckte Gebührenverordnung erlassen, die an alle Gerichte seines Amtsbezirkes versandt wurde.[177] Vollmar hatte mit einer Tochter große Probleme, da diese durch Prostitution ihren Lebensunterhalt verdiente und von ihrem Vater schon wiederholt auf richterliche Anordnung öffentlich bestraft werden mußte.[178] Am 10. November 1723 starb Johann Peter Vollmar in Meran.[179]

WACKER Johann Georg (1684—1690)

Johann Georg Wacker wurde am 7. Dezember 1684 zum Nachfolger von Hans Jakob Müller bestellt.[180] Gleich zu Beginn seiner Amtszeit hatte er in Meran ein Todesurteil wegen Zauberei zu vollstrecken. Lukas Platter aus Passeier mußte dabei mit gebundenen Händen zur Richtstätte geführt, dort mit glühenden Zangen zweimal gezwickt, enthauptet und anschließend verbrannt werden. Die Asche wurde in den Fluß gestreut.[181] Wenig später mußte Wacker ein ähnliches Urteil an dem Giftmörder Hans Schweigl von Passeier vollstrecken.[182] Weitere zwei Giftmörder wurden von J. G. Wacker 1685 in Tarasp/Engadin enthauptet und verbrannt.[183]

Obwohl J. G. Wacker gut beschäftigt war und relativ viel verdiente, wie man am Beispiel der zahlreichen Exekutionen im Jahre 1685 erkennen kann, bemühte sich Wacker nicht, den Vorstellungen seiner Vorgesetzten gerecht zu werden. Im Sommer 1690 wurde er deshalb entlassen.[184] Er wanderte nach Landsberg a. Lech aus, wo er Wasenmeister und Scharfrichter wurde.[185]

WAGNER Franz (1509)

Franz Wagner stammte aus Kaufbeuren und wurde am 21. November 1509 zum Meraner Scharfrichter ernannt.[186] Er blieb aber nur wenige Monate im Amt und wurde bereits im Juli 1510 von seinem Nachfolger abgelöst.

Anmerkungen:
1. TLA: CD 1723, fol. 436/436'
2. TLA: CD 1723, fol. 462/462'
3. TLA: CD 1724, fol. 324/324'
4. TLA: CD 1725, fol. 1'—2'
5. Hans Hochenegg, Kulturbilder aus Solbad Hall und Umgebung, S. 72/73
6. TLA: CD 1728, fol. 460'—463, 486'/487
7. TLA: CD 1735, fol. 272 und 2075' ff
8. TLA: CD 1733, fol. 34'/35
9. TLA: CD 1739, fol. 166/166', 174'—179
10. TLA: CD 1736, fol. 736/736', 739—741'
11. TLA: CD 1737, fol. 380; CD 1738, fol. 226'—227'
12. TLA: CD 1738, fol. 816/816'
13. TLA: CD 1742, fol. 327—329
14. TLA: CD 1746, fol. 103, 144'—145'
15. TLA: CD 1746, fol. 158'—160, 185'/186, 194'/194'

[16] TLA: CD 1746, fol. 189/189'
[17] TLA: CD 1746, fol. 201'/202
[18] PfA Hall i. T.: sog. Geschlechterbuch
[19] TLA: Bekennen 1515/1516, fol. 68'
[20] TLA: Gemeine Missiven 1563, pr. p., fol. 254'—255'
[21] TLA: Bekennen 1563, fol. 106/106'
[22] TLA: Embieten und Befehl 1563, fol. 355'/356
[23] Elias Prieth, Beiträge zur Geschichte Merans, S. 131; TLA: CD 1572—1577, fol. 53'
[24] TLA: Embieten und Befehl 1568, fol. 418
[25] TLA: CD 1572—1577, fol. 47
[26] TLA: Embieten und Befehl 1572, fol. 325/352'
[27] TLA: Embieten und Befehl 1572, fol. 654'/655
[28] TLA: Bekennen 1572, fol. 56/56'
[29] TLA: CD 1578—1583, fol. 97, 281, 387, 410; 1572—1577, fol. 624
[30] PfA Hall i. T.: sog. Geschlechterbuch
[31] TLA: CD 1620—1623, fol. 331
[31a] PfA Imst. Taufbuch I, pag. 97/98
[31b] TLA: CD 1659—1661, fol. 268
[32] TLA: CD 1591—1595, fol. 82'/83
[33] TLA: CD 1591—1595, fol. 95/95', 99'/100
[34] PfA Hall i. T.: sog. Geschlechterbuch
[35] TLA: Bekennen 1690—1691, fol. 67'—69'
Cölestin Stampfer, Geschichte von Meran, Innsbruck 1872, S. 147/148
[36] TLA: Bekennen 1694/1695, fol. 21'—24
Elias Prieth, Vom Scharfrichteramt im alten Meran, S. 127
[37] TLA: CD 1605—1608, fol. 58'
[38] TLA: Bekennen 1605, fol. 91—92
[39] TLA: CD 1605—1608, fol. 185/185'
[40] TLA: CD 1620—1623, fol. 331
[41] TLA: CD 1620—1623, fol. 624
[42] TLA: Embieten und Befehl 1524, fol. 48'; Bekennen 1524, fol. 68'/69
[43] TLA: Bekennen 1525, fol. 77'
[44] TLA: Bekennen 1536, fol. 116'/117
[45] TLA: Embieten und Befehl 1536, fol. 52/52'
[46] TLA: Embieten und Befehl 1537, fol. 89/89'
[47] TLA: Gemeine Missiven 1538, fol. 102
[48] TLA: Embieten und Befehl 1551, fol. 179, 278
[49] TLA: Embieten und Befehl 1549, fol. 264'
[50] Ignaz Zingerle, Barbara Pachlerin (Sarnthaler Hexe) und Mathias Perger, der Lauterfresser, Innsbruck 1858, S. 1—20
Bruno Mahlknecht, Barbara Pächlerin, die Sarnthaler Hexe auf dem Scheiterhaufen, hingerichtet am 28. August 1540, in: Der Schlern 50, Bozen 1976, S. 511—530
[51] TLA: Embieten und Befehl 1552, fol. 232/232'
[52] Elias Prieth, Beiträge zur Geschichte der Stadt Meran, S. 131
Elias Prieth, Vom Scharfrichteramt im alten Meran, S. 126
[53] TLA: Embieten und Befehl 1522, fol. 71
[54] TLA: Bekennen 1524, fol. 68'/69; Embieten und Befehl 1524, fol. 48'
[55] TLA: Bekennen 1525, fol. 77
[56] TLA: Bekennen 1525, fol. 77'; Embieten und Befehl 1525, fol. 66/66'
[57] TLA: Bekennen 1525, fol. 77'
[58] TLA: Bekennen 1525, fol. 118
[59] Schuhmann, Der Scharfrichter, S. 126, 211/212
[60] TLA: CD 1736, fol. 488/488'
[61] TLA: CD 1738, fol. 816/816'
[62] TLA: CD 1742, fol. 327—329
[63] TLA: CD 1738, fol. 607
[64] TLA: CD 1742, fol. 326—327
[65] TLA: CD 1737, fol. 653'
[66] TLA: CD 1747, fol. 35/35'

[67] TLA: CD 1747, fol. 48/48'
[68] PfA Meran: Vol. III, pag. 40
[69] PfA Meran: Vol. III, pag. 191
[70] vgl. deren Biographie!
[71] PfA Meran: Vol. IV, pag. 19
[72] Hans Hochenegg, a. a. O., S. 74—78
[73] TLA: Bekennen 1674—1676, fol. 75—77
[74] TLA: CD 1679, fol. 99'
[75] H. Hochenegg, a. a. O., S. 70/71
[76] TLA: Embieten und Befehl 1575, fol. 67'/68
[77] TLA: CD 1591—1595, fol. 55
[78] TLA: CD 1591—1595, fol. 82'/83
[79] TLA: CD 1591—1595, fol. 95/95'
[80] TLA: CD 1591—1595, fol. 99'/100
[81] TLA: CD 1591—1595, fol. 1oo'/101
[82] TLA: CD 1599—1601, fol. 766'/767
[83] TLA: CD 1679, fol. 169/169'; CD 1680, fol. 16
[84] Ludwig Rapp, Die Hexenprozesse und ihre Gegner in Tirol, Brixen 1891, S. 60/61
[85] TLA: Codex 669, fol. 377, 381'—395'
[86] TLA: CD 1682, fol. 213/213'
[87] TLA: Bekennen 1684—1685, fol. 55'—58
[88] TLA: Bekennen 1631—1635, fol. 163—164
[89] TLA: CD 1630—1632, fol. 423'
[90] TLA: CD 1630—1632, fol. 570'
[91] TLA: CD 1633—1636, fol. 135/135', 147'/148
[92] TLA: CD 1659—1661, fol. 268
[93] L. Rapp, a. a. O., S. 60
[94] TLA: CD 1654—1655, fol. 507'
[95] TLA: CD 1664—1665, fol. 386
[96] TLA: CD 1664—1665, fol. 568' ff
[97] TLA: CD 1664—1665, fol. 411'
[98] TLA: CD 1664—1665, fol. 395
[99] PfA Meran: Vol. I, pag. 230
[100] TLA: CD 1620—1623, fol. 607'/608
[101] TLA: CD 1620—1623, fol. 613, 624
[102] TLA: CD 1624—1627, fol. 76'
[103] TLA: CD 1624—1627, fol. 165
[104] TLA: Bekennen 1625—1628, fol. 128'—129'
[105] TLA: CD 1630—1632, fol. 423'
[106] TLA: CD 1599—1601, fol. 766'/767
[107] TLA: Bekennen 1601, fol. 276—278
[108] Georg Mutschlechner, Die Kosten einer Hinrichtung in Taufers 1604, in: Der Schlern 55, Bozen 1981, S. 474/475
[109] Elias Prieth, Vom Scharfrichteramt im alten Meran, S. 126
TLA: CD 1602—1604, fol. 387/387'
[110] TLA: CD 1602—1604, fol. 387'—388'
[111] TLA: CD 1602—1604, fol. 469'/470, 476, 487
[112] TLA: CD 1602—1604, fol. 528/528'
[113] TLA: CD 1605—1608, fol. 58'
[114] TLA: CD 1605—1608, fol. 391
[115] TLA: V. d. k. Mt. i. J. 1777—1778, fol. 140'/141
[116] L. J., Der Scharfrichter von Meran in Tirol, in: Linzer Zeitung 1860, Nr. 191—193
[117] Außerer Karl, Castelrotte-Siusi, in: Der Schlern 8, Bozen 1927, S. 246/247
[118] Cölestin Stampfer, a. a. O., S. 147/148
[119] Elias Prieth, Vom Scharfrichteramt im alten Meran, S. 128 und S. 124 (Anm. 2)
Cölestin Stampfer, a. a. O., S. 148
[120] TLA: CD 1752, fol. 290'—293
[121] TLA: CD 1752, fol. 408, 422—431
[122] TLA: CD 1758—1759, fol. 136, 186

[123] TLA: V. d. k. Mt. i. J. 1767—1768, fol. 68/68'
[124] TLA: V. d. k. Mt. i. J. 1771—1772, fol. 349/349', 436/436'
[125] TLA: V. d. k. Mt. i. J. 1775—1776, fol. 174', 208/208'
[126] TLA: CD 1572—1577, fol. 105; Embieten und Befehl 1572, fol. 654'/655
[127] TLA: Bekennen 1572, fol. 138'/139
[128] TLA: Embieten und Befehl 1575, fol. 67'/68
[129] TLA: Bekennen 1515/1516, fol. 15'/16
[130] TLA: Bekennen 1515/1516, fol. 68'
[131] TLA: Bekennen 1521, fol. 43'/44
[132] TLA: Embieten und Befehl 1522, fol. 71
[133] TLA: Bekennen 1510, fol. 96'
[134] TLA: Embieten und Befehl 1513, fol. 43
[135] L. Rapp, a. a. O., S. 58
[136] TLA: Kopialbuch K, ältere Reihe, fol. 25'
[137] TLA: Kopialbuch N, ältere Reihe, fol. 71/71', 104/104'
[138] TLA: Embieten und Befehl 1502, fol. 226'
[139] TLA: Embieten und Befehl 1509, fol. 95'
[140] L. Rapp, a. a. O., S. 57/58
[141] TLA: Bekennen 1672—1673, fol. 23—25
[142] TLA: CD 1673, fol. 225/225'
[143] Cölestin Stampfer, a. a. O., S. 143/144
[144] TLA: CD 1674—1675, fol. 133
[145] TLA: Bekennen 1674—1676, fol. 75—77; CD 1674—1675, fol. 150
[146] TLA: Bekennen 1525, fol. 118
[147] TLA: Embieten und Befehl 1528, fol. 134'
[148] TLA: Embieten und Befehl 1528, fol. 227'—228'
[149] TLA: Embieten und Befehl 1534, fol. 198/198'
[150] TLA: Embieten und Befehl 1528, fol. 263—264
[151] TLA: Embieten und Befehl 1529, fol. 121/121', 200
[152] Grete Mecenseffy, Quellen zur Geschichte der Täufer, S. 190
[153] Grete Mecenseffy, a. a. O., S. 90
TLA: Embieten und Befehl 1528, fol. 569'
[154] Grete Mecenseffy, Geschichte des Protestantismus in Österreich, S. 38
[155] TLA: Embieten und Befehl 1529, fol. 662'
[156] vgl. Kapitel über die Häufigkeit von Hinrichtungen!
[157] TLA: Embieten und Befehl 1531, fol. 304'/305
[158] TLA: Embieten und Befehl 1532, fol. 155
[159] TLA: Embieten und Befehl 1562, fol. 20', 29', 31/31'
[160] TLA: Bekennen 1562, fol. 11'/12
[161] TLA: Embieten und Befehl 1562, fol. 686'
[162] Elias Prieth, Beiträge zur Geschichte der Stadt Meran, S. 131
[163] TLA: Gemeine Missiven 1563, pr. p., fol. 254'
[164] TLA: Bekennen 1510, fol. 80'/81
[165] TLA: Bekennen 1552, fol. 186/186'
[166] TLA: Pestarchiv VII/19 von 1557 VII 3; Embieten und Befehl 1557, fol. 616
[167] TLA: CD 1556—1568, fol. 555/555'
[168] Elias Prieth, Beiträge zur Geschichte der Stadt Meran, S. 131
Elias Prieth, Vom Scharfrichteramt im alten Meran, S. 126/127
[169] TLA: Bekennen 1694—1695, fol. 21'—24
[170] TLA: CD 1695—1696, fol. 161, 512'
[171] TLA: CD 1701, fol. 98; CD 1700, fol. 335'—337', 353/353'
[172] TLA: CD 1701, fol. 233'/234'
[173] TLA: CD 1705, fol. 35, 62
[174] TLA: CD 1705, fol. 251
[175] TLA: CD 1715, fol. 310
[176] TLA: CD 1715, fol. 361
[177] TLA: CD 1708, fol. 103—106
[178] TLA: CD 1722, fol. 59/59'

[179] PfA Meran: Vol. III, pag. 25
[180] TLA: Bekennen 1684—1685, fol. 55'—58
[181] TLA: CD 1685, fol. 304/304'
[182] TLA: CD 1685, fol. 313/313'
[183] TLA: CD 1685, fol. 458'
[184] TLA: Bekennen 1690—1691, fol. 67'—69'
[185] Schuhmann, Der Scharfrichter, S. 194
[186] TLA: Bekennen 1509, fol. 46'

Schlußbemerkungen

Die Abschaffung einiger veralteter Strafmethoden und vor allem der Todesstrafe im Jahre 1787 war lediglich ein erster Schritt zu einer grundlegenden Strafreform, bei der nicht mehr ausschließlich das Bestreben, Vergeltung zu üben, sondern auch jenes, den Straffälligen zu bessern, im Vordergrund stand. Wie ungemein fortschrittlich diese Entscheidung war, wird am besten dadurch deutlich, wenn man die Verhältnisse in Frankreich gegenüberstellt, wo zu dieser Zeit tausende von Menschen der Guillotine zum Opfer fielen.

Daß aber auch in Österreich die Zeit damals noch nicht reif war für eine solche Maßnahme, sollte sich relativ bald herausstellen. Vor allem durch die Französische Revolution aber auch die Napoleonischen Kriege wurden die politischen, wirtschaftlichen und kulturellen Strukturen Europas verändert, so daß die traditionellen politischen Systeme bedroht waren und zu Gegenmaßnahmen greifen mußten. In dieser Situation war es eine fast zwingende Reaktion, daß im Jahre 1795, als der erste Koalitionskrieg gegen Frankreich den Höhepunkt erreichte, die Todesstrafe auch im zivilen Strafrechtsverfahren wieder eingeführt wurde und zwar ausschließlich für das Delikt des Hochverrates.[1] In diese Zeit fällt in Tirol nur eine einzige Hinrichtung. Am 31. Oktober 1800 war Johann Koch von Feldkirch wegen Hochverrates am sogenannten Köpfplatzl am Sauanger zu Innsbruck gehängt worden.[2]

Es ist mehr als nur ein zufälliges Zusammentreffen, wenn immer in politisch wie wirtschaftlich unruhigen Zeiten, wie sie Ende des 18. Jahrhunderts und zu Beginn des 19. Jahrhunderts in ganz Europa herrschten, die Todesstrafe wieder eingeführt bzw. deren Anwendung ausgedehnt wird. Unter diesem Aspekt sind die Bestrebungen des neuen Strafrechtsbuches von Kaiser Franz II. aus dem Jahre 1803, die Todesstrafe auf eine Reihe weiterer Delikte außer des Hochverrates auszudehnen, verständlich. Während der Gouverneur von Tirol, Johann Graf Brandis, in einem gedruckten Mandat vom 28. Dezember 1803, worin er das Inkrafttreten des neuen Strafrechtes mit 1. Jänner 1804 verlautbaren ließ, dafür recht ungeschmückte Worte fand, da seiner Meinung nach *„das neue Strafgesetz nur bei den auf einige Verbrechen gesetzten Todesstrafen von dem Josephinischen wesentlich abweicht",*[3] fand der Kaiser selbst wesentlich lobendere Worte, indem er das neue Strafgesetz als logische und notwendige Weiterführung und Reform der „Josephina" bezeichnete:[4] *„Das im Jahre 1787 ergangene allgemeine Gesetz über Verbrechen und derselben Bestrafung und die im Jahre 1788 nachgefolgte allgemeine Kriminalgerichtsordnung zeichnen sich bereits in einigen Hinsichten von der älteren Strafgesetzgebung aus, dennoch machten sich allmählich mehr Erläuterungen, einschränkende und erweiternde Zusätze und Abänderungen notwendig."*

Auch für die Ausdehnung der Todesstrafe auf andere Delikte, wie den Hochverrat, fand der Kaiser eine scheinbar einleuchtende Begründung:[5] *„Bei Lasterhaften, bei denen in diesem längeren Zeitraum, in welchem die Gräuel der Übeltat, die Größe und Schädlichkeit der Folgen sich ihrer Vorstellung notwendig* *angeboten haben mußten, bei denen in einem solchen Zwischenraume das Gewissen gänzlich schweigt oder die taub gegen jeden Einspruch des Gewissens und der sich unvermeidlich aufdringenden Drohung der Strafe trotzdem das Verbrechen dennoch fortsetzen und ausführen, bei denen ist der für die Gesetzgebung einzige Grund schonender Strafe, die Hoffnung jemaliger Besserung aufgegeben, gegen so hartnäckige Bösewichter kann dem gemeinen Wesen nur ihr Tod Sicherheit gewähren."* Mit dieser Begründung sah das Strafgesetz von 1803 § 430 die Todesstrafe für Hochverrat, Fälschung von Banknoten („Banco-Zettel"), Mord, Totschlag in Zusammenhang mit Raub, und Brandlegung, bei der Menschen getötet wurden, vor. Als Einschränkung bei der Verhängung der Todesstrafe wurde 1818 festgelegt, daß die Schuld des Angeklagten eindeutig durch ein Geständnis oder durch beeidete Zeugenaussagen (aber nicht von Mitangeklagten!) nachgewiesen sein mußte und der Verurteilte älter als 20 Jahre war.[6]

Mit der erstmaligen Aufhebung der Todesstrafe waren die Scharfrichter, die früher in jedem Kronland bestellt waren, arbeitslos geworden. Nach der Wiedereinführung 1795 bestellte man für die böhmischen Kronländer einen Scharfrichter in Prag, für die übrigen Länder einen Scharfrichter in Wien. Sie wurden bei jeder Exekution verständigt und reisten in den jeweiligen Exekutionsort an. Am 8. September 1820 ließ der Gouverneur von Tirol auf Veranlaßung der k.k. Obersten Justizstelle in Wien ausdrücklich verlautbaren, *„daß der Vollzug eines Todesurteiles nur vom Scharfrichter geschehen darf."*[7] Für Tirol war der Scharfrichter von Wien oder Prag zuständig.

Die Hinrichtungen wurden nicht mehr bei den über das ganze Land verstreuten Hochgerichten vorgenommen. Im § 217 des Strafgesetzbuches von 1803 waren diese abgeschafft worden und mußten beseitigt werden.[8] Die Hinrichtungen fanden im 19. Jahrhundert nur in Innsbruck, Bozen, Trient und Rovereto statt. Die einzige Hinrichtungsmethode war das Erhängen der Verbrecher, wobei es dem Scharfrichter überlassen blieb, welche Methode des Erhängens er anwandte. In der Regel wurde der Delinquent an einem Pfahl erdrosselt, da dies die schnellste und somit „humanste" Hinrichtungsmethode war.[9]

Das Strafgesetzbuch von 1803 blieb bis 1852 in Kraft, wurde allerdings einer Reihe von Änderungen und Ergänzungen unterzogen. Die wohl bedeutendste wurde am 29. Mai 1848 vom k. k. Justizministerium verlautbart.[10] Darin wurde unter anderem festgelegt:
„Es darf von jetzt an wegen Verbrechens keine Verurteilung
 a) zur Aufstellung auf der Schandbühne
 b) zur Züchtigung mit Stock- und Rutenstreichen
 c) zur Brandmarkung
  und ebensowenig wegen schwerer Polizeiübertretungen
 d) zur körperlichen Züchtigung, oder
 e) zur öffentlichen Ausstellung im Kreis mehr erfolgen."

Damit waren die letzten Reste mittelalterlichen Strafvollzuges wie Pranger, Prügelstrafe und Brandmarkung aus dem österreichischen Strafrecht getilgt. Lediglich die Todesstrafe blieb weiter bestehen, obwohl sie zu dieser Zeit in Österreich längst nicht mehr unumstritten war. Sebastian Ruf, Kaplan der

Irrenanstalt in Hall in Tirol, meldete sich 1849 zu dieser Frage zu Wort und veröffentlichte einen bemerkenswerten Artikel mit dem Titel „*Auch ein Wort zur Frage von der Todesstrafe*", in dem er in mitreißenden Worten gegen die Todesstrafe Stellung nahm.[11] Der Kernsatz seiner Ansicht zu dieser Frage lautete: „*Eine Strafe aber, die nicht die Absicht hat, den Menschen zu bessern, ist nichts anderes als Rache, rohe Wiedervergeltung.*" Den Schluß seiner Ausführungen bildete ein bemerkenswerter Satz: „*Die gänzliche Aufhebung der Todesstrafe wurde ja am 29. Jänner (1849) mit 91 Stimmen Majorität auf dem Reichstag in Kremsier beschlossen. Möge der junge Kaiser sanktionieren, was das Volk ausgesprochen!*" Der „*junge Kaiser*" war niemand anderer als Kaiser Franz Josef, der die Geschicke der Donaumonarchie über 60 Jahre lenken sollte. Die Hoffnung auf die Aufhebung der Todesstrafe konnte er jedoch nicht erfüllen, so wie auch viele andere Hoffnungen des Reichstages von Kremsier ebenfalls nicht in Erfüllung gingen.

Auf Grund der Bestimmungen des Strafrechtsgesetzes von 1803 wurden in Tirol bis zum Jahre 1852 folgende Hinrichtungen vorgenommen:

1819 — Ingenuin Meßner, Wirt zum Goldenen Adler in Matrei am Brenner, wegen Mordes an Matthias Larcher von Navis.[12]
1820 — Johann Schaffenrath von Telfs wegen Mordes an Josefa Hauser von Kappl
1833 — Simon Schnell, Schneider von Brixen, wegen Mordes an seiner schwangeren Geliebten[14]
1836 — Simon G. von Brixen wegen Mordes[15]
1839 — Josef Mesmer, Webergeselle von Nassereith, wegen Brandstiftung in Mals, Mauls/Sterzing, Fügen, Zell am Ziller, Kematen und Wattens[16]
1839 — Johann Witting, Sensenschmied von Wiesing, wegen Raub und Mord an Josef Bernegger aus Bayern[17]
1840 — Johann Riml von Umhausen wegen Diebstahl, Brandlegung und Mord[18]
1841 — Josef Spöttl von Wien wegen Mordes an seinem 84jährigen Großvater in Hall in Tirol[19]
1849 — Jakob Frey von Meran wegen Mordes
   Mathias Weger von Meran wegen Mordes
   Johann Neuhauser von Meran wegen Mordes[20]

Die Hinrichtungen waren im allgemeinen öffentlich zugänglich und zogen natürlich eine große Schar Schaulustiger an. In den 1920 gedruckt erschienenen Erinnerungen des Wiener Scharfrichters Josef Lang wird eine öffentliche Hinrichtung in Wien 1868 ausführlich beschrieben:[21] „*Rasch gingen die Gehilfen des Scharfrichters auf ihn los, im Nu war er zum Querholz hinaufgezogen, wo schon der Henker auf einer Leiter auf ihn wartete. Ein Druck auf den Knopf, eine Drehung der Winde und der Arme baumelte mit zugeschnürter Kehle zwischen Himmel und Erde, ein abschreckender, entsetzlicher Anblick. Ein Gebet beschloß den erbarmungslosen Vorgang.*

Schon während der Hinrichtung liefen die sogenannten ‚Urthelweiber' die Reihen der Neugierigen ab und boten eine gedruckte Beschreibung des dem Delinquenten zur Last gelegten Verbrechens nebst kurzer Darstellung der Urteilsgründe um fünf ‚Neukreuzer' zum Kaufe an; sie machten dabei glänzende Geschäfte." Die Hinrichtungen hatten fast Volksfestcharakter, wenn man die Schilderung Langs

(Preis 3 kr.)

Auszug

aus der beim k. k. Land- und Kriminal-Untersuchungs-Gerichte Meran wider nachbenannte,

zum Tode durch den Strang

verurtheilte Individuen, abgeführten Untersuchung:

I. Wider **Jakob Frey** (vulgo Schulhaus-Jagg), Obermairknecht in Narraun
wegen vollbrachten Mordes.

II. Wider **Mathias Weger** (vulgo Bettelrichter Hiesele), Knecht beim Nachbenannten,
wegen Mitschuld am Morde durch Bestellung, und
wegen versuchten Mordes.

III. Wider **Johann Neuhauser**, Gruberhofsbesitzer zu Völlan,
wegen Mitschuld am Morde durch Bestellung.

Verfaßt beim k. k. Land- und Kriminal-Untersuchungs-Gerichte
Meran am 10. Oktober 1849.

Abb. oben: Gedruckte Beschreibung der Verhandlung gegen die zum Tode verurteilten Verbrecher Jakob Frey, Mathias Weger und Johann Neuhauser, 1849. Anläßlich von Hinrichtungen wurden im 19. Jahrhundert solche gedruckten Beschreibungen der Untaten von sogenannten „Urt'l-Weibern" an die anwesenden Zuschauer verkauft.

weiter verfolgt: *„Da wurde gezecht, gejubelt, gesungen, von Verkäufern wurden ‚Armesünderwürstel' und ‚Galgenbier' angeboten und schließlich endigte das Ganze, wie alle Volksfeste, in wüsten Balgereien und Raufhändeln."*
Wenn es sich bei der zitierten Beschreibung zwar um eine in Wien stattgefundene öffentliche Hinrichtung handelte, so darf man annehmen, daß auch in Tirol die Verhältnisse nicht viel anders lagen. Hunderte, manchmal gar tausende Zuschauer waren bei Hinrichtungen in Tirol nichts Seltenes. Auch die erwähnten gedruckten Beschreibungen der Verbrecher und ihrer Taten gab es in Tirol und zahlreiche haben sich in den Beständen öffentlicher Bibliotheken bis heute erhalten.
1852 kam es zu einer Novelle des Strafgesetzbuches, wobei in Bezug auf die Todesstrafe dem Beschluß des Kremsierer Reichstages über die völlige Aufhebung

nicht entsprochen wurde. Allerdings wurde die Anwendung der Todesstrafe auf weniger Delikte beschränkt, als dies im Strafgesetzbuch von 1803 der Fall gewesen war.[22] Die Todesstrafe konnte bzw. mußte bei Hochverrat, Mord, Anstiftung zum Mord, Raubmord und bei Brandlegung bzw. öffentlicher Gewalttätigkeit, wenn dabei unbeteiligte Menschen getötet wurden, verhängt werden.[23] Im § 13 dieses Gesetzes wurde bestimmt: *„Die Todesstrafe wird mit dem Strange vollzogen."*

Von 1852 bis 1919 wurden in Tirol insgesamt elf Menschen zum Tode verurteilt und tatsächlich hingerichtet. Die Zahl der zum Tode verurteilten Verbrecher lag in Wirklichkeit wesentlich höher, doch bestätigte Kaiser Franz Josef nur in ganz besonderen Fällen das Todesurteil. Nach 1900 wurde in Tirol vorerst überhaupt keine Hinrichtung mehr durchgeführt, was übrigens auch für die anderen Kronländer galt; erst bei Ausbruch des Ersten Weltkrieges wurden wieder Todesurteile vollzogen. 1916 wurden in Trient Dr. Cesare Battisti und Dr. Fabio Filci vom Wiener Scharfrichter Josef Lang exekutiert. Battisti dürfte Lang durch seine würdige Haltung stark beeindruckt haben, wie aus Langs Erinnerungen zu entnehmen ist:[24] *„Auch während seiner Haft und nach Fällung des Todesurteiles zeigte sich Battisti als aufrechter Mann und es schien, als ob es ihm nicht schwer falle, für seine Ideen und Überzeugungen den Tod zu erdulden."*

Bis 1873 fanden die Hinrichtungen öffentlich statt. In der neuen Strafprozeßordnung des Jahres 1873 wird diesem Zustand ein Ende bereitet und folgendes bestimmt: *„Die Vollstreckung der Todesstrafe erfolgt innerhalb der Mauern des Gefangenenhauses oder in einem anderen umschlossenen Raume in Gegenwart einer Gerichtskommission, welche wenigstens aus drei Mitgliedern des Gerichtes und einem Protokollführer bestehen muß, dann des Staatsanwaltes, eines Gerichtsarztes und des den Verurteilten begleitenden Seelsorgers. Der Verteidiger, der Vorstand und die Vertretung der Gemeinde, in deren Gebiet die Vollstreckung stattfindet, sind von dem Orte und der Stunde der Vollstreckung, um derselben beiwohnen zu können, in Kenntnis zu setzen. Den Beamten des Gerichtes, der Staatsanwaltschaft und den Sicherheitsbehörden, ferner den nächsten Verwandten des Verurteilten ist gestattet, der Hinrichtung beizuwohnen. Soweit es der Raum zuläßt, kann dies auch außerdem achtbaren Männern gestattet werden. Ist das Todesurteil an mehreren zu vollstrecken, so ist die Veranstaltung zu treffen, daß keiner die Hinrichtung des andern sehen könne.*

Das Strafurteil samt einer kurzen Darstellung der Tat ist in Druck zu legen und nach der Hinrichtung zu verteilen.

Der Körper des Hingerichteten ist bei Nacht mit Vermeidung allen Aufsehens an einem besonders dazu bestimmten Platz zu begraben; derselbe kann aber seiner Familie auf deren Begehren zur Beerdigung ausgefolgt werden, wenn kein Bedenken dagegen obwaltet. Auch in diesem Falle darf die Beerdigung nur im Stillen und ohne alles Gepränge stattfinden. Solange die Leiche nicht weggebracht ist, ist außer den oben erwähnten Personen niemand zu dem Orte der Hinrichtung zuzulassen."[25]

Die letzte öffentliche Hinrichtung fand in Tirol im Jahre 1861 statt. Wolfgang F., vulgo *„Gwaltwoferl"*, war am 2. April 1823 in Kössen geboren worden und hatte das Müllerhandwerk erlernt. Wegen Brandlegung, Tierschänderei und Mord bzw. Vergewaltigung zweier Mädchen, im Alter von 8 und 14 Jahren, verurteilte ihn das Innsbrucker Landesgericht zum Tode. Das Urteil wurde in zweiter Instanz und auch in dritter Instanz bestätigt. Kaiser Franz Josef machte von seinem Begnadigungsrecht keinen Gebrauch und am 14. Dezember 1861 um neun Uhr morgens wurde Wolfgang F. am Prügelbauplatz, der sich etwa an der Stelle des heutigen Innsbrucker Finanzamtes befand, öffentlich gehängt.[26]

Von 1852 bis 1919 wurden in Tirol insgesamt neun Todesurteile wegen Mordes und zwei wegen Hochverrates exekutiert. Öffentliche Hinrichtungen fanden 1852, 1857 und 1861 statt. Im Gefangenenhaus vollzogen wurden die Todesurteile im Jahre 1875, 1877, 1879, 1886, 1890, 1900 und 1916.[27]

Der Kampf gegen die Todesstrafe, der in Tirol schon in der ersten Hälfte des 19. Jahrhunderts geführt wurde, fand auch nach der Novelle des Strafrechts im Jahre 1852 seine Fortsetzung. 1869 beispielsweise erschien in gedruckter Form der Vortrag des Universitätsprofessors August Geyer, den dieser am 13. Juli 1869 vor der

Vorgestern und gestern war der zum Tode verurtheilte Mörder W. Fischbacher in einem großen Zimmer der hiesigen Frohnfeste von Hunderten und Hunderten, worunter das zarte (?) Geschlecht mehr als hinreichend vertreten war, besucht, von denen Manche Geldspenden für hl. Messen auf den hiezu bestimmten Teller legten. Der „arme Sünder" befand sich, bewacht von einem dreifachen Posten Kaiserjäger, in Gesellschaft seines hochw. Beichtvaters, welcher ihn mit den Tröstungen der hl. Religion aufrichtete und mit ihm betete, so daß der Delinquent nunmehr reuig und gefaßt seinem Schicksale entgegen harrte. Die bekannten Einzelheiten seines Doppelverbrechens — sowie der Umstand, daß eben Wochenmarkt und der letzte Werktag vor dem Thomasmarkte *heute* ist, führten namentlich aus dem Unterlande massenhaft Landleute nach Innsbruck, und schon in den Morgenstunden waren — Neugierige am Richtplatz am Prüglbaue und in der Nähe der Frohnfeste versammelt. Um 8 Uhr fuhr der Verurtheilte mit seinem hochw. Seelsorger von hier unter starker Eskorte nach dem Richtplatze. Ergreifend war sonst bei solchen Anlässen stets der Moment, wenn der Exekutionszug mit dem zum Tode Verurtheilten am Innrain bei der St. Johanneskirche anlangend stillhielt, vom Thurm das Sterbeglöcklein ertönte, und all die zahllosen Begleiter des Unglücklichen zum Gebet für denselben aufforderte. Heute unterblieb dies, und wurde das Sterbeglöcklein nach der Hinrichtung am Pfarrthurme geläutet. Die hohe Gerichtskommission war in Wägen am Richtplatze eingetroffen, woselbst der aus Prag requirirte Scharfrichter und dessen Gehülfen schon früher eingetroffen, seiner traurigen Amtspflicht Genüge leistete. Um 8½ Uhr war die Todesstrafe mittels des Stranges an W. F. binnen einer Minute vollzogen. Der hochw. Kapuziner P. Joannes hielt nun eine eindringliche Predigt an die zahllose Menge, nach deren Beendigung sich dieselbe langsam zerstreute. — Abends wird der Leichnam abgenommen und in aller Stille beerdigt.

Bericht der „Innsbrucker Nachrichten" von 1861 (Seite 2512) über die letzte öffentliche Hinrichtung in Innsbruck. Die Exekution fand unter Beteiligung einer großen Volksmenge am sogenannten Prügelbauplatz, der sich etwa im Bereich des heutigen Finanzamtes befand, statt.

Aus dem Gerichtssaale

Innsbruck, 19. April. Zufolge Eröffnung des h. k. k. obersten Gerichts und Cassationshofes vom 16. April 1879 Z. 4436 hat Se. k. und k. Apostol. Majestät der Kaiser mit Allerhöchster Entschließung vom 11. d. Mts. dem hohen k. k. obersten Gerichts- und Cassationshofe zu überlassen geruht, gegen den wegen Verbrechens des Meuchelmordes zur Todesstrafe verurtheilen Johann Kreuzer das oberstrichterliche Amt zu handeln.

Infolge dieser hohen Eröffnung wurde auch heute Morgens 6 Uhr in dem Hofraume der hiesigen Frohnfeste die Todesstrafe am genannten Delinquenten vollzogen. An Details über diesen letzten Act eines Trauerspiels ohne Gleichen haben wir unseren Lesern auf Grund verläßlicher Informationen und eigener Wahrnehmungen Nachfolgendes mitzutheilen:

Seine letzten Stunden verbrachte der dem Tode Geweihte größtentheils in Gegenwart des Geistlichen, welcher ihn auf den bittern Gang vorbereitete. Er nahm dessen Zuspruch an, legte ein reumüthiges Bekenntniß seiner Sünden ab und empfing die heilige Communion aus den Händen des Priesters, des hochw. Amanuensis am hiesigen Decanatamte Herrn E. Gerstl. Von der gesetzlichen Wohlthat, der sogenannten „Henkermahlzeit" machte Kreuzer nur geringen Gebrauch. Einige Glas Wein war so ziemlich Alles, was er in dieser Hinsicht beanspruchte.

Heute um und kurz nach $5^1/_2$ Uhr früh fanden sich die gegen Karten zugelassenen in verhältnißmäßig sehr geringer Anzahl erschienenen Zeugen der Hinrichtung im Hofe der Frohnfeste, welcher gegen den Innquai zu gelegen ist, ein. Ein Zug Maroicic-Infanterie war dort bereits aufgestellt und ließ nur einen schmalen Durchgang zum Galgenpfahl offen. In Uniform waren von den Herren Gerichtsbeamten anwesend der Hr. Oberlandesgerichts-Präsident Ferrari, Hr. Staatsanwalt Linser, Hr. Landesgerichtsrath v. Ziernfeld und Graf Künigl. Als Gerichtsarzt fungierte Dr. med. Lantschner. Der Herr Präsident ertheilte dem Hrn. Kerkermeister den Befehl den Abgeurtheilten dem Scharfrichter Hellbock vorschriftsmäßig zu übergeben, sowie Letzterem den Delinquenten gleicherweise zu übernehmen. Kurz vor 6 Uhr gab derselbe hohe Functionär den Auftrag, den Johann Kreuzer in den Hofraum zu bringen. Unter militärischer Bedeckung, vom Geistlichen begleitet, schritt derselbe mit sichtbarer Fassung seinem unerbittlichen Schicksal entgegen.

Soldaten umgaben den Pfahl. Johann Kreuzer, mit dem Rücken gegen diesen gewendet, empfing den letzten geistlichen Zuspruch. Keine Miene, welche von schmerzlicher Ergriffenheit gezeugt hätte, war in seinen intelligenten Gesichtszügen zu lesen; er war ganz Fassung und Ergebung in's Unvermeidliche. Er küßte das ihm dargereichte Krucifix, während ihm der Gehilfe des Scharfrichters die Schlinge um den Hals legte sowie die entsprechenden Verknüpfungen an den Händen herstellte. Festen Schrittes betrat hierauf Kreuzer die 3 Stufen der vor dem Pfahle stehenden Staffelei, indeß der Henker die an der Rückseite desselben angebrachte um eine Stufe höher bestieg. Die Schlinge ward an einem fast

199

daumendicken, einem Kleiderhacken ähnlichen Nagel befestigt. Kreuzer sprach sodann mit ungebrochener, vernehmlicher Stimme, während ihm der Priester das Krucifix entgegenhielt: „Jesus, verzeih' mir alle meine Sünden."
Kaum waren diese Worte seinem Munde entflohen, wurde die Staffelei unter seinen Füßen weggezogen; der Gehilfe des Scharfrichters setzte die am Fuße des Pfahles befindliche, mit den Stricken in Verbindung stehende Kurbel in Bewegung, — ein Ruck, ein Druck des Scharfrichters auf das Genick des Verurtheilten und der weltlichen Gerechtigkeit war die von ihr geheischte Sühne zu Theil geworden. Etwa 10 Minuten noch zuckte der Körper des Delinquenten. Seine Gesichtszüge färbten sich dunkler, waren aber durchaus nicht entstellt. Lautlos, wie sie dem tieftraurigen Acte angewohnt, entfernten sich sodann die Zeugen desselben. Um 6½ Uhr wurde der Leichnam vom Pfahle weggenommen und zum Behufe der gerichtlichen Obduction auf einer bereitgehaltenen Bahre fortgeschafft.

Seit 1873 durften Todesurteile nicht mehr öffentlich vollstreckt werden. Außer der von Amts wegen anwesenden Gerichtskommission bestand aber für einige Auserwählte die Möglichkeit, mittels Zuschauerkarten der Hinrichtung beizuwohnen. Selbstverständlich nahm sich auch die Tagespresse dieser Ereignisse an und bot den Lesern – wenn diese schon nicht mehr persönlich anwesend sein konnten – eine möglichst detaillierte Schilderung der Exekution. In der Ausgabe vom 19. April 1879 berichtete der „Bote für Tirol und Vorarlberg" über die Hinrichtung des Johann Kreuzer aus Oberhofen, der seine 74jährige Mutter ermordet hatte.

Versammlung des konstitutionellen Vereines in Innsbruck gehalten hatte.[26] Darin beschloß er seine Ausführungen mit folgendem Wunsch: „*Mögen unsere österreichischen Gesetzgeber dies erwägen und sich erinnern an das leuchtende Beispiel, das einst Kaiser Josef II. aufgestellt hat, da er im Jahre 1787 die Todesstrafe aufhob.*" Diese Hoffnung erfüllte sich zur Zeit der k.u.k. Donaumonarchie nicht.

Nach dem Zerfall der Monarchie konnte die neu erstandene Republik Österreich endlich die Todesstrafe abschaffen und damit das erreichen, was weder Kaiser Josef II. auf Dauer noch der Kremsierer Reichstag durchsetzen hatten können. Im „Staatsgesetzblatt für den Staat Deutschösterreich", 71. Stück, Gesetz Nr. 215 vom 3. April 1919 wurde bestimmt:

„*Die Nationalversammlung hat beschlossen:*
§ 1. *Im Verfahren vor den ordentlichen Gerichten ist die Todesstrafe abgeschafft.*
§ 2. *Im ordentlichen Verfahren vor den bürgerlichen Strafgerichten bildet statt der vom Gesetze angedrohten Todesstrafe die Strafe des lebenslangen schweren Kerkers die gesetzliche Strafe.*

§ 3. *Im ordentlichen Verfahren vor den Militärgerichten bildet statt der Strafe des Todes durch den Strang die Strafe des lebenslangen schweren Kerkers und statt der Strafe des Todes durch Erschießen die Strafe des Kerkers in der Dauer von 10 bis 20 Jahren die gesetzliche Strafe; wäre jedoch die strafbare Handlung bei Abgang jener besonderen Merkmale, die die Strafe des Todes durch Erschießen bedingen, mit einer strengeren Strafe als 10 bis 20jährigem Kerker bedroht, so ist auf diese strengere Strafe zu erkennen.*
§ 4. *Dieses Gesetz tritt am Tage der Kundmachung in Kraft. Mit der Vollziehung sind die Staatssekretäre für Justiz und für Heereswesen betraut."*

Das Gesetz war unterzeichnet von Karl Seitz, Vorsitzender der Nationalversammlung (= Staatsoberhaupt), vom Staatskanzler Dr. Karl Renner und von den Staatssekretären v. Bratusch (Justiz) und Dr. Julius Deutsch (Heereswesen).

Es konnte schon weiter oben festgestellt werden, daß in politisch wie wirtschaftlich unruhigen Zeiten immer der Ruf nach der Todesstrafe laut wurde. Diese Aussage gilt natürlich auch für Österreich, das gerade zwischen den beiden Weltkriegen eine harte Bewährungsprobe bestehen mußte. Es verwundert eigentlich nicht, daß im Jahre 1934 die Todesstrafe wieder eingeführt wurde. Im März 1933 hatte sich der Nationalrat durch den Rücktritt seiner drei Präsidenten Renner, Ramek und Straffner selbst ausgeschaltet und Bundeskanzler Engelbert Dollfuß nützte die Situation zur Einführung einer autoritären Regierungsform. Vor allem die seit ihrem Verbot im Juni 1933 im Untergrund agierende NSDAP dürfte mit ihren Terroraktionen, die vor allem im Jahre 1934 verstärkt einsetzten, die Regierung Dollfuss zur Wiedereinführung der Todesstrafe veranlaßt haben. Im 77. Bundesgesetz vom 19. Juni 1934 über die Wiedereinführung der Todesstrafe im ordentlichen Verfahren (Strafrechtsänderungsgesetz 1934) hieß es im Artikel I unter anderem:[29] *„Soweit im folgenden nichts anderes bestimmt wird, ist die Todesstrafe in allen Fällen, für die sie im Strafgesetz vom 27. Mai 1852, RGBL Nr. 117, und im Sprengstoffgesetz vom 27. Mai 1885, RGBL Nr. 134, angedroht wird, wieder die gesetzliche Strafe."*

Nach dem Zweiten Weltkrieg und der Wiederherstellung der Republik Österreich blieb die Todesstrafe — vorerst zeitlich begrenzt— weiter bestehen. Im Bundesverfassungsgesetz vom 24. Juli 1946 wurde unter anderem bestimmt:[30] *„Bis zum 30. Juni 1947 ist die Todesstrafe auch im ordentlichen Verfahren zulässig... ".* Im Bundesgesetz vom 12. Mai 1948 wurde die Zulassung der Todesstrafe verlängert:[31] *„Die Todesstrafe bleibt im ordentlichen Verfahren auch nach dem 30. Juni 1948 zulässig, solange mit dem Tode bedrohte Verbrechen in gefahrdrohender Weise um sich greifen."* Erst 1950 wurde die Todesstrafe im ordentlichen Verfahren vor Strafgerichten abgeschafft:[32] *„Im ordentlichen Verfahren vor den Strafgerichten bildet statt der vom Gesetz angedrohten Todesstrafe die Strafe des lebenslangen Kerkers die gesetzliche Strafe."*

In der Folgezeit kam es aber wiederholt zu Diskussionen über die Wiedereinführung der Todesstrafe. Anläßlich von Gewaltverbrechen, die auf besonders grausame Art begangen wurden, traten die Befürworter der Todesstrafe in den Vordergrund. Am 1. März 1961 beispielsweise konnte man unter anderem folgenden Satz in der Tiroler Tageszeitung finden: „*Keine Drohung vermag den Menschen sosehr zu beeindrucken als die mit dem Tode. Daher ist auch nichts sosehr geeignet, Rechtssicherheit zu gewähren, als die Todesstrafe gegen bestimmte Rechtsbrecher.*"[33]

Wenn die Todesstrafe auch im ordentlichen Strafrechtsverfahren seit 1950 abgeschafft war, wurde die theoretisch noch bestehende Todesstrafe bei Standrechtsverfahren und somit die Todesstrafe ganz allgemein erst mit Bundesverfassungsgesetz vom 7. Februar 1968 endgültig abgeschafft:[34] *„Die Todesstrafe ist abgeschafft."*

Den vorläufigen Schlußpunkt unter die Entwicklung des österreichischen Strafrechtes setzte das Strafgesetzbuch von 1974, welches mit 1. Jänner 1975 in Kraft trat und letzte Reste archaischer Strafformen (Fasten, hartes Lager, Einzelhaft, Dunkelhaft) beseitigte.[35]

Zum Abschluß sei noch kurz auf die Entwicklung in Südtirol seit dem Ersten Weltkrieg hingewiesen. Hier blieb die Todesstrafe bis zur Einführung der Verfassung am 1. Jänner 1948 bestehen. Vorübergehend war sie zwar schon mit

Bekanntmachung!

Am 9. März 1944 ist die 66 Jahre alte Franziska Schwingshackl aus .... hingerichtet worden, die das Sondergericht in Innsbruck als gefährliche Gewohnheitsverbrecherin zum Tode verurteilt hat.

Die mehrfach wegen Abtreibung vorbestrafte Schwingshackl hat wiederum in großem Umfange Abtreibungen an Frauen begangen.

Der Oberstaatsanwalt beim Landgericht Innsbruck:

gez. Dr. Karl Stettner

Gaudruck Tirol-Vorarlberg 971 44

Gesetzesverordnung des provisorischen Staatsoberhauptes Nr. 224 am 10. Oktober 1944 abgeschafft, mit Gesetzesverordnung Nr. 234 vom 10. Mai 1945 aber wieder eingeführt worden. Ergänzend zur Verfassung vom 1. Jänner 1948, durch die die Todesstrafe als unzulässig erklärt wurde, wurde mit Gesetzesverordnung Nr. 21 vom 22. Jänner 1948 die Todesstrafe in Italien, somit auch in Südtirol endgültig abgeschafft.[36]

Anmerkungen:
[1] Josef Lang, Erinnerungen des letzten Scharfrichters im k.k. Österreich (hrsg. von Oskar Schalk), Leipzig—Wien 1920, S. 116
[2] Carl Unterkircher, Chronik von Innsbruck, Innsbruck 1897, S. 216
[3] TLA: Gubernium, Normalien-Fasz. 17, Publ. 21004/1803 XII 28
[4] TLA: Gubernium, Normalien-Fasz. 17, Publ. 18333/1803 XI 12
[5] TLA: Gubernium, Normalien-Fasz. 17, Publ. 18333/1803 IX 3
[6] TLA: Gubernium, Normalien-Fasz. 17, Publ. 6064/564 von 1818 III 12
[7] TLA: Gubernium, Normalien-Fasz. 17, Publ. 16935/2219 von 1820 IX 8
[8] Otto Stolz, Geschichte der Gerichte Deutschtirols, in: Archiv für österreichische Geschichte 102, Wien 1913, S. 228
[9] J. Lang, a. a. O., S. 63 ff
[10] TLA: Gubernium, Normalien-Fasz. 17/1848 V 29
[11] Innsbrucker Zeitung Nr. 37 von 1849 II 14
[12] TLMF: FB 3131/11
[13] TLMF: FB 3131/13; FB 3394; FB 3645
[14] Hans Fink, Der Schinterbichl und das Vinschger Moidele, in: Dolomiten Nr. 275 von 1965 XII 1
TLMF: Dip. 1292, fol. 68 und 70
[15] TLMF: FB 2518
[16] TLMF: FB 406/7 und 8; FB 28485/4
Alois Mages, Die Justizverwaltung in Tirol und Vorarlberg in den letzten hundert Jahren, Innsbruck 1887, S. 116
[17] TLMF: FB 406/16 und 17; FB 28485/6
A. Mages, a. a. O., S. 116
[18] TLMF: FB 406/9 und 10
[19] TLMF: FB 406/13 und 14; FB 28485/3
[20] TLMF: W 3283
[21] J. Lang, a. a. O., S. 75—76
[22] Ernst Hellbling, Österreichische Verfassungs- und Verwaltungsgeschichte, Wien 1956, S. 373
[23] RGBL 1852, Nr. 117, 1. Teil §§ 59, 86, 136, 141 und 167 Absatz a
[24] J. Lang, a. a. O., S. 54—56
[25] RGBL 1873, XLII. Stück, 119. Gesetz § 404
[26] TLMF: FB 3099, FB 3328, FB 28485/1
[27] TLMF: FB 28485/1 und 5; FB 3131/11; FB 3512; W 2691; W 2904
A. Mages, a. a. O., S. 166
[28] August Geyer, Über die Todesstrafe (Ein Vortrag, gehalten in der Versammlung des konstitutionellen Vereins zu Innsbruck am 13. Juli 1869), Innsbruck 1869 (= TLMF: FB 603/1)
[29] BGBL 1934, Stück 30, Nr. 77
[30] BGBL 1946, Nr. 141
[31] BGBL 1948, Nr. 100
[32] BGBL 1950, Nr. 130
[33] Tiroler Tageszeitung Nr. 50 von 1961/3/1, S. 2
[34] BGBL 1968, Nr. 73
[35] BGBL 1974, Nr. 60
[36] Für die Angaben danke ich Herrn Landesarchivar Dr. J. Nössing, Bozen.

Anhang

DIENSTREVERS DES HENKERS HANS VON LANDSBERG

1427 II 3 (St. Blasius-Tag)

Ich Hanns von Lannczperg vergich und tun kunt offenlich mit dem brieve, als der durchleuchtig hochgeborn fürste herczog Fridreich herczog ze Österreich cz. mein gnediger herr mich zu ainem züchtiger und nachrichter in seinem lannd an der Etsch aufgenomen hat, also hab ich demselben meinem gnedigen herren gelobt und verhaissen, gelob und verhaiss im auch wissentlich bei meinen treun an aids stat und in kraft dicz briefs, dacz ich im zu seinen und des benanten seins lannds notdurften getreulich dienen und gehorsam sein, wo er oder die seinen mich hinvordern oder mein bedurffen, und auch seinen frumen furdern und seinen schaden wennden sol und wil nach allem meinem vermugen getreulich und ungeverlich und sunder, dacz ich von demselben meinem gnedigen hern nicht trachten sol an seinem willen, dieweil er mein bedarff auch angeverde. Und des zu urkunt gib ich den brief versigelten mit des erbarn und weisen Hannsen des Wathen, burgermaister hie ze Insprugg, aufgedruktem insigl, der das durch meinen vleissigen bete willen, im und seinen erben an schaden, darauf gedrukcht hat. Der bete sind gezeugen Lienhart Stosser, Conrat Vinstertal und Hanns Alber, Richter hie ze Insprugg. Geben ze Insprugg an Sand Blasientag anno domini millesimo CCCC⁰ vicesimoseptimo.

TLA: Urkunde I 1364

ERNENNUNG DES HALLER SCHARFRICHTERS 1497

1497 IV 1 (Samstag vor Sonntag Quasimodogeniti)

Wir Maximilian von Gots gnaden Römischer kunig cz. bekennen, daz wir Liennhartn von Gräcz zů züchtiger aufnemen und bestellen haben lazzen, also daz er in unnsern gerichten im undern und obern Intal uncz an das gericht Mals unnd landtgericht Sterczingen richtn sol in dem sold, daz wir ime ain jar für sold, lifrung, zerung und annders, nichts gesonndert unncz auf unnser widerrueffen aus unnserm phamhaws zu Hall im Intal geben sollen LXXX guldin reinisch; ob er etlich täg still läg, für yedn tag II lb Perner, darczue strick unnd hantschuch recht vervolgen; wurde er aber von prelatn oder adl in iren gerichtn yemant richten oder wo ainer ainen selbs anlangen liess unnd nicht die herrschafft, so sol dem züchtiger von der meil hin und heer VI kr, auch ob er etlich tag auf das richten in unnserm lannde oder anndern gebieten still lege, aber yedn tag II lb pn für zerung unnd glaitgelt; unnd für das richtn, wie das seye, von yeder person X lb perner geantwurt und gegeben werden, im auch strick und hanndtschuch recht albög darczu vervolgen angeverde. Unnd emphelhen darauf unnserm gegenwürttigen und ainem yeden künnftigen salczmair zu Hall, auch allen prelatn, haubtleutn, graven, freien, herrn, rittern, knechten, phlegern, lanndtrichtern, richtern, zollnern unnd ambtleutn, daz ir benanntem züchtiger seinen sold unnd waz im deshalben zugehört on irrung gebet und vervolgen lazzed. Daran tuet ir unnser ernnstliche meynung. Geben zů Innsprugk an sambstag vor sunntag quasimodogeniti anno domini cz. LXXXXVII^{mo} unnser reiche des römischn im zwelfftn und des hungerischen im sibennden jaren.

TLA: Bekennen 1496/1497, fol. 64'

ERNENNUNG DES MERANER SCHARFRICHTERS 1509

1509 XI 21

Wir Maximilian von gots genaden cz. bekennen, daz wir Frannczen Wagner von Kaufpewrn zu züchtiger bestellen unnd aufnemen haben lassen wissenntlich hiemit in craft dicz briefs. Also daz er allennthalben in den gerichten in unnserm lande an der Etsch, auch in dem Vintschgaw uncz an das gericht Nawders unnd darczů am Eysackh unncz an daz lanndtgericht Stainach, auch in dem Pustertal richten solle in dem sold, daz wir im ain jar für sold, liferung, zerung unnd anders nichts gesondert unncz auf unnser widerruefen aus unserm zol an der Tell geben sollen unnd wellen achtzigkh gulden reinisch, unnd ob er etlich täg still leg, für yeden tag zway phunt Perner, darczu im auch strick unnd hanndtschuch recht vervoligen sol. Wurde er aber prelaten oder adl in iren gerichten yemands richten oder wo ainer ainen selbs anclagen liess unnd nicht die herrschaft, so sol im von der meyl hin unnd her sechs Kreiczer, auch ob er etlich tag auf das richten in unnserm lannd oder anndern gebietten still leg, aber yeden tag zway phunt pernner für zerung unnd glaitgelt unnd für das richten, wie das sey, von yeder person zehen phunt Pernner geanntwurt unnd gegeben werden, ime auch strickh unnd hanndschuech albeg darczu vervolgen ongeverde. Unnd emphelhen darauf allen prelaten, graven, freyen herren, rittern, knechten, haubtleuttn, phlegern, lanndtrichtern, richtern unnd ambtleuttn, daz ir berürtem züchtiger alles das, wie obstet unnd was ime deshalben zugehört, on irrung gebet unnd vervoligen lasset. Daz mainen unnd wellen wir ernnstlich mit urkund dicz briefs. Geben zu Ynnsprugg am XXI tag des monats Novembris anno cz. nono.

TLA: Bekennen 1509, fol. 46'/47

Quellenverzeichnis

Tiroler Landesarchiv, Innsbruck
Baudirektionsakten
Ferdinandea
Fridericiana
Gubernium
Haller Damenstift
Handschriftensammlung
Hofregistratur
Karten- und Plänesammlung
Kopialbücher (ältere Reihe)
Kopialbücher der Kammer:
Bekennen
Embieten und Befehl
Gemeine Missiven
Kopialbücher der Regierung:
An die Kaiserliche Majestät
bzw. Fürstliche Durchlaucht
Causa Domini
Geschäft von Hof
Parteibücher
Von der Kaiserlichen Majestät
bzw. Fürstlichen Durchlaucht
Leopoldinum
Libri fragmentorum
Maximiliana
Normaliensammlung
Pestarchivakten
Sammelakten
Sigmundiana
Urbare
Urkundenreihe I und II,
Parteibriefe

Gemeindearchiv Imst
Urkunde Nr. 110 (im TLA)

Pfarrarchiv Meran
(Die Erhebungen in den
Matrikenbüchern wurden
von Dr. E. Prieth/Meran
durchgeführt)
Heiratsbücher
Sterbebücher
Taufbücher

Pfarrarchiv Imst
Taufbuch I (Mikrofilm im TLA)

Stadtarchiv Innsbruck
Karte Nr. 192

Österreichische Nationalbibliothek Wien
Codex Vindobonensis Nr. 7962

Tiroler Landesmuseum Ferdinandeum, Innsbruck
FB 406/7—10, 406/13 und 14, 406/16 und 17, 603, 2691, 2710, 2863, 2904, 3099, 3131/8, 3131/11, 3283, 3394, 3512, 3629/114, 3645, 4346/22, 4569, 5922, 8714;
Dip. 900, 901, 491, 1292;
W 1222

Pfarrarchiv Hall in Tirol
sogenanntes Geschlechterbuch
(= Generalindex zu den
Matrikenbüchern der Pfarre Hall
in Tirol)

Verzeichnis der Fotografen und Bildstellen

Denkmalamt Innsbruck: S. 72, 89, 91. Hochenegg H.: S. 196, 202. Köfler W.: S. 113. Landesdenkmalamt Bozen (Foto Walder): S. 136/137. Lichtbildwerkstätte Alpenland, Wien: S. 129. Meraner Museum (Foto Duschek): S. 107. Moser H.: S. 52, 64, 73, 77, 85, 86, 93, 95, 104, 121, 175, 182, 183. Österr. Nationalbibliothek, Wien: S. 87. Pizzinini M: S. 53, 70, 99, 124, 135. Tiroler Landesarchiv (Peter Renzler): S. 12, 13, 17, 19, 25, 31, 58, 60, 62, 63, 66, 77, 103, 127, 131, 139, 140, 150. Tiroler Landesmuseum Ferdinandeum: Schutzumschlag, S. 33, 51, 55, 88, 101, 106, 109. Tiroler Volkskunstmuseum Innsbruck (Foto Vogth): S. 38. Verlagsarchiv: S. 34. Werbefoto Tappeiner Meran: S. 122. Wolf, Meran: S. 56, 57.

Literaturverzeichnis

Ammann Hartmann, Der Innsbrucker Hexenprozeß von 1485, in: Zeitschrift des Ferdinandeums für Tirol und Vorarlberg 34, Innsbruck 1890, S. 1—87

Ammann Hartmann, Die Hexenprozesse im Fürstentum Brixen, in: Forschungen und Mitteilungen zur Geschichte Tirols und Vorarlberg, XI, Innsbruck 1914, S. 9—18, 75—86, 144—166, 227—248

Ammann Hartmann, Die Hexenprozesse in Evas-Fassa 1573—1644, in: Kultur des Etschlandes XIII, Bozen 1959, S. 70—80

Anonym, Aus der Sillianer Chronik, in: Osttiroler Heimatblätter 11, Lienz 1934, S. 2

Anonym, Aus dem alten Gerichtswesen, in: Tiroler Heimatblätter 1941, S. 51/52

Außerer Karl, Castelrotto-Siusi, in: Der Schlern 8, Bozen 1927, S. 221—252

Bardill-Juon Lilly, Malefizgerichte und Hexenverfolgungen in Graubünden, in: Terra Grischuna/ Bündnerland 1979, S. 98—101

Biasi Franz, Kufstein, Innsbruck—Wien 1976

Biasi Franz, Unteres Inntal — Bezirk Kufstein, Innsbruck—Wien—München 1974

Böhnke Fritz, Die Scharfrichter der Stadt Preußisch Holland in Ostpreußen in: Archiv für Sippenforschung 33/25, Wiesbaden 1967, S. 57—60

Byloff Fritz, Volkskundliches aus den Strafprozessen der österreichischen Alpenländer 1455—1850 (= Quellen zur deutschen Volkskunde 3), Berlin—Leipzig 1929

Caduff-Vonmoos Cristian, Alte Gerichtsstätten in Graubünden, in: Terra Grischuna/Bündnerland 1981, S. 403—406

Egg Erich, Von Falschmünzern, Mordbrennern und Alchimeykünstler, in: Tiroler Tageszeitung 284 von 1952/12/6, S. 13

Egg Erich/Pfaundler Wolfgang, Maximilian und Tirol, Innsbruck 1969

Erlmoser Sepp, Vor 100 Jahren starb der „G'waltwoferl", in: Tiroler Nachrichten 289 von 1961/12/14, S. 3

Ermacora Felix, Österreichische Bundesverfassungsgesetze, Stuttgart 1976 (6. Auflage)

Faistenberger Josef, Aus der guten alten Zeit (Eine Plauderei über Häuser und Bewohner von Hall), Hall in Tirol o. J.

Fink Hans, Der „Schinterbichl" und das Vintschger Moidele, in: Dolomiten Nr. 275 von 1965 XII 1, S. 3

Fröhlich von Fröhlichsburg, Johann Christof, Nemesis Romano-Austriaco-Tyrolensis, Innsbruck 1696

Fröhlich von Fröhlichsburg, Johann Christof, Commentarius, in Kayser Carl des Fünften und des H. Röm. Reichs Peinliche Halsgerichtsordnung, worinnen kurze doch gründliche Unterweisung, Frankfurt—Leipzig 1741 (Neuauflage 1759)

Geyer August, Über die Todesstrafe (Ein Vortrag, gehalten in der Versammlung des konstitutionellen Vereins zu Innsbruck am 13. Juli 1869), Innsbruck 1869

Gluderer Othmar, Beiträge zur Geschichte Merans im 17. Jahrhundert, ungedr. phil. Diss., Innsbruck 1961

Granichstaedten Rudolf, Die Untersuchungsrichter im Prozeß Biener, in: Tiroler Heimatblätter 1947, S. 6—7

Granichstaedten-Czerva, Die Unruhestifter Peter Paßler und Balthasar Dosser, in: Tiroler Heimatblätter 1961, S. 120—121

Gritsch Balthasar, Dreikönigen 1732, ein Kulturbild aus Altschwaz, in: Tiroler Heimatblätter 1937, S. 6—10

Gundolf Hubert, Verbrecher von A—Z, Hamburg 1966

H. (?) H. (?), Der Pranger zu Innsbruck, in: Tiroler Heimatblätter 1926, S. 119/120

H. Heis, Schwert der Scharfrichter nur für ehrliche Verbrecher, in: Tiroler Tageszeitung 111 von 1964/5/23, S. 6 und 120 von 1964/5/27, S. 10

Hellbling Ernst, Österreichische Verfassungs- und Verwaltungsgeschichte, Wien 1956

Heyl A., Das Gerichtswesen am Ritten, in: Programm der Realschule Bozen, Bozen 1883/1884

Hirn Josef, Kanzler Bienner und sein Prozeß, Innsbruck 1898

Hochenegg Hans, Die erfolglose Hinrichtung des Thomas Hanns, in: Tiroler Heimatblätter 1932, S. 180—182

Hochenegg Hans, Rechtsaltertümer aus Hall in Tirol und Umgebung, in: Forschungen zur Rechts- und Kulturgeschichte 4 (= Festschrift Hans Lentze), Innsbruck—München 1969, S. 315—324

Hochenegg Hans, Die erfolglos verlaufene Hinrichtung des Thomas Hanns, in: Kulturbilder aus Solbad Hall und Umgebung (= Studien zur Rechts-, Wirtschafts- und Kulturgeschichte IV), Innsbruck 1970, S. 74—78

Hochenegg Hans, Der notleidende Henker, in: Kulturbilder aus Solbad Hall und Umgebung (= Studien zur Rechts-, Wirtschafts- und Kulturgeschichte IV), Innsbruck 1970, S. 69—73

Hochenegg Hans, Vom Weg über das einstige Galgenfeld, in: Kulturbilder aus Solbad Hall und Umgebung (= Studien zur Rechts-, Wirtschafts- und Kulturgeschichte IV), Innsbruck 1970, S. 119—122

Hochenegg Hans, Johann Christof Froelich von Froelichsburg, in: Tiroler Heimat XXXIV, Innsbruck 1970, S. 102 ff

Hochenegg Hans, Johann Christof Froelich von Froelichsburg, in: Veröffentlichungen der Universität Innsbruck 90, Innsbruck 1974, S. 61—65

Hollaender Albert, Zu den Bauernunruhen im Gebiete des Bistums Bressanone 1561—1564, in: Der Schlern 12, Bozen 1931, S. 384—397

Hölzl Sebastian, Die Urkundenreihe des Pfarrarchivs Hötting 1286—1852 (= Tiroler Geschichtsquellen 4), Innsbruck 1977

Hölzl Sebastian, Vomp — ein Dorf mit bewegter Vergangenheit (= Ortschroniken 38), Innsbruck 1978

Hörtnagl Hans, Die Hinrichtung des Vintschgauer Moidele in Innsbruck, in: Innsbrucker Nachrichten Nr. 102 von 1926 V 5

Huter Franz, Herzog Rudolf der Stifter und die Städte Tirols (= Tiroler Wirtschaftsstudien 25), Innsbruck 1971

Hye Franz-Heinz, Zur Geschichte des Höttinger Waldes, in: Veröffentlichungen des Innsbrucker Stadtarchivs NF 5, Innsbruck 1974, S. 139—148

Hye Franz-Heinz, Die Viertel-Säule in Ampass, in: Amraser Bote 11/2, Innsbruck 1975, S. 1—5

Hye Franz-Heinz, Glurns — Handelsplatz, Festungsstadt, Ackerbürger, Glurns 1977

Hye Franz-Heinz, Das Dorf Ampass — Grundzüge seiner Geschichte, in: Tiroler Heimatblätter 1978, S. 80—86

Hye Franz-Heinz, Die Städte Tirols (1. Teil: Bundesland Tirol), Österreichisches Städtebuch 5, Wien 1980

Kaspers Heinrich, Vom Sachsenspiegel zu Code Napoléon (= Zeugnisse der Buchkunst II), Köln 1978 (4. Auflage)

Kienberger Georg, Beiträge zur Geschichte der Stadt Hall, in: Schlern-Schriften 106 (= Haller Buch), Innsbruck 1953, S. 100—225

Klein Hugo, Der Galgenbühel bei Innsbruck und seine Geschichte, in: Tiroler Heimatblätter 1932, S. 254—258

Kogler Klaus, Strafen und Wändel in der Herrschaft Kitzbühel, in: Tiroler Heimatblätter 1968, S. 69—71

Köfler Werner, Geschichte der Stadt Imst, in: Imster Buch, Imst 1976

Köfler Werner, Die mittelalterlichen Stiftsurbare des Bistums Brixen III: Stams (= Österreichische Urbare, III. Abt., 5. Bd., III. Teil), Innsbruck 1978

Kolb Franz, Das alte Bahrrecht in Tirol, in: Tiroler Heimat XIII/XIV, Innsbruck 1949/1950, S. 7—64

Kühn Ulrich, Das Richtschwert in Bayern, in: Waffen- und Kostümkunde 1970, S. 89—126

Kroeschell, Deutsche Rechtsgeschichte, Band 2 (1250—1650), Hamburg 1976 (2. Auflage)

Kraft Josef, Ein leidvolles Buch, in: Forschungen und Mitteilungen zur Geschichte Tirols und Vorarlbergs XV, Innsbruck 1918, S. 125—128

Kwiatkowski Ernst, Die Constitutio Criminalis Theresiana (Ein Beitrag zur Theresianischen Reichs- und Rechtsgeschichte), Innsbruck 1903

L. (?) Ed. (?), Die letzten Hochgerichtsverhandlungen in Kufstein, in: Die Heimatglocke (= Beilage zum Tiroler Grenzboten), Nr. 38 von 1956 IX 22, Nr. 48 von 1956 XII 1 und Nr. 5 von 1956 XII 22

L. (?) J. (?), Der Scharfrichter von Meran in Tirol, in: Linzer Zeitung 1860, Nr. 191—193

Ladurner Justinian, Barthlmä Dosser von Lüsen, in: Archiv für Geschichte und Altertumskunde Tirols 3, Innsbruck 1866, S. 261—310

Laich Mario, Entwicklung der Strafrechtspflege in Tirol und Vorarlberg, in: 100 Jahre österreichische Strafprozeßordnung, 1973, S. 73—94

Lang Josef, Erinnerungen des letzten Scharfrichters im k.k. Österreich (hrsg. von Oskar Schalk), Leipzig—Wien 1920

Leiser Wolfgang, Strafgerichtsbarkeit in Süddeutschland (= Forschungen zur deutschen Rechtsgeschichte 9), Köln 1971

Lippott Eduard, Kufsteiner Chronik, in: Schlern-Schriften 157 (= Kufsteiner Buch), Innsbruck 19

Mader Ignaz, Der Pflegermord am Ritten im Jahre 1703, in: Der Schlern, Bozen 1922, S. 263—266

Mages Alois, Die Justizverwaltung in Tirol und Vorarlberg in den letzten hundert Jahren, Innsbruck 1887

Mahlknecht Bruno, Stand der Pranger auch auf dem Dorfplatz?, in: Der Schlern 45, Bozen 1971, S. 327—328 und Der Schlern 49, Bozen 1975, S. 198/199

Mahlknecht Bruno, Barbara Pächlerin, die Sarntaler Hexe auf dem Scheiterhaufen, hingerichtet am 28. August 1540, in: Der Schlern 50, Bozen 1976, S. 511—530

Mahlknecht Bruno, Heiratsantrag am Hinrichtungstag, in: Der Schlern 52, Bozen 1978, S. 590

Mayr Karl M., Aus dunkelster Zeit (Der Karneider Hexenprozeß vom Jahre 1680), in: Der Schlern 29, Bozen 1955, S. 387—391

Mecenseffy Grete, Geschichte des Protestantismus in Österreich, Graz—Köln 1956

Mecenseffy Grete, Täufertum in Kitzbühel, in: Stadtbuch Kitzbühel IV, Kitzbühel 1971, S. 155—163

Mecenseffy Grete, Quellen zur Geschichte der Täufer, Österreich I (= Band XI) und Österreich II (= Band XIII), Gütersloh 1964 und 1972

Mecenseffy Grete, Täufer in Rattenberg, in: Schlern-Schriften 262 (= Das Buch von Kramsach), Innsbruck 1972, S. 197—214

Meckbach Hieronymus Christof, Anmerkungen über Kayser Carls des V. und des H. R. Reichs Peinliche Halsgerichtsordnung, Jena 1756

Mitteis Heinrich/Lieberich Heinz, Deutsche Rechtsgeschichte (= Juristische Kurz-Lehrbücher), München 1978 (15. Auflage)

Moser Heinz, Tiroler Landesfesten im Süden, in: Südtirol in Wort und Bild, Heft 2/3, Innsbruck 1976

Moser Heinz/Tursky Heinz, Die Münzstätte Hall in Tirol 1665—1809, Rum bei Innsbruck 1981

Mutschlechner Georg, Die Kosten einer Hinrichtung in Taufers 1604, in: Der Schlern 55, Bozen 1981, S. 474—475

Neumann Wilhelm, Der Pranger von Villach, in: 900 Jahre Villach, Villach 1960, S. 151—156

Oberkofler Gerhard, Zur Geschichte des Strafrechts an der Innsbrucker Rechtsfakultät, in: Tiroler Heimat XXXVIII, Innsbruck 1974, S. 81—90

Oberweis J., Die Tiroler Landesordnung vom Jahre 1526, Wien 1865—1866

Ogris Werner, Staats- und Rechtsreformen, in: Maria Theresia und ihre Zeit, Salzburg 1980 (2. Auflage), S. 56—66

Ogris Werner, Josef II.: Staats- und Rechtsreformen, in: Im Zeichen der Toleranz (= Studien und Texte zur Kirchengeschichte und Geschichte II, Bd. VIII, ed. Peter F. Barton), Wien 1981, S. 109—151

Pfaundler Ignaz, Über die Hexenprozesse des Mittelalters, mit spezieller Beziehung auf Tirol, in: Zeitschrift des Ferdinandeums für Tirol und Vorarlberg 9, Innsbruck 1843, S. 81—143

Pizzinini Meinrad, Osttirol, Innsbruck—Wien—München 1971

Pizzinini Meinrad, Von Richter und Henker, in: Osttiroler Bote 1973, Nr. 4/14, Nr. 19/14, Nr. 30/13 und Nr. 39/14

Plawenn Oswald, Von den Sarntaler Hexen, in: Der Schlern 22, Bozen 1948, S. 94—99

Prieth Elias, Beiträge zur Geschichte der Stadt Meran, Meran 1957

Prieth Elias, Vom Scharfrichteramt im alten Meran, in: Südtiroler Hauskalender 111, Bozen 1980, S. 122—129

Probst Jacob, Geschichte der Universität in Innsbruck, Innsbruck 1869

Radbruch G., Die Peinliche Gerichtsordnung Kaiser Karls V. von 1532, 1962 (= Neudruck der Ausgabe von 1926)

Rapp Josef, Über das vaterländische Statutenwesen II, in: Zeitschrift des Ferdinandeums für Tirol und Vorarlberg 5, Innsbruck 1829, S. 1—229

Rapp Ludwig, Die Hexenprozesse und ihre Gegner in Tirol, Brixen 1891 (= 2. verm. Auflage)

Rasmo Nicolo, Der Innsbrucker Kodex III, Trient 1979

Rogenhofer Gert, Medicina Oenipontana - Magistri annorum 1673—1810, ungedr. medizin. Diss., München 1975

Ruf Sebastian, Auch ein Wort zur Frage von der Todesstrafe, in: Innsbrucker Zeitung Nr. 37 von 1849 II 14

Sanson Henry, Der Henker von Paris, hrsg von K. B. Leder, Gütersloh o. J. (= Übersetzung der 1862 erschienenen französischen Ausgabe, gestützt auf die 1. deutsche Ausgabe von 1865)

Santifaller Leo, Zur Geschichte von Kastelruth (Der letzte Scheiterhaufen von Kastelruth 1778), in: Der Sammler, 1908

Sartori-Montecroce Tullius, Über die Reception der fremden Rechte in Tirol und die Tiroler Landesordnungen (= Beiträge zur österr. Reichs- und Rechtsgeschichte I), Innsbruck 1895

Saxl A., Vom Justizwesen in alter Zeit, in: Osttiroler Heimatblätter, Lienz 1966/8, S. 2/3

Saxl A., Gerichtstaxen in alter Zeit, in: Osttiroler Heimatblätter, Lienz 1964/12, S. 4

Schmelzer Matthias, Geschichte der Preise und Löhne in Rattenberg vom Ende des 15. Jahrhunderts bis in die 2. Hälfte des 19. Jahrhunderts, ungedr. phil. Diss., Innsbruck 1972

Schmidt Eberhard, Die Maximilianischen Halsgerichtsordnungen, Bleckede an der Elbe 1949

Schönach Ludwig, Tirolische Strafrechtspflege im 17. Jahrhundert, in: Die Heimat, Meran 1912/1913, S. 105—109, 261—266, 284—288 und 1913/1914, S. 16—20, 31—34

Schönherr David, Taxe für den Freimann von Meran, in: Gesammelte Schriften II, Innsbruck 1902, S. 678 (auch Volks- und Schützenzeitung 1862, Nr. 30)

Schönherr David, Bienners Richtstätte und letzte Augenblicke, in: Gesammelte Schriften II, Innsbruck 1902, S. 306—322

Schönherr David, Die fünf Galeerensträflinge von Hall, in: Gesammelte Schriften II, Innsbruck 1902, S. 679—700 (auch: Bote für Tirol und Vorarlberg 1875, Nr. 119—125)

Schönherr David, Innsbruck vor dreihundert Jahren, in: Gesammelte Schriften II, Innsbruck 1902, S. 543—562

Schuhmacher Adolf, Zum Pflegermord am 1. Juli 1703 in Klobenstein, in: Der Schlern, Bozen 1982, S. 87—90

Schuhmann Helmut, Der Scharfrichter (= Allgäuer Heimatbuch 67), Kempten 1964

Sinwel Rudolf, Der G'waltwoferl in der Volkssage, in: Tiroler Heimatblätter 1931, S. 294—299

Stampfer Cölestin, Chronik von Meran, Innsbruck 1867 (2. verb. Auflage)

Stampfer Cölestin, Geschichte von Meran, Innsbruck 1872 (Neuauflage 1889)

Staudinger Helga, Beamtenschematismus der drei oö. Wesen in den Jahren 1679—1710, ungedr. phil. Diss., Innsbruck 1968

Steinegger Fritz, Chronik von Ampass (= Ortschroniken 6), Innsbruck 1974

Stolz Otto, Geschichte der Gerichte Deutschtirols, in: Archiv für österreichische Geschichte 102, Wien 1913, S. 83—334

Stolz Otto, Politisch-historische Landesbeschreibung von Tirol, Nordtirol, in: Archiv für österreichische Geschichte 107, Wien—Leipzig 1923

Stolz Otto, Politisch-historische Landesbeschreibung von Südtirol (= Schlern-Schriften 40), Innsbruck 1937

Stolz Otto, Grundriß der österreichischen Verfassungs- und Verwaltungsgeschichte, Innsbruck—Wien 1951

Straganz Max, Die Autobiographie des Frhrn. Jakob von Boimont zu Pairsberg (= SA aus dem Programm des k.k. Obergymnasiums der Franziskaner in Hall), Innsbruck 1896

Straganz Max, Hall in Tirol, Bd. 1, Innsbruck 1903

Wagner Hans, Stockacher Scharfrichter, in: Hegau, Zeitschrift für Geschichte, Volkskunde und Naturgeschichte des Gebietes zwischen Rhein, Donau und Bodensee 17, Singen 1972, S. 149—163

Wagner Hans, Josef II., Persönlichkeit und Werk, in: Katalog „Österreich zur Zeit Kaiser Josefs II.", Melk 1980, S. 6—23

Wallner Norbert, Der Malefiziant im Mariä-Schmerzen-Lied, in: Tiroler Heimatblätter 1965, S. 57—60

Widmoser Eduard, Die Wiedertäufer in Tirol, in: Tiroler Heimat XV, S. 45—90 und XVI, S. 103—128, Innsbruck 1952 und 1953

Woditschka Manfred, Der Kräuterturm — Strafvollzugsanstalt von einst, in: Amtsblatt der Landeshauptstadt Innsbruck 1969, Nr. 11, S. 13

Wopfner Hermann, Die Lage Tirols zu Ausgang des Mittelalters und die Ursachen des Bauernkrieges (= Abhandlungen zur Mittleren und Neueren Geschichte 4), Berlin—Leipzig 1908

Wurzbach Constant, Biographisches Lexikon, Band 24, Wien 1872

Zimmeter Otto, Die Mordtaten des G'waltwoferl, in: Tiroler Heimatblätter 1931, S. 84—87

Zimmeter Otto, Das G'waltwoferl Marterl am Rehrobichl, in: Tiroler Heimatblätter 1932, S. 119

Zingerle Ignaz, Barbara Pachlerin (Sarntaler Hexe) und Mathias Perger, der Lauterfresser, Innsbruck 1858

Zingerle Ignaz/Inama-Sternegg Theodor, Die Tirolischen Weisthümer III, Wien 1880

Personen- und Ortsregister

(erstellt von Sieglinde Moser)

Wegen der Häufigkeit ihres Vorkommens wurden die Begriffe Hall in Tirol, Meran und Tirol nicht eigens in diesem Register angeführt.

Abrell Andreas 146
— Anna 172
— Anna Maria 172
— Bartholomeus 146
— , Familie 39
— Franz Anton 172
— Ignaz Anton 172
— Jakob 146, 153
— Johann 146
— Johann Franz 172
— Johann Georg 172
— Johann Jakob 28, 39, 94, 115, 145, 146, 147, 154, 156, 169, 171, 172, 177
— Josef Alois 172
— Maria Barbara 172
— Maria Susanna 172
— Maria Theresia 172
— Maria Ursula 172
— Marx Philipp 28, 94, 145—147, 171
Aichat, Völser 68
Aichholz 141
Alkus(er) 141
Allerheiligenhöfe 92, 130
Altenburg 43, 97, 123, 134, 171, 180, 185
Altrasen 22, 138
Altsee 173
Altsee, Lorenz von — 169, 173
Amerika 93, 94
Amlach 141
Ampass 132
Ampezzo 138
Angst Bartholomeus 126
Arco 152
Arnold Karl 157
Auer 136
Augsburg 12, 28, 32, 35, 133, 158, 177

Battisti Cesare 197
Baumgartner Lorenz 179
Bayer Barbara 154
— Jakob 154
Bayern 71, 78, 120, 121, 152, 155, 156, 163, 179, 180, 195
Bergisel 163, 171
Bernart Erhart 75
Bernegger Josef 195
Bernmeister Martin 157
Bienner Wilhelm 84, 127, 153
Blumau 136
Böhmen 194
Boimont Jakob (zu Paiersberg) 110

Bozen 12, 14, 22, 28, 44, 74, 95, 102, 118, 120, 131, 136, 137, 147, 171, 176, 180, 185, 187, 188, 194
Brandenberg 68
Brandis Johann, Graf 193
Bratusch von 201
Bregenz 153, 161
Breitbach 135
Breitbachbrücke 136
Brenner 120, 163, 185
Brennwald 132
Brixen 15, 22, 23, 27, 115, 120, 123, 177, 195
Brixlegg 126
Bruck a. Ziller 126, 161
Bruneck 68

Caldiff 123, 136, 185
Capicola, Johann Peter della — 114, 187
Clar Wolfgang 88
Claudia von Medici 23, 152
Col dala Pelda 138

Dachau 180
Dax Paul 92, 128
Deuring, Adrian von — 18
Deutsch Julius 201
Deutschösterreich 200
Dillingen 162
Doggol Nikolaus 108
Dollfuß Engelbert 201
Donauwörth 162, 177
Dosser Balthasar 110, 132, 186
Drau 97
Duvivier Hilarius 126, 128
Dyrelhof 136

Ebbs 125
Edlinger 141
Egger Hans 149
— Margarethe 163
— Maria 105, 171
— Martin 111, 171
Ehrenberg 123, 133, 147, 155, 156, 161
Ehrwald 155
Eichelwang 105, 125
Eisack 120, 138, 140
Eisacktal 22
Eisendle Gabriel 172
Engadin 123, 173, 188 (siehe auch Ober- bzw. Unterengadin)
Engelmayr Elisabeth 149

Enn 123, 136, 185
Eppan 43, 134
Erb Balthasar 186
Etsch 96, 120, 136
Etschland 22

Fallbach 130
Feldkirch 178, 193
Ferdinand I., Kaiser/König 75, 147
Ferdinand II., Erzherzog 16
Ferdinand Karl, Erzherzog 16
Fernsteinsee 118, 154
Ferrari 199
Fezis Eva 161
Fezis Martin 161
Filci Fabio 197
Filzmayr Ruprecht 97
Fischbacher W. 198
Flatscher Anna 68
Fleimstal 23, 96, 185
Fließ 146
Föger Hans 162
Fontana Christof 81
Franciscinum Franz 88
Frankreich 27, 193
Franz II., Kaiser 193
Franz Josef, Kaiser 195, 197, 199
Freiburg 11
Freundsberg 123, 128, 147, 160
Frey Hans 39, 110
— Jakob 195
— Johann 28, 145, 147, 148, 173, 187
— Melchior 28, 145, 148, 160, 169, 184
— Michael 155
Friaul 75
Friedrich, Herzog 120
Frizlar Maria 113
Fröhlich von Fröhlichsburg, Johann Christof 18, 42, 59, 76, 79
Fröschl Erhard 82, 100, 140
Fügen 195
Fürholzwald 125
Fürst Anna 149
— , Familie 39
— Georg 149, 169, 174, 176
— Hans 28, 149, 169, 174, 178
— Jakob 149, 169, 174
— Kaspar 149
— Katharina 149
— Martin 114, 174, 179
— Michael 28, 40, 41, 145, 148,

149, 174, 178, 180
— Wolfgang 149, 169, 174, 176, 180
Füssen 39, 123, 133, 151, 154, 155, 156

Gaismair Hans 131
— Michael 131
Galgenbühel 130
Gärberbach 171
Gardasee 152
Gartenbacher Simon 90, 100, 187
Gasser Bartholomeus 157
Gatz Jakob 169, 176, 177
Gerstl E. 199
Geyer August 198
Geyerbühler Niclas 148
Giesinger Hans 173
Gilg Magdalena 81
Gilg von Rodem 120
Glanzl Josef 141
Glurns 78, 114, 123, 134, 164, 179
Goldenes Dachl 131, 132
Goller Matthias 157
Golser Georg, Bischof 23, 49
Görz 120
Gostner Christof 50
Götsch Christian 185
Graf Georg 27
Grätz, Lienhart von — 14, 145, 149, 185
Graz 149, 154
Gries/Bozen 123, 136, 137, 176, 180, 185
Grießstetter Onuphrius 115
Gritschenwinkel/Hall i. T. 39, 153, 160, 161
Großmehring 155
Gufidaun 22, 123, 138
Gugg Margarethe 162
Guillotin Josef Ignace 27
Gumpp Christof 74
Günzburg 146
G'waltwoferl 197

Häfenbinder Greth' 97
Hahn Adalbert 111, 157
Haimbrecht Matthias 154
Haller Anna 106
Hanns Thomas 112, 153, 178
Has Elisabeth 152
— Hans (Johann) 43, 44, 117, 145, 151—153, 162, 180
— Ursula 179, 180
Hasler Anna 62
Hauser Josefa 195
Heinfels 22, 23, 50, 83, 97, 99, 112, 114, 123, 138, 139, 153, 178
Hellbock 199
Helmschmied Wolfgang 169, 176
Heppl Leonhard Hans 152
Hintersteinersee 117, 164
Hochlechengut 138
Hödl Heinrich 145, 152
Holofernes 54
Holrieder Martin 107, 161

Holzer Ulrich 110, 111, 171
Hörtenberg/Telfs 123, 132
Hötting 130, 172
Hüls Hans Friedrich 64
Huter Jakob 106, 132

Immenstadt 163
Imst 90, 108, 114, 123, 132, 174, 179
Ingolstadt 155
Inn 128
Innsbruck 18, 22, 28, 41, 43—49, 54, 61, 70, 71, 74, 92, 93, 95, 102, 106, 110, 111, 114, 115, 117, 125—127, 130, 131, 134, 148, 149, 151—157, 159, 161, 163, 164, 171, 172, 177, 178, 193, 194, 197, 198
Inntal 128, 133
Insam Peter 108
Institoris Heinrich 23, 49
Italien 203

Janegger Bühel 138
Jöchl Thomas 178
Jordan Bankraz 115, 172
Josef II., Kaiser 20, 200
Josephina 193
Josneck Hans 84
Josnigg Hans 75
Judith 54

Kals 105
Kalterer See 134
Kaltern 22, 75, 88, 123, 134, 135, 179, 185, 186
Kappl 195
Kappler Michael 152
Karl V., Kaiser 15, 16, 18, 59
Karl von Lothringen 46
Karneid 23, 136
Käser Heinrich 145, 152, 160, 169, 176, 177, 185
Käßler Katharina 107
Kastelruth 23, 36, 64, 108, 139, 158, 181
Kaufbeuren 43, 146, 188
Kaunitz, Fürst 18
Kayser Oswald 74
Kematen 195
Kempten 146
Kenle Jakob 145, 153, 161
Khreblhof 136
Kienbergerhöfe 126
Kißer Karl 75
Kitzbühel 22, 23, 30, 44, 97, 120, 121, 123, 125, 146, 147, 148, 149, 156, 162
Klagenfurt 78, 80
Klar Wolfgang 186
Klausen 22
Klettenheim 112, 113, 138
Klobenstein 137
Kober Johann Georg 28, 43, 145, 154, 156, 169, 177, 181
— Johann Michael 177
— Margaritha 177

— Nikolaus 177
— Wilhelm 177
Koch Johann 131, 193
Konstanz 147
Kössen 197
Kremsier 195, 196, 200
Kreuzbichel 132
Kreuzer Johann 131, 199
Krieger Barbara 154
— Christof 162
— Konrad Leonhard 28, 41, 154, 162, 169, 178, 185
— Maria 154
— Othmar 38, 44, 84, 112, 114, 118, 145, 152, 154, 178
Kronmetz 88, 179
Kufstein 22, 27, 28, 30, 36, 41, 69, 74, 75, 78, 79, 80, 81, 82, 84, 97, 100, 105, 118, 120, 121, 123, 125, 148, 149, 151, 153, 154, 155, 156, 158, 160, 164, 171, 177
Kundl 126
Künigl, Graf 199
Kuntersweg 22
Kurtatsch 107, 123, 135, 185

Lächlerhof 136
Lackner Peter 104
Laichner Elisabeth 97
Lamperswilen 147
Lanbach Severin 158
Landeck 23, 45, 95, 106, 118, 123, 132, 133, 147, 151
Landsberg a. Lech 188
Lang Josef 93, 195, 197
Langmayr Josef 41, 90, 128, 145, 154, 156, 177
Lanndtnayhof 136
Lantschner 199
Larcher Matthias 195
Laudegg 123, 133, 147
Lauingen 162
Lautter Maria 172
Lederer Quintin 147
Leiner Andreas 44, 47, 145, 155, 156, 164
— Anna 155
— Anna Katharina 155
— Anna Maria 155
— Anna Rosina 155
— Johann 155
— Johann Jakob 155
— Sabina 155
Leisach 141
Lengberg 132, 141
Leonhard Mattheus 41, 169, 174, 178, 180
Leonhard von Görz 120
Leonhard von Grätz 120
Leopold I., Kaiser 45
Leubus (Lubiaz) 153
Leutasch 146
Leymann Josef 157
Lienz 23, 61, 74, 81, 82, 92, 97, 100, 121, 123, 140, 141, 148
Lindemayr Rosina 158

213

Lindenwinkel/Reutte 69
Linser 199
Linsing, Prof. 46
Luggau 112

Mair Anna 154
Mairhof 140
Mais 111
Mals 102, 120, 123, 185, 195
Mändl Hans 148
Mänl Regina 155
Margreiter Peter 68
Mariahilf-Kirche 130
Maria Theresia, Kaiserin 18, 20, 24, 37, 75, 111, 157, 172
Marquartstein 152, 179
Matrei a. Br. 41, 164, 195
Mauken 126
Maukenbach 126
Mauls 195
Maximilian I., Kaiser 12, 14, 15, 76, 92, 98, 102, 110, 120, 121, 130, 160, 185
Meilbrunnen 111, 171
Meiningen 176
Memmingen 56, 146
Meran 123, 164
Meßner Ingenuin 195
Messner Josef 195
Michaelsburg 22
Miller Jakob 112, 128
Mils 128
Mittelberger Ursula 74
Mittermayr Jakob 186
Modlhaimer Hans 131
Moll Maria 74
Morhaupt Hans Jakob 152
Moser Ursula 96
Mühlbach 45, 117, 162, 177
Mühlbacher Johann Kaspar 110
Mühlwald 133
Müller Hans Jakob 118, 169, 178, 179, 188
München 174, 176, 185
Münster 134
Musauer Wald 133

Nafen 138
Nagl Sebastian 171
Nassereith 195
Nauders 120, 123, 147
Naudersberg 123, 133, 160
Navis 195
Neapel 75
Neuhaus 138
Neuhauser Johann 195
Neumarkt 22, 114, 123, 136, 179
Neuner Anna Katharina 163
— Johann 163
Niederlana 45, 157, 184
Niederndorf 103
Niederrasen 238
Niederschlesien 253
Niedervintl 22
Nikolauskirche 130
Nördlingen 78
Nußdorf 141

Oberdorf 146, 177
Oberdorfer Leonhard 114, 152, 169, 179, 180, 185
Oberengadin 30, 123, 173
Oberhofen 132
Oberinntal 22, 120, 123, 159
Oberitalien 11
Oberstetter Sebastian 40, 45, 145, 153, 155, 156
Oder 153
Oettenbach 138, 176
Ortner Christof 180
Österreich 26, 27, 71, 94, 96, 193, 194, 200, 201, 202
Osttirol 120, 123
Ötting 161, 162

Pacher Hans 162
Pachler Barbara 23, 106, 176
Paiersberg 110
Paris 100
Passeiertal 82, 108, 178, 188
Passer 134
Passertor 39, 185
Perchinger Katharina 65
Petersberg 132
Peutelstein 138
Pfaffenhofen 68
Pfister Anton 146, 147
— Franz Anton 108
Pichler Anna 81
— Emerenzia 81, 82
— Michael 81, 151, 152, 169, 180
— Peter 186
— Stephanus Maria 112
Pienzenau 163
Pienzenauer Hans 84, 160
Pinggau 176
Pipperbichl 137
Pirckl Maria Euphrosina 172
Pirlin Hans 12
Plankensteiner Georg 138, 187
Platter Lukas 82, 108, 188
Plattner Maria 69, 184
Polen 153
Pöltl Hans 28, 156
— Kaspar 28, 145, 155, 156, 162
Pontlatz 133
Pontlatzerbrücke 133
Prag 194
Prantmair Anna 151
Prösels 138
Prugger Maria Theresia 171
Prutz 133
Puechamer Wolfgang 43, 169, 174, 180, 181
Pustertal 22, 112, 114, 117, 162, 173
Putzer Anna 158
Putzer Bartholomeus 28, 39, 45, 65, 69, 102, 145, 156, 157, 158, 169, 177, 181
— Elisabeth 158
— , Familie 39, 54
— Franz Anton 159
— Franz Michael 90, 157, 158, 169, 181

— Johann Baptist Leopold 159
— Johann Georg 28, 145, 157, 158, 159, 181, 184
— Johanna 158, 159
— Josef Bartholomeus 157, 158
— Josef Johann 159
— Maria Anna 159
— Maria Katharina Franziska 159
— Maria Klara Katharina 159
— Martin 28, 45, 69, 157, 169, 177, 181, 184
— Michael Matthias 158
— Stefan Anton 159
— Theresa 158
Putzhueber Blasius 99

Ragger Thomas 149
Ramek 201
Ramler Valentin 178
Rannger 128
Rattenberg 16, 18, 22, 23, 30, 43, 64, 68, 84, 96, 97, 107, 111, 118, 120, 121, 123, 125, 126, 127, 134, 147, 148, 152, 153, 154, 160, 161, 162, 171, 186
Rauhenbühel 138
Rauscher Anton 75
Regensburg 15, 27, 160
Reichl Thomas 169, 173, 178, 184
Reif Heinrich 169, 173, 176, 184
Reineck/Sarnthein 123
Reischach 139
Reith i. A. 161
Reithaller Ursula 155
Renner Karl 201
Rentsch 137, 138, 187
Rettenberg 118
Reutte 69, 133, 151, 161
Riedl Elisabeth 153
Riemer Hans 169, 184
Riml Johann 195
Ritten 70, 137, 138
Rodem (Roden) 184
Rodem, Gilg von — 29, 169, 184, 185
Rodeneck 50, 123, 139
Rotholz 22, 127, 146, 156, 162
Rottenburg 75, 118, 123, 127, 128, 151
Rovereto 75, 81, 194
Ruedl Ludwig 44
Ruef Stefan 128, 145, 159, 160
Ruf Sebastian 194

Säbele Hans 169, 185
Sachsen 15, 92
Salfaun 132
Salurn 135, 136
Salvenau 82
Sameritzer Leonhard 74
St. Florian 136
St. Leonhard 179
St. Lorenzen 179
St. Michaelsburg 123, 139
St. Veitskapelle 154
Santifaller Hans 70
Sarntal 23, 74, 100, 106, 152, 176, 187

214

Sarnthein 123, 138, 185
Sauanger 130, 131, 193
Sauberger Josef 159
Sautens 185
Saxenhof 140
Scala, Prof. 46
Schabs 139
Schaffenrath Johann 195
Schaffer Hans 186
Schaninger Christina 106
Schanzen bei Goldrain 134
Scheffau 117
Schenna, Schloß 54
Schiemer Lienhard 126, 186
Schlaffer Hans 128
Schlanders 22, 96, 98, 123, 134, 185
Schlechuber Johann 155, 169, 178, 185
Schluderbach 138
Schnaider Hans 145, 160, 177
Schnell Simon 195
Schöneck 22
Schongau 146
Schorndorf 176
Schwabmünchen 28, 29, 158
Schwaiger Georg 187
Schwaighauser, Dr. Valentin 61
Schwarzhuber Hans 88, 160, 169, 176, 177, 185, 186
Schwarzsee 125
Schwarzwald 128
Schwaz 22, 62, 118, 128, 148, 162, 163
Schweigl Hans 188
Schwingsmesser Hans 27, 169, 173, 186
Seckeler Klaus 169, 187
Seelos Johann 90, 146, 147
Seitz Johann 43
— Karl 201
Sexten 49, 50
Sigmund, Erzherzog 11, 12, 120, 184
Sill 132
Sillian 138
Sinnichkopf 134
Sonnenburg 22, 46, 54, 70, 73, 75, 78, 92, 94, 110, 123, 127, 130, 131, 134, 147, 151, 157, 158, 160
Spanien 94
Spöttl Josef 195
Sprenger Christian 117
Stadtlender Theodor Friedrich 46, 47
Stainer Josef 152
Stams 41, 132, 187
Stans 128
Stefansdorf 139
Steiermark 149, 154, 176
Stein a. Ritten 137
Steinach 22, 78, 84, 120, 123, 132, 147, 155, 160, 163
Steinegg 136
Steiner Georg 187
Sterzing 22, 81, 120, 123, 140, 157, 162, 172, 177, 195
Stiepler Elisabeth 102, 146
Stockach 184
Straffner 201
Stibaital 73
Sumerer Jakob 94, 115, 146
Szegedin/Ungarn 29, 158

Talfer 136
Tarasp 188
Tartsch 179
Tartscher Bühel 134
Taufers 22, 45, 118, 123, 134, 149, 179, 180, 186
Teisenegger Georg 61
Telfs 68, 195
Tengg Leonhard 107
Terlan 22, 138
Thaur/Hall 123, 128
Themar 176
Thomese Elisabeth 62
Thurner, Gebrüder 74
— Veit 74
Toblach 100, 162, 164, 187
Töll/Meran 15, 30, 35, 120, 173, 176, 184, 185, 186
Tollinger Christof 27, 44, 145, 160, 161, 173
Tösens 146
Tramin 134
Trient 15, 120, 123, 147, 173, 174, 177, 179, 184, 194, 197
Tschaupp Josef 111, 157
Tschöfs 140
Tullenkapelle 133

Uhrmeister Georg 138
Ulten 123
Umhausen 195
Ungarn 28, 29, 158
Unterengadin 30, 123, 147, 161, 173
Unterinntal 22, 118, 120, 123
USA 27, 93

Valtener Matthias 138
Vellenberg 130, 160
Veltlin 152, 179, 180
Venedig 75
Vierschach 83, 138
Viertel 132
Vill 130
Villanders 15, 62, 138
Vils 133
Vinschgau 22, 120
Vinschger Moidele 158
Vischer Sixtus 152
Vogl Martin 40, 169, 186, 187
Voglsanger Johann 46
Volders 157
Vollmar Anna 177
— , Familie 39
— Jakob 41, 43, 145, 151, 161, 162
— Johann Peter 114, 147, 162, 169, 171, 187, 188
Völs am Schlern 23, 68, 138, 184

Wacker Johann Georg 169, 174, 188
Wagner Franz 120, 169, 173, 188
Waldl Anna Barbara 163
— Ignaz 163
— Johann Georg 163
— Josef 163
— Maria 163
— Maria Magdalena 163
— Sebastian 40, 43, 45, 47, 81, 145, 146, 162, 163, 187
Waldner Dorothea 97, 171
Wattens 195
Weger M. 195
Weiherburg 130
Weinhart, Prof. 46
Weisleitner Andreas 126, 158
Welsberg 22, 123, 138, 148
Welsche Confinen 179
Welschnofen 115
Wenns 132
Widauer Walburga 146
Wien 27, 93, 194, 195, 196, 197
Wiesing 195
Wildschönau 68
Windisch Christian 157
Wipptal 22
Witting Johann 195
Witz Jakob 151
Wöck Hans 82
— Walpurga 82
Wolgemuth Katharina 159
Wolkenstein 138
Württemberg 178
Würzburg 184, 187

Zäch Jakob 145, 164
Zanger Ursula 149
Zargenbach/Villanders 62, 138
Zell a. Z.
Zellwieser Wolfgang 100
Ziernfeld 199
Ziller 127
Zillerbrücke 111, 126, 127, 171
Zillertal 107, 178
Zirl 45, 111, 130, 156, 171

Zeittafel

1491 Bestellung des 1. Meraner Scharfrichters
1497 Bestellung des 1. Haller Scharfrichters
1499 Tiroler Malefizordnung (= erstes kodifiziertes Strafrecht im deutschsprachigen Raum)
1526 Tiroler Landesordnung („Bauernlandesordnung")
1532 Tiroler Landesordnung
1573 Tiroler Landesordnung und Polizeiordnung
1768 Constitutio criminalis Theresiana („Theresiana")
1776 Abschaffung der Folter
1787 Josefinisches Strafgesetzbuch („Josefina")
1787 Abschaffung der Todesstrafe
1795 Wiedereinführung der Todesstrafe bei Hochverrat
1803 Strafgesetzbuch Kaiser Franz II.
1803 Erweiterung der Anwendung der Todesstrafe
1848 Abschaffung des Prangers (Schandbühne), Brandmarkens und der Prügelstrafe
1849 Reichstag von Kremsier entscheidet mit 91 Stimmen Mehrheit gegen die Todesstrafe; diese wird aber nicht abgeschafft
1852 Neues Strafgesetzbuch
1861 Letzte öffentliche Hinrichtung in Tirol
1873 Verbot öffentlicher Hinrichtungen
1919 Abschaffung der Todesstrafe
1934 Einführung der Todesstrafe
1950 Abschaffung der Todesstrafe im ordentlichen Verfahren vor Strafgerichten
1968 Abschaffung der Todesstrafe
1975 Neues Strafgesetzbuch

In Südtirol seit 1918:

1944 Abschaffung der Todesstrafe (Gesetzesverordnung)
1945 Wiedereinführung der Todesstrafe
1948 Abschaffung der Todesstrafe (lt. Verfassung)